昔日根据地　今日新农村

——巢湖市银屏篇

合 肥 市 新 四 军 历 史 研 究 会
中共巢湖市委党史和地方志研究室　编
中 共 巢 湖 市 银 屏 镇 委 员 会

南京出版传媒集团　南京出版社

图书在版编目(CIP)数据

昔日根据地　今日新农村. 巢湖市银屏篇 / 合肥市新四军历史研究会，中共巢湖市委党史和地方志研究室，中共巢湖市银屏镇委员会编. -- 南京：南京出版社，2024. 12. -- ISBN 978-7-5533-5230-5

Ⅰ. F327.54

中国国家版本馆 CIP 数据核字第 2024ZU2114 号

书　　名：昔日根据地　今日新农村——巢湖市银屏篇
编　　者：合肥市新四军历史研究会
中共巢湖市委党史和地方志研究室
中共巢湖市银屏镇委员会
出版发行：南京出版传媒集团
南 京 出 版 社

社址：南京市太平门街 53 号　　邮编：210016
网址：http://www.njcbs.cn　　电子信箱：njcbs1988@163.com
联系电话：025-83283893、83283864（营销）025-83112257（编务）

出 版 人：项晓宁
出 品 人：卢海鸣
责任编辑：汪　枫
责任印制：杨福彬

印　　刷：安徽省皖中印务有限责任公司
开　　本：710 毫米×1000 毫米 1/16
印　　张：23
字　　数：243 千字
版　　次：2024 年 12 月第 1 版
印　　次：2024 年 12 月第 1 次印刷
书　　号：ISBN 978-7-5533-5230-5
定　　价：90.00 元

用微信或京东 APP扫码购书

用淘宝APP 扫码购书

编 委 会

前　言

《昔日根据地 今日新农村——巢湖市银屏篇》问世，可喜可贺！这是合肥市新四军历史研究会，中共巢湖市委党史和地方志研究室，巢湖市银屏镇党委、政府联手打造的一部精品力作，是多位党史、军史专家和巢湖市文史学者的心血和汗水的结晶。这部资料丰富、笔墨酣畅的史志作品，深情回瞻了巢湖市银屏镇的昨天，描绘了银屏镇的今天，展望了银屏镇的明天。读之、览之、思之，令人不知不觉走近银屏镇、亲近银屏镇，游目骋怀、感奋不已；更令巢湖市广大党员干部受到鼓舞和激励，不忘初心、砥砺奋进；抑或令远离故土、客居他乡的领导干部、商家大贾、莘莘学子，思接千载、心驰神往，对家乡故土增加几分眷念、平添几分乡愁。合肥市新四军历史研究会常务副会长、本书主编邓伟先生，嘱我写几句话，吾自知力不从心，然盛情难却，仍勉力为之。我想说4段话。

一曰银屏山地区是新四军抗日的战略要地。在全民族抗日战争时期，银屏山区的战略地位凸显。它地处日伪统治的腹地，扼守皖江水路交通，掌控长江南北经济命脉。它位于新四军淮南第二师、鄂东第五师和苏南第六师之间的中心地带，是沟通新四军军部与三个师的枢纽，也是新四军向西、向南敌后发展和反攻日军侵华的重要前进基地之一。皖中抗日根据地的开辟与建立，巢南银屏山区是其基本区和始建区；皖江抗日根据地的巩固与发展，巢南银屏山区是其中心区。银屏山地区的人民，为皖江抗日根据地的建立、巩固和发展作出很大的牺牲，作出了重要贡献。谓银屏山地区是一块红色土地，是新四军抗日的战略要地，这是历史给予的定位，实至名归。

二曰银屏镇蒋家河口是新四军东进抗日首战告捷之地。书中记载了巢南银屏山地区10次主要对敌斗争史。其中载入中华民族抗战史的，首推蒋家河口之战。这一战是新四军打响抗日的第一枪，也是新四军挺进敌后抗日的第一仗，揭开了新四军东进抗日的序幕。这一仗打得非常精彩，全歼来敌，而新四军无一伤亡。这一仗，打出了中国人不可侮的志气，打出了新四军的威风，极大地鼓舞了皖中人民乃至全国人民的抗战信心和斗志。据党史记载，蒋家河口战斗胜利后，新四军四支队政治部用油印报于1938年5月13日刊出了“捷报号外”，表扬战士们英勇善战，出师大捷。首战告捷，军威大振，民心大振，各地军民也纷纷发来电报，祝贺胜利。《新华日报》在当年5月15日刊登题为《新四军在蒋家河口阻击日军获胜》的新闻，率先公布了这一消息。国民党方面也于1938年5月16日给叶挺军长、项英副军长发来慰问嘉奖电：“贵军四支队蒋家河口出奇挫敌，殊堪嘉慰。”国民党政府在武汉的报纸上也宣传了新四军在蒋家河口的捷报，以示嘉奖。蒋家河口伏击战虽规模不大，但意义重大，在党史、军史和地方史上都留下了光辉的一页。

三曰银屏山区人民有天地英雄气。银屏山区的人民群众对新四军感情深厚，箪食壶浆，情同鱼水，在人力物力方面给予新四军大力支持和帮助。正如陈毅在《赣南游击词》中所说：“靠人民，支援永不忘。他是重生亲父母，我是斗争好儿郎，革命强中强。”在捍卫国土、捍卫民族尊严的抗日战争中，银屏山区人民主动配合新四军，打鬼子，保家乡。至今，仍流传着在巢湖银屏山地区军民粉碎日伪军大“扫荡”

的故事，流传着银屏山区新四军女战士引爆炸弹与日军同归于尽的故事。在粉碎日伪军对我根据地大“扫荡”的斗争中，新四军七师各部队在银屏山区人民的支持下，共进行过大、小战斗 100 多次，取得了反“扫荡”斗争的伟大胜利。1943 年 4 月中旬，新四军七师领导机关在严家桥召开庆祝反“扫荡”取得伟大胜利的总结大会上，副师长傅秋涛作了总结报告，他肯定了根据地军民同日伪军英勇顽强的战斗精神，“只要我们军民团结，顽强战斗，一定能打败日本，最后胜利一定是我们的！”

当年，在巢南银屏山地区的烽火岁月所发生的主要战斗，除新四军首战蒋家河口外，还有两次(照明山、磨盘山)反顽战斗、两次反“扫荡”战斗、两次周家大山战斗、智取高林桥战斗、巢盛公路战斗、望城岗战斗等等。书中历史地再现了当年银屏山区人民群众支援新四军抗日、反顽、反“扫荡”的主要战斗经过。

另外，书中还描写了吕惠生、应仁书、胡海如、张扬、刘卫民、董金福、董照聪、沈辉勇等 10 位著名烈士的英雄事迹。沧海横流，方显英雄本色。这些为了民族解放甘愿抛头颅洒热血的英烈，灵魂不死、精神永存，与日月同辉。

四曰现今的银屏镇“战地牡丹更娇艳”。银屏山区是洞天福地，是千年牡丹扎根开花之地。银屏山的悬崖之上，生长着一株苍劲翠拔的奇花——千年生的白牡丹，号称“银屏牡丹”。每至谷雨，嫣然盛开，游人只可仰观，不可近视，更无法触及。神奇处在于它具有灵性，据说能报丰兆吉，预知旱涝年成，故有“天下第一奇花”之称。依吾观之，这棵神奇的牡丹，为银屏山增添了独一无二的自然景观，也给银屏山区人民带来了灵气和福气，带来了希望和美好。

远去了鼓角铮鸣的战争硝烟，历经了社会主义革命、建设和改革开放的浩荡大潮，中国特色社会主义进入新时代，国家在变，世界在变，时代在变。现在的银屏镇旧貌换新颜，“喜看稻菽千重浪，遍地英雄下夕烟”。全镇工业发展了，农业发展了，工业园区建起来了，文化旅游、教育卫生、交通建设、平安建设、环境整治、生态保护、文明创建，都谱写了新的篇章。银屏镇党委、政府坚持以经济建设为中心，以文明创建为主线，以“内外兼修”为抓手，坚定“为民服务”的初心，不断夯实集体经济“家底”，镇情村貌焕然一新，精神文明如春风荡漾，勤劳智慧的银屏镇人民过上了平安幸福的小康生活。如今，在习近平新时代中国特色社会主义思想指引下，银屏镇党委、政府正率领着全镇人民砥砺前行，坚定地走在富国裕民的康庄大道上。千年牡丹更芬芳，银屏镇的明天会更好。

聂皖辉

2024 年 5 月

（聂皖辉：安徽省新四军历史研究会学术委员会主任，省政府文史研究馆馆员，省委原党史研究室主任）

目 录

上篇 昔日根据地

上　篇

昔日根据地

第一章 全民族抗战时期
巢南银屏山地区革命斗争历程

皖江抗日根据地，是中国共产党领导创建的全国19块抗日根据地之一。它东起江浦、当涂，西至怀宁、彭泽，北临滁河、合肥，南抵宣城、南陵。到抗战胜利前夕，皖江抗日根据地面积达8万余平方公里，人口约300万。皖江区党委下辖3个地委，23个县委和工委。皖江行政公署下辖3个专员公署，14个县级抗日民主政府。新四军第七师部队由成立时1900多人发展到近3万人，地方武装及民兵10万余人。皖江抗日根据地军民浴血奋战所创造的不朽业绩，为中国人民的

银屏山

抗日战争史册谱写了光辉的篇章。

1938年4月30日，巢县(今为县级巢湖市)县城沦陷后，日军占领巢城和淮南铁路。巢县被巢湖和裕溪河分割成南北两块。巢南银屏山地区因南临长江，背靠巢湖，自身独特的区位和资源优势使它成为皖中游击根据地的基本区、皖江根据地建立时的始创区和皖江根据地巩固与发展时的中心区。

一是战略地位重要。它迫近日本侵华派遣军总部和汪精卫伪国民政府所在地南京，威胁日伪重兵战略据点芜湖、铜陵、合肥和安庆；它地处日伪统治腹地，扼守皖江水路交通，掌握长江南北经济命脉；它位于新四军第二、五、六师之间中心地带，是沟通军部与淮南第二师、鄂东第五师和苏南第六师的枢纽；它也是新四军向西、向南敌后发展和反攻日军的重要前进基地之一，战略地位十分重要。

二是地理条件优越。巢南银屏山地区，位于无为、巢县两地交界处，境内山峦起伏，地险林密，山路曲折复杂，山中沟壑众多，便于部队隐蔽和发展。

三是党群基础较好。皖江地区原有广泛的革命影响，中共地方党的组织，自1927年大革命以来就有相当基础，在抗战中又得到进一步锻炼、壮大。人民群众对新四军感情深厚，情同鱼水，在人力、物力方面对新四军给予大力支持帮助。

四是经济较为发达。这里有山有水、有林有田，四季分明，人口稠密，物产丰富，资源很多，为华中著名的鱼米之乡，有利于抗日力量的生长和发展。

五是商贸重要通道。这里是沪宁敌占区与皖西以及湖北西部国统区之间的重要商运之道，便于获取重要的战略物资和财政收入。

六是交通比较便利。附近巢湖为全国五大淡水湖之一，经裕溪河通达长江，水运沟通南北。淮南铁路沿境而过，交通比较便利。在此据守，内易防守，外利出击，攻防兼备。

巢南银屏山地区的人民为皖江抗日根据地的建立、巩固和发展做出很大的牺牲和重要的贡献。巢南银屏山地区是革命之地、英雄之地、红色之地。巢南银屏山地区的广大军民在党的坚强领导下，军民一心、军政一致，把伟大的抗战精神在巢南银屏山地区演绎得生动而灿烂，其光荣的革命斗争精神，将永远值得我们学习和弘扬。

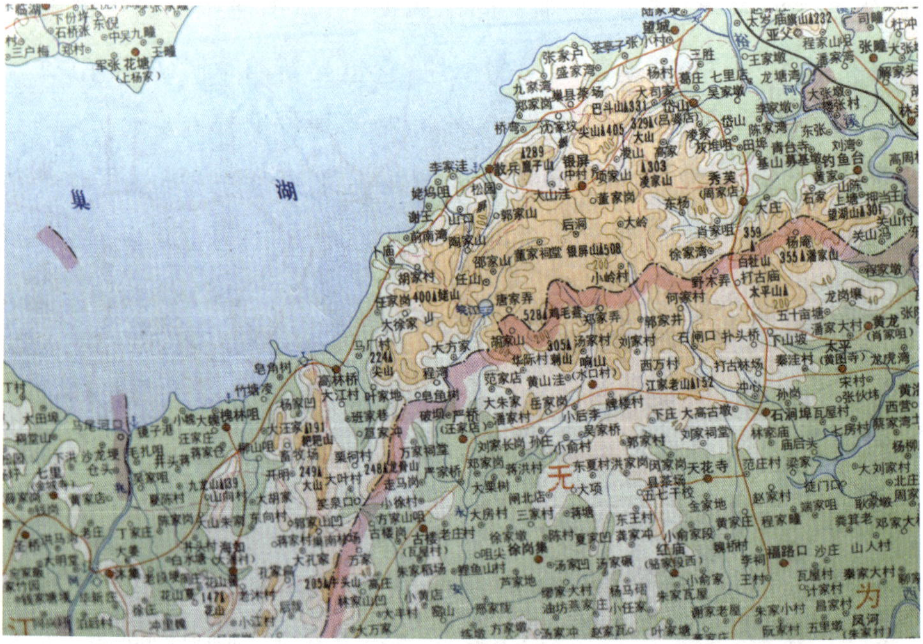

巢南银屏山地区地形图

一、皖中游击根据地的开辟(1937—1940年)——巢南银屏山地区是其基本区

(一)中共党组织和抗日武装在巢南银屏山地区的发展

抗日战争全面爆发时,巢县党组织尚未恢复建立。巢南银屏山地区仅沐集、魏家坝(今坝镇)、丁家庄一带少数村庄有一些零星中共党员,这些党员是中共皖西北特委张如屏、顾鸿于1936年在巢开展活动时发展的。1937年11月,八路军驻南京办事处遵照中共中央关于重建长江中下游地区党组织的指示,派李世农到达无为,会同张恺帆等人成立中共皖中工作委员会。皖中工委直属南京八路军办事处领导,下辖无为、巢县、庐江、舒城、桐城五县。主要任务是恢复和发展党的组织,建立统一战线,组织群众抗日,发展人民的武装。1938年初,中共皖中工委书记李世农,委员张恺帆、桂蓬、共产党员冯文华等先后来到巢县,协助马忍言举办抗日军政干部训练班,培养抗日骨干,建立抗日武装。巢城沦陷后,5月1日,中共安徽省工委组织部部长李世农在天灯庵召开紧急会议,部署巢县沦陷后的地下工作,并根据冯玉祥的建议,组织巢城周围的难民西撤大别山,决定西撤途中组建地方抗日武装。5月5日,当难民撤到巢县炯炀河镇时,冯文华、张恺帆宣布成立了巢县抗日游击队,并于当天率队开赴巢县西峰庵集训。当难民撤至霍山县时,马忍言、舒政海又组织了300多人,组建了巢县人民抗日自卫军。冯文华、张恺帆领导的巢县抗日游击队不断

李世农

发展,6月,在巢北黄山将巢县抗日游击队改称巢县黄山抗日游击大队。7月,马忍言、舒政海带领巢县人民抗日自卫军一部从皖西返回巢县,马忍言任巢县县长,舒政海任巢县动委会指导员,并组建了巢南督导处和巢南抗日游击中队。8月,魏兆雨、舒政海在巢南联合槐林、沐集、高林3个地方民团,组建了巢南抗日游击大队,辖3个中队,170余人。8月中旬,马忍言、冯文华成立了巢县抗日游击大队(简称"巢抗")共400余人,新四军第四支队调吴华夺、张恺帆分别任大队长和教导员。以上地方抗日武装成立后,当时虽还不够强大,但在中国共产党的领导下,开展灵活机动的游击斗争,鼓舞人民的斗志,消耗敌人的力量,威胁侵略者的安全。

1938年春,根据国共两党关于编组新四军的协议,原活动在鄂豫皖边区的红军第二十八军和鄂豫皖红军游击队,改编为新四军第四支队,高敬亭任司令员,林维先任参谋长、萧望东任政治部主任。下

坝镇(原魏家坝)街景

辖第七、第八、第九团、手枪团和直属队。全支队共3100余人。4月中旬,新四军第四支队抵达皖中敌后,展开于舒城、桐城、庐江、巢县、无为地区。5月12日,第四支队第九团打响了新四军东进抗日的第一枪,取得在巢县蒋家河口伏击日军的胜利,极大鼓舞了广大军民抗战的斗志,坚定了抗战的信心。

高敬亭

自1938年5月至11月,新四军第四支队在皖中各地积极出击,取得棋盘岭、庐无等大小数十次战斗的胜利,共毙伤日军1000余人,俘10人,歼灭反动保安团队2800余人,缴获了大批武器弹药和军用物资,有力配合了正面战场作战,初步打开了皖中抗日局面,他们在宣传抗日、打击敌军的同时,还积极协助中共皖中工委,派出民运工作队,在地方发展党员,恢复和建立党的基层组织。

1938年8月,新四军第四支队统编了皖中地方游击队并吸收各地青年参加新四军,相继成立了新四军第四支队游击纵队和游击第二纵队。同年秋,中共巢南工委在魏家坝成立,领导巢南地区的

新四军第四支队开赴皖中敌后

抗日救亡工作。11月,新四军军部派参谋长张云逸从皖南抵达江北,以加强对江北新四军部队的领导。12月,中共巢县特支改为中共巢县县委,巢县县委是抗日战争全面爆发时期在皖东恢复建立的第一个县委组织。县委成立后,广泛发动各阶层群众抗日救亡,并与国民党爱国人士、国民党巢县县长马忍言合作成立动委会,组成巢县工作团、巢南工作团和突击剧团,同时组建工、农、青、妇等群众抗敌协会,有各种会员近2万人。

从1938年5月到1939年初,中共巢县党组织贯彻党的抗日民族统一战线政策,巢县的抗日救亡工作开展得轰轰烈烈,国共两党合作抗日在巢县初步实现,这为党组织的恢复和发展创造了良好的政治环境。党的干部被陆续派到巢县,党组织迅速恢复建立,这对于党领导和推动群众性抗日救亡运动十分有利。党不失时机地利用国共合作的大好机遇,加快推进各项工作向前发展。

1939年5月初,新四军军长叶挺抵达江北。中旬,新四军江北指挥部在庐江东汤池成立,同时成立了党的江北指挥部前委。6月,新四军江北部队整编,将新四军第四支队游击第二纵队改名为新四军江北游击纵队,司令员孙仲德,政治委员黄岩,直属军部领导,担负起皖中地区的抗战任务。同年秋,国民党顽固派桂系军队开始在皖中挑起反共摩擦事件,中共庐江县委宣传部部长桂林栖

新四军江北游击纵队司令员孙仲德

新四军江北游击纵队政委黄岩

等人转移到巢湖沿岸一带活动。11月，根据中共舒无地委指示，建立了中共巢(县)庐(江)县委，书记桂林栖，负责开展巢南、庐北地区党的工作。中共巢庐县委在魏家坝、银屏山区、白石山等地积极发展党员，先后建立了魏家坝、杨岗、查巴店、白石山等党的支部组织。

1939年至1940年春，由于国民党实行了“溶共、防共、限共”的反动政策，国民党顽固派掀起了第一次反共高潮。1939年秋，皖中地区形势日趋恶化，人民抗日团体无端被强行解散，共产党员和爱国人士遭到逮捕，桂系军队在皖中不断制造摩擦事件，使巢县业已形成的国共合作团结抗日的大好局面遭到破坏。1940年3月7日，敌人袭击了江北指挥部东汤池留守处，22日，在无为刘家渡扣押了张云逸的夫人、儿子和新四军第三支队政治部主任曾昭铭等20多人，劫夺军饷7万元，后经严正交涉，仅释放了张云逸的夫人和儿子，其余人员全部被杀害。4月22日，国民党安徽省保安第四、第五团及国民党第二十一集团军一部共4000多人，乘新四军江北游击纵队主力驰援皖东，后方空虚之机，分三路向巢无地区发动突然进攻，江北游击纵队留守部队据守照明山自卫，因力量悬殊，战斗失利，纵队参谋长桂逢洲英勇牺牲。4月下旬，新四军江北游击纵队司令部、皖中军政委员会和中共舒无地委机关被迫随部队暂时撤离巢南银屏山地区。中共中央、华中局对此极为重视，5月4日，中共中央在给项英的指示电中指出：“应责成四、五支队恢复无为。”5月9日，刘少奇电令新四军江北游击纵队应在和含积极行动，打击反动势力，相继建立政权，并坚持无为游击区。中原局也作出在皖中地区坚持游击战争，建立政权，以便在适当时机恢复无为县工作计划。6月，为执行这一计划，江北游击纵队在合肥三官集整编。同时，中共皖东津浦路西省委为恢复巢南地区的抗日游击斗争，决定改组舒无地委，成立中共巢湖地委，周新武任书记，中共巢湖地委率巢县独立营，会同江北游击纵队第一团，坚持在巢县西北的淮南铁路两侧及巢湖周围地区进行抗日游击斗争，并保持皖东与这一地区党和军队的交通联系，保护和发展区域内党组织和抗日力量，待机恢复巢无地区的工作。1940年夏秋间，以纪正为书记的中共巢县县委南渡巢湖至散兵一带活动。中共巢庐县委也派党员到银屏山后洞一带秘密开展建党工作，于1940年9月成立中共巢南区委和巢四区政府。区委书记沈博，区长任道济。区委领导后洞、张家山棚、小岭三个支部。

1940年7月，中共含和县委改为中共含巢无中心县委，县委书记林岩、委员张世荣，以做生意为掩护，在巢南金家桥村开展建党工作。他们以陈家山口村为中心，积极向周围村庄发展。经过一年多时间的艰苦努力，在北到巢县县城南门三义圩、应家墩子，南至清苔弄、石涧的柴村、钓鱼台、磨基墩、袁家小圩、下塘、鸭王庙及山区的何家山、大岭、项家山等地，发展了一大批党员，先后建立了王家山、徐家村、香家檀、荚家墩子、黄周圩等支部组织。其间，中心县委委员江文、刁筠寿和共产党员宫汉铎也在巢东一带活动发展党员，先后建立了冯家墩、黄家湾、李墩、河口、俞府、炭井、南埂杨家小村和亚父山支部。

陈家山口村

中共巢庐县委和中共和含巢无县委在巢南、巢东积极开展建党活动,使党组织在上述地区深深扎根于人民群众之中,这为党及党领导的人民抗日武装开辟皖中抗日游击根据地,发展敌后抗日游击斗争,创建皖中抗日根据地打下了坚实的政治基础、群众基础和组织基础。

(二)日军在巢南银屏山地区的暴行

1937 年 12 月 13 日,南京沦陷后,皖中地区直接暴露在日本侵略者面前。国民党巢县县长马炯在日军还未进攻巢县之前,就带领县政府官员和县大队逃往巢南银屏山区,继而逃往大别山。1938 年 4 月 30 日,日军第六师团坂井支队一部从巢县北门入城。因城内无一兵一卒防守,所以日军不费一枪一弹就占领了巢城。日军占领巢县后,烧杀抢掳无恶不作,由此巢县人民陷入水深火热之中。据不完全统计:从 1938 年 4 月至 1945 年抗战胜利,巢县人口伤亡 24729 人,其中直接人口伤亡 969 人,间接人口伤亡 23760 人。财产损失共计 1583000 元法币,其中社会财产损失 1045200 元法币,居民财产损失 537800 法币。

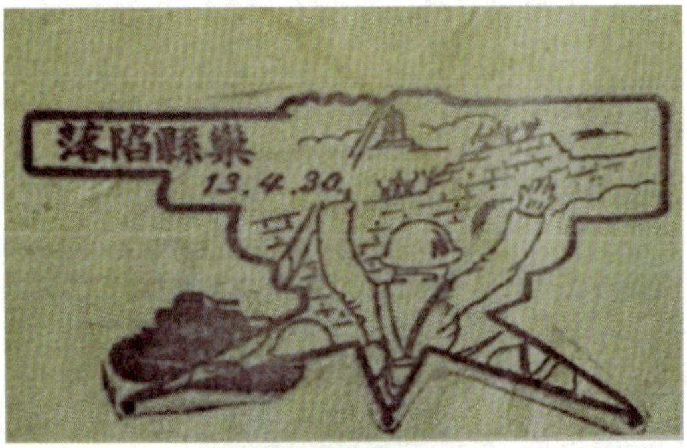

日军占领巢县制作的印章

1. 日军在巢城的暴行

1938 年 4 月 30 日上午,日军兵分两路占领巢城。县城沦陷后,首蒙其害的是巢城妇女,遭到日军奸污者不计其数,就连年过古稀的老妇也不能幸免,其中有两名 70 余岁的老年妇女因被日军轮奸羞愤难忍而自尽。日军占领巢城第三天,突然在全城进行大搜捕,将大西门外走不动的10余名60岁以上的老妇全部杀死。后又在国民党巢县县党部大礼堂屠杀了一批无辜的百姓，并把尸体塞进讲台内；在北大街杀人，把尸体扔进黄家塘；在北门卧牛山防空洞内也塞有大量尸体。日军佩带军刀，在街上横冲直撞，遇到行人看不如意便挥刀砍死。他们还把抓到的青壮年绑在木桩上，让狼狗撕咬。日军常于夜间捆绑群众，用刺刀刺死。日军在抢修淮南铁路时，常三五成群到附近农村抢劫耕畜，奸淫妇女，甚至刺杀婴儿。巢城在日军践踏下，满目疮痍，残破不堪，许多建筑物被破坏，民房被拆毁，木材当成燃料，很多地方被夷为平地，改为日军军营。

2. 日军在温家套的暴行

幸存者丁祖兰老大娘在哭诉日军血洗温家套的暴行

1938年9月24日，巢城西10里龟山日军据点的一名日军班长野村郎，一人携刀游荡到据点附近的孙村，试图强奸民女孙氏，被村民发现后，将其打死装进麻袋沉入巢湖水中。10月7日，龟山口一带的100多名日伪军分水陆两路包围了温家套，对温家套的河口村、温村、孙村进行疯狂报复，见人就杀，逢屋便烧，实行残酷的“三光”政策。日军共杀害村民316人，烧毁房屋900多间，大船18只。劫后的温家套尸横遍地，血流成河，成了无人村。直到1945年抗战胜利，外逃的幸存群众才陆续回到离别七年的故乡，重建家园。

3. 日军在巢南的暴行

1938年6月以后，日军为控制巢湖南岸和裕溪河水域，逐步向巢南地区侵犯，并沿巢湖南岸及裕溪河的钓鱼台、望城岗、司家巷、散兵等地构筑碉堡。从此，银屏山区的秀芙、佛岭、六谷山、高林、俞村一带的群众备受日军侵扰之苦。日军经常到山里烧杀抢掠，强奸妇女。巢南民众人心惶惶，经常跑反。6月底的一天，一队日军到盛家湾村要找"花姑娘"，村边几个躲避不及的老人因听不懂日语，便被日军毒打一顿。日军进村找不到女人，就放火烧房。逃到附近山上的村民见村子被烧，纷纷跑出，日军就用机枪扫射，20多人被打死。日军血洗盛家湾，使一个几百人的村庄成为一片废墟。同年8月8日，日军一汽艇沿裕溪河到李家湾村头停靠，村民们纷纷跑到圩心躲避，日军就架起机枪扫射，接着又进村烧房，全村102间房屋全部化为灰烬。

(三)争取和改造巢南大刀会

全面抗战初期，流行在巢湖南岸银屏山地区的大刀会，因其活动时，每人带一把大刀而得名。这种带有宗族封建迷信色彩的农民自发组织，是由皖西逐步发展至巢南的。由于它是靠家族关系组织起来，加之又以"练功防身，防匪保家"为口号，在一定程度既起到了防匪抢劫，又抵制了国民党抽丁、派税，所以在农村发展很快。1939年夏为大刀会的鼎盛时期，巢南银屏山地区共有180个堂口，方圆几十里，村村设会堂，家家有会员，会众号称十万人。其分散为民，聚集为股，形成一支较强大的社会力量，因而引起各种政治势力的重视。在国民党顽固派特务和地主恶霸操纵利用下，大刀会一度对新四军采取敌对态度，曾发生多次流血事件。1939年2月17日，巢无游击大队大队长魏兆雨率部去巢城郊区开展抗日游击斗争时，遭大刀会拦截，魏兆雨和2名战士惨遭杀害。大刀会的政治态度也变得十分复杂。

1939年秋,新四军江北指挥部指挥张云逸在传达中央军委关于新四军要向皖东、皖中发展指示时指出:巢南是皖中战略要地,如何把大刀会争取过来，这是创建皖中抗日根据地必须解决的一个重要问题。敌人也在做大刀会的工作,我们一定要抓紧时间,绝不能让大刀会变成反共势力。

江北游击纵队和中共舒无地委认为，大刀会会众大多数是劳动人民,对其只能采取团结、争取、教育的方针,从抗日大局出发,化消极因素为积极因素，决心依靠地方党组织和当地人民群众，解决这一问题。

争取和改造巢南大刀会的舒无地委书记周新武

自魏兆雨牺牲后，大刀会因受国民党特务挑拨，实行了闭关自守的政策,敌视新四军。在绵延百里的巢南山区划定了封锁线,所有路口设卡放哨,戒备森严,严密封锁,断绝与新四军一切联系,防范新四军进入巢南山区。但这也造成山区民众缺少粮食和生活用品,山区土产物品也不能外运销售,给当地民众的生活带来很大困难。于是江北游击纵队和中共舒无地委决定,采取以商业渗透的手段,达到政治争取的目的。新四军在封锁线边沿的集镇开设了许多商店,高价进货,低价向老百姓供应粮食和生活用品,同时大量收购山区土产,解决山区群众困难。对山区来买卖的群众,既公平交易,又保证人身自由和安全。这一办法实施不久,即见成效,许多会众对新四军解除了疑虑,增强了好感,缓和了氛围。正当形势逐步好转的时候,国民党顽固派又出来进行破坏和捣乱,指派特务勾结巢湖姥山土匪，抢劫地方党组织和江北游击纵队开设的商店6处，绑架了大刀会商人多人。事件发生后，大刀会首领项举鼎、任道济等人怒不可遏，强烈要求新四军严惩土匪，救出人员。江北游击纵队立即派出武装，兵分两路，一举端掉土匪老巢，救出了被劫商人和货物，并对罪大恶极的两名匪首在巢湖边的槐林嘴予以公审镇压。广大群众拍手称快，大刀会会众深受感动，项举鼎等人也开始转变对新四军的看法。此后，江北游击纵队又应大刀会要求，派兵攻打含山东关日伪据点，救出了被抓的大批大刀会会众，使大刀会对新四军抗日救国诚意有所认识。

争取和改造巢南大刀会的江北游击纵队统战科长蒋天然

与此同时，党派江北游击纵队统战科长蒋天然、游击队长任醒凡等利用关系与任家山任绍堂取得联系，多次耐心做任绍堂的工作，向其宣传、解释党的抗日民族统一战线方针、政策，启发其民族意识。在党的抗日政策感召下，任绍堂表示愿意说服项举鼎与新四军合作抗日，使争取大刀会的工作出现转机，最终达成大刀会借路抗日、拥护抗日救国十大纲领，大刀会完全解除了对新四军的封锁。党不失时机，何伟、黄岩、周新武、林岩、桂林栖等地、县委负责人带领一批干部深入山区，广泛发动群众，秘密发展党员，积极培训地方干部，加强对巢南银屏山地区的政治领导，至此，党基本控制了巢南山区。1940年2月，新四军与大刀会双方签署了联合抗日十条协议，并将大刀会改编为新四军江北游击纵队巢南民众抗日自卫总队，同时，将联防队改编为新四军江北游击纵队巢南独立团。争取和改造巢南大刀会的工作取得阶段性成果。

1940 年 4 月，国民党军队进攻江北游击纵队司令部，日军也多次进入巢南银屏山地区“扫荡”，反动势力又重新统治巢南地区，大刀会的政治态度也随之逆转，巢南民众抗日自卫总队也自行解散。为彻底改造大刀会，1940 年 7—8 月间，中共和含巢无中心县委书记林岩等人奉命再次深入巢南山区，他们吸取以往经验教训，确定了从阶级分析入手，坚持阶级路线和群众路线，采取在大刀会内部秘密发展党员，建立党的组织，争取基本群众，团结大多数，孤立、打击少数反动头目的方针和“发展一个党员，建立一个支部，改造一个堂口”等措施，深入大刀会成员中开展工作，使巢南绝大多数堂口都有党员，不少地方建立了党的支部。经过反复宣传教育，会员觉悟有很大提高，不少会员自动脱离大刀会，使不少大刀会组织解体。1941 年 3 月新四军第七师组建后，大多数大刀会被“农民抗敌协会”所取代。经过一年多的艰苦努力，终于成功争取和改造了巢南大刀会，使他们融入抗日斗争的洪流之中，成为中国共产党领导下的一支重要抗日力量。

（四）创建巢无游击根据地

自新四军江北游击纵队司令部和中共舒无地委机关撤离巢无地区后，日军于 1940 年 7 月 17 日占领了无为县城及周边乡镇，国民党军队败退到庐江县及以西地区，巢南银屏山地区再次沦为敌后，这为新四军重返巢南银屏山地区提供了契机。不久，新四军江北游击纵队部分主力部队及地方抗日武装相继返回巢南银屏山地区，开始了恢复巢无抗日游击根据地的斗争。

1. 党及其武装重返巢南

1940 年 8 月初，在含巢边境活动的半湖游击队首先进入巢南地

董家山村

区开展活动。不久，这支游击队扩编为含和独立连，直属中共和含巢无中心县委领导，为和含巢无中心县委开展工作提供军事保护。当月，江北游击纵队警卫营长桂俊亭受纵队派遣，带11人返回巢南，在散兵、高林一带活动，很快就发展到百余人，成立了巢湖游击大队，对外称桂大队。9月初，活动在含山小庙岗的江北游击纵队第二营(前身是大刀会改编的巢南独立团)两个连，在副营长任道济带领下返回巢南银屏山区，活动于任家山、邵家山、董家山一带。一直坚持在巢庐边境的巢庐游击队(亦称巢湖游击队)，在桂林栖、张家英率领下，由庐北进入巢南地区，在巢湖水上和沿岸地区活动。9月16日，中共巢湖地委周新武与新四军江北游击纵队政委孙仲德等，率纵队第二团团部及团直属队、第三营部和八连南渡巢湖，进入巢南，和先期到达的巢南武装会合。上述进入巢无地区的新四军部队，对外以无为游击纵队的番号开展活动。中共巢湖地委进入巢南地区后，积极开展恢复皖中地区党组织的工作。无为游击纵队组建后，在任家山设司令部，在董家山设巢四区(亦称巢南区，后改为银屏区)政府，任命任道济兼区长，负责山区部队给养筹措工作。

9月底，活动在合巢边境的巢合庐独立团程明远部，在桂顽连续不断地对巢北地区"清剿"的恶劣环境下，奉命南渡巢湖。巢县独立营第三连亦渡巢湖至巢南。转移巢南的还有巢一区、巢二区、合二区党政负责人方茂初、张克东、徐清来等。

2. 建立抗日民主政权

1940 年 7 月底，无为县委书记胡德荣、新三连连长兼指导员丁继哲带领新三连 60 多人奉命返回无为。8 月中旬，在无为白茆洲成立共产党领导下的第三区政府。第三区政府是无为县，也是皖中地区建党以来建立的第一个政权机构，从而改变了过去只发展党的组织、扩大抗日武装而没有政权的局面，这也标志着巢无抗日游击根据地开始创建。1940 年秋，继无(为)三区抗日政权建立后，巢(县)四区在银屏山建立。9 月底，和含巢无各区联合办事处在无为县三宫殿附近正式成立，后奕斋任主任。这是皖中敌后地区第一个由共产党组织建立的县级抗日民主政权。至此，巢无抗日游击根据地的建设工作全面铺开。巢四区在其区域内着手乡、保民主政权建设，先后建立了秀芙、佛岭、高林、南口、钓鱼、白云、大岭、河南等乡政府。各乡成立了党的支部组织，领导全乡党的活动。区、乡政权建立后，干部显得很缺乏，办事处与地委商议，一方面动员没有罪恶而本人又愿意抗日的旧政权乡长继续任职，其他尚缺的或由进步的民主人士推荐，经区政府批准，或由区政府动员与共产党、新四军有联系的进步知识分子出任。至于保一级，则由区政府召开原保长会议，宣布他们继续任职。同时，向他们讲清抗日形势，阐明抗日民主政权的性质和任务，统一向他们提出要求，要求他们为抗日多做工作，切实保护群众利益，否则就撤职调换，问题严重的要问责

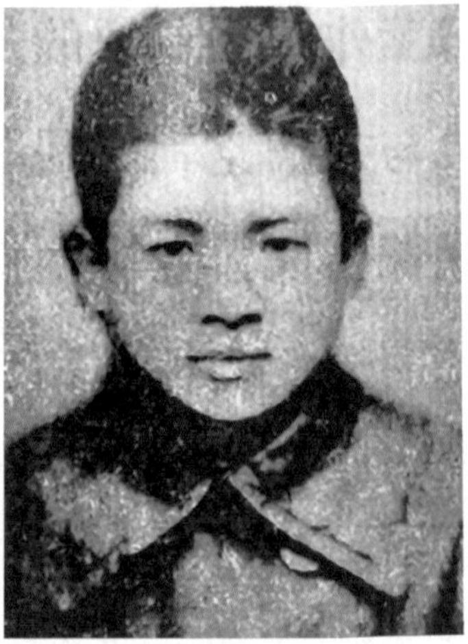

和含巢无各区联合办事处主任后奕斋

法办。同时，党组织加强了党员干部培训工作。巢湖地委在郭家山举办区级党员干部培训班，方茂初、杨霭庭、徐清来等一批党员参加培训班学习。和含巢无中心县委也在后洞口举办乡级党员干部培训班。各级党员干部培训班的举办，为巢无游击根据地的建立和发展提供了人才和干部支撑。

3. 第三支队挺进团加强皖中

因皖南新四军面临国民党军队的威胁日益严重，中共中央遂敦促新四军军部先期做好准备，必要时向苏北或皖东转移。在此情况下，新四军军部向党中央报告，拟将指挥重心逐渐移往江北，并以时在繁昌县活动的第三支队五团三营为基础，与桐庐游击大队和在铜陵县收编的部分川军合编为第三支队挺进团，由三支队参谋长林维先兼团长。党中央同意后，挺进团渡江进入桐、庐、无地区，为接应军部和皖南部队北渡长江作好准备。挺进团很快开辟了以三公山、水圩

三公山

为中心的桐、庐、无边区抗日游击区,与无、巢、含、和地区东西呼应,形成犄角之势,为重新恢复和发展皖中抗日游击区奠定了基础,提供了支援和帮助。

“皖南事变”发生后,从皖南突围到皖中和留在皖南进行隐蔽斗争的人员，也成为新四军第七师和皖中抗日根据地建设的一批重要骨干力量。

皖中游击根据地的开辟，为新四军在皖中建立和创建皖江根据地提供了有利的政治、组织、思想和军事基础。

二、皖中抗日根据地的建立(1941年)——巢南银屏山地区是其始建区

巢南银屏山地区，是新四军第七师及皖中抗日根据地创建初期的两大块基本活动区域之一(另一块是无为东乡)。它以董家山为中心,东到石涧埠,西到任家山,长约30里,南到簸箕场,北到巢湖边,宽10多里。这里是七师组建初期“隐蔽发展”的始建地区,也是核心基地。这里在发展地方武装,建立区、乡民主政权和抗日团体等方面,业已具备了建立抗日根据地的基本条件。

(一)新四军第七师在巢南组建

1941年1月6日，国民党反动派制造了震惊中外的“皖南事变”。在皖中的曾希圣和孙仲德奉命在无为沿江负责收容突围过江的新四军，地方党政干部及活动在巢无的部队迅速在无为到桐东数百里的江岸设立众多接应点。从1月中旬开始,新四军江南突围的部队共700余人先后渡江到达无为。随后,突围人员被陆续转移到巢南银屏山地区进行休整。

1941年1月20日,中国共产党中央军事委员会发布“重建新四

军”的命令，决定将新四军整编为七个师，任命张鼎丞为第七师师长（在延安学习，未到职），曾希圣为第七师政治委员。3月17日，新四军军部电令孙仲德领导的无为游击纵队、林维先领导的挺进团及现有分散在皖南的部队以及突围过江的部队，均归七师编制。不久，因皖南、皖中日军配合浙西日军向大别山和皖南发起进攻，国民党军不战而退，皖中地区敌人再度空虚。根据这一形势，中共中央中原局于4月15日电示新四军七师："必须坚持皖南、无为及庐桐柏阵地，创立根据地，决不可轻易放弃。"据此，七师政委曾希圣等领导先后在无为东乡和巢南山区任家山任家祠堂，召开了有突围过江的"暂编一大队"的负责人和活动在巢、无、庐、舒、桐等地的新四军负责人及舒无地委、各县县委负责人参加的军政干部会议。会议宣布了中央军委关于成立新四军第七师和七师师长、政委人选的命令，分析了开辟皖江抗日根据地的重大意义和坚持皖中的优势和困难，确立了七师初期"隐蔽发展"的战略方针，即：先站稳脚跟，积蓄力量，而后再积极、稳步向外发展。确定了党政军近期工作的三项主要任务：第一，迅速建立一个党政军领导机关活动的中心区；第二，向西开辟桐（城）潘（山）怀（宁）游击根据地；第三，向南相机恢复皖南抗日阵地。经过深入细致讨论和耐心说服教育，初步澄清了部队中由于皖南事变而产生的一些混乱思想。大家解除了疑虑，坚定了信心，统一了认识，明确了方向，为皖中抗日根据地的建立和发展奠定了坚实的思想基础。

1941年5月1日，七师在巢南正式成立。编入七师的部队有：无为游击纵队六个连，第三支队挺进团六个连，皖南新四军突围留在皖中的人员，共1900余人。七师暂成立十九旅一个旅，旅长孙仲德，政治委员曾希圣（兼），下辖第五十五团（团长谢国良、政委黄火星）、五十六团(副团长徐绍荣、政治部主任高立中),不久又成立五十七团(团长梁金华、政委马长炎),挺进团(团长林维先、政委李丰平),独立第一营,独立第三营,特务营。第七师成立后,即从无为东乡进入巢南山区。

(二)建立和巩固政权

创建根据地,必须有人民的政权组织。为此,第七师军政委员会决定建立地方人民政府。1941 年 5 月 1 日,无为县抗日民主政府在无为县白茆洲三宫殿正式成立,县长由民主人士吕惠生担任,周新武兼任县政府党团书记。下辖 9 个区,其中包括庐一区(巢南魏家坝、盛家桥、关河一带)和巢四区(巢县银屏山一带)。中共无为县委和无为县抗日民主政府成立后重点抓了以下几项工作:创办了《新无为报》,宣传党的抗日民族统一战线及重要抗日新闻;颁发了《新四军无为县人权保障条例》;公布了《二五减租试行办法》和《减租试行办法》,规定 1941 年 6 月 1 日为减租减息试行日;设立垦荒局,动员民众垦荒生产;开展征收农业税。

(三)军民联合粉碎敌军多次进攻

新四军第七师和皖中抗日根据地在初创时期,不断受到日伪军的“扫荡”和国民党顽固派军队的进攻,七师经常处于两面作战之中。1941 年秋,新四军第七师在巢南山区则站稳脚跟,日伪军便对巢无根据地进行“扫荡”。以曾希圣、何伟为正、副书记的党政军委员会,领导根据地军民经过数月的艰苦斗争,粉碎了敌人多次进攻,处决了一些罪大恶极的汉奸,使局势大为好转。至 1941 年年底,七师基本控制了巢湖以南,白湖以东,淮南铁路以西(巢湖至裕溪口段),长江以北(土桥至裕溪口段)地区。七师初建时期,孙仲德、林维先两部的驻地面积为 4000 平方公里,人口 62 万,经过发展,面积达到 20250 平方公里，七师部队发展到4000人，地方武装有2202人，枪械1170支，另有不脱产地方武装22074人。根据地基本区共有9个区，86个乡，909个保，人口约83万人。七师党政军会议确定的三项任务基本完成，皖中抗日根据地也有了初步基础。

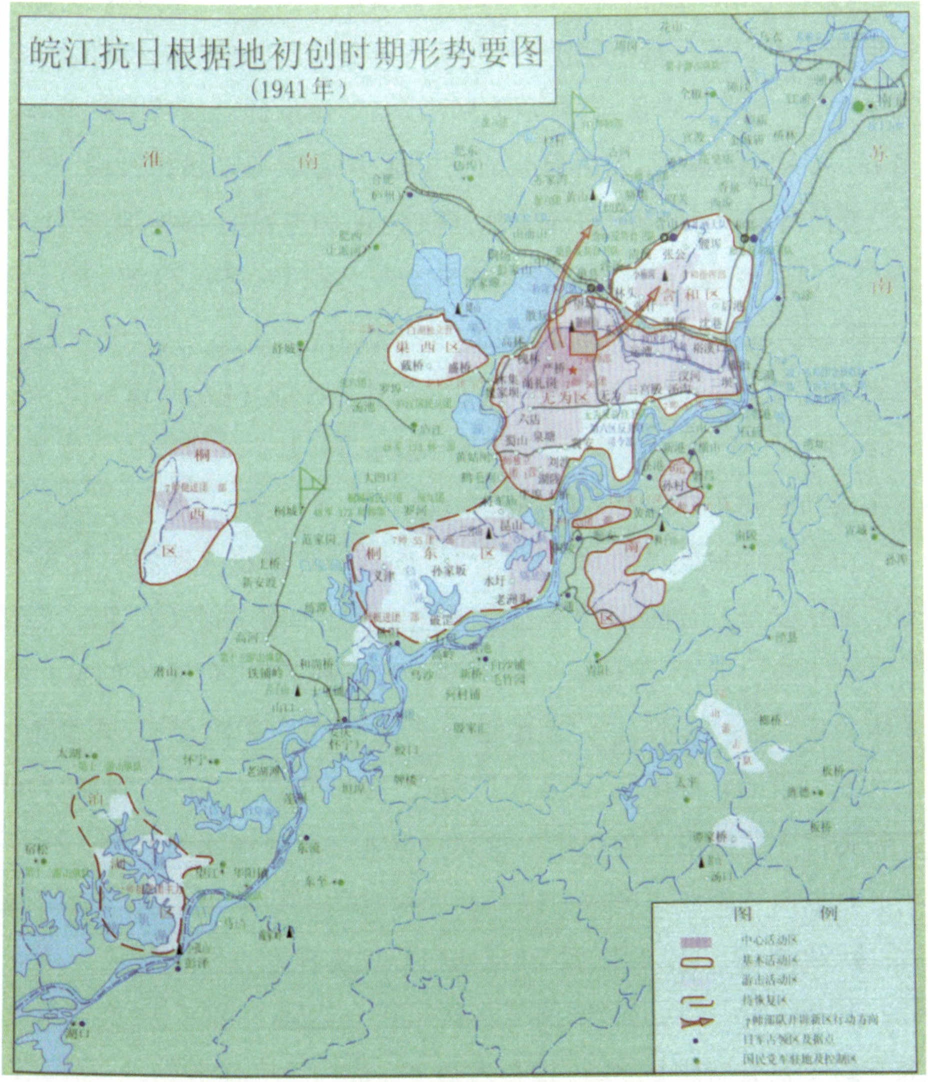

皖江抗日根据地初创时期形势要图(1941年)

三、皖江抗日根据地的巩固与发展(1942—1945 年)——巢南银屏山地区是其中心区

从 1942 年起，新四军第七师和皖中抗日根据地开始进入巩固和发展时期。

以无为北部、盛桥东部为中心的巢南银屏山地区，成为皖中抗日根据地的中心区。新四军第七师和皖中区党委，在创建抗日根据地的过程中，以中心区为依托，稳步向四周发展，逐步打通与新四军第二、第五、第六师的联系，先后建立的根据地主要有：1.以和县、含山为中心，包括巢县、全椒、江浦部分地区在内的和含抗日根据地；2.自无(为)巢(县)庐(江)以西，经桐(城)东(至)、桐(城)怀(宁)潜(山)、到宿(松)望(江)太(湖)三个重要战略支点的游击根据地；3.江南地区的铜(陵)繁(昌)游击根据地；4.桐(城)贵(池)青(阳)游击根据地；5.贵(池)桐(城)彭(泽)东(至)游击根据地等。基本实现了中共中央、华中局和新四军军部对七师的战略部署。

由于根据地的巩固和发展，严重威胁着日伪军占领的重要城镇和交通线安全，引起日军不安，特别是由于日军错误判断新四军军部转移到了皖中地区，因而采取所谓“穷追”方针，对皖中地区实施了多次大规模“扫荡”。日伪军于 1943 年 2 月组织了皖中“清乡”司令部，不久便频繁地向根据地“清乡”“扫荡”。1943 年和 1944 年，是皖江抗日根据地斗争最艰苦的两年，也是根据地发展最迅速的两年。1943 年 8 月以前，皖江军民全力以赴开展对日伪军的斗争，粉碎他们的“清乡”和“扫荡”。9 月以后，转向对付国民党桂系军队的进攻。据统计，仅 1943 年一年，七师部队与日伪军作战达到 189 次，反顽战斗更上升到 215 次。1944 年至 1945 年 9 月，是皖江抗日根据地巩固、发展到反击日伪军，直至取得抗战胜利的两年。仅 1944 年一年，七师对

日伪军作战 760 次，消灭日伪军 3104 人，攻克日伪军据点 39 个，收复国土 4500 平方公里，解放人口 60 万。经过根据地军民的浴血奋战和艰苦努力，至 1944 年底，皖江抗日根据地扩大至东、南至江浦、浦口、芜湖、当涂、繁昌、南陵、宣城、铜陵和青阳，西至望江和赣东，控制了日伪军在华中重要交通命脉——南京以西、安庆以东近 700 里的长江。第七师还打通了与二师、五师、六师的联系，皖江根据地像枢纽一样把淮南根据地、鄂豫根据地和苏南根据地连成一片，形成了相互支援、相互策应的战略格局，从而最终巩固和壮大了这块根据地。

1945 年初，根据中共中央向全国敌后抗日军民发出的“扩大解放区，缩小沦陷区”和夺取抗日战争最后胜利的号召，皖中区党委确定了向日伪军实施局部反攻、对桂系军队实施积极防御和重点发展皖南的方针。由于新四军第七师不断扩大战果，使皖中根据地范围不断扩大，向东至江浦、芜湖、当涂、宣城、南陵，向西至青阳、贵池及江西彭泽县。1 月，为了适应解放区的发展形势，皖中区党委决定将皖中区改为皖江区，皖中行署改为皖江行署。3 月初，行署正式改称。随后，皖中区党委、军区等领导机关、群众团体亦相继改称，皖中抗日根据地也改称皖江抗日根据地。

从 1945 年 1 月起，七师及地方武装就不断向根据地周围的日伪军据点发起进攻，同时，对伪军展开政治攻势，敦促其弃暗投明。1945 年夏季，新四军第七师便在巢南中心区菜地开始了战略反击。7 月 20 日，新组建的十九旅在师特务营的配合下，一夜之间，连克长岗集、散兵镇、盛家湾 3 个据点，歼灭日、伪军 300 多名，并切断了巢县至盛家桥的公路交通。此战，极大地震慑了敌人，坚定了根据地军民对日反攻的信心。

1945 年 8 月，苏联对日宣战。遵照中共中央指示，皖江区党委和七师制定了战略反攻计划,决定以优势兵力向外线广泛出击。根据地军民迅速行动起来,自8月10日起,连续向境内日伪军据点发起进攻,连续攻克40多处据点,收复了巢县以南、长江以北的全部地区。在江南,七师部队也占领了铜陵、繁昌、南陵境内的日伪军据点,使当涂、宣城地区与苏浙根据地连成一片。9月3日,皖江抗日根据地军民在无为县恍城召开万人大会,隆重纪念抗日战争的伟大胜利。

抗日战争胜利后,中共中央为争取和平团结,经与国民党当局谈判,决定让出皖江在内的南方8块根据地。1945年10月3日,《大江报》终刊号发表了《新四军告别皖江民众书》。除留少量部队和人员,在巢南银屏山地区坚持斗争外,从9月下旬至10月初,皖江解放区党、政、军人员,分三批撤离皖江根据地,开赴新的战场,迎接新的战斗。

(一)党政建设

1. 党的建设

1942年4月27日,中共皖鄂赣边区委员会(后改称皖江区党委)成立,何伟任书记,李步新任副书记。同时,成立皖中地区党政军委员会,曾希圣任书记,何伟任副书记。7月,皖中参议会在无为恍城区召开。会议选举知名爱国人士金稚石为参议长,并决定成立皖中行政公署,委任吕惠生为行署主任。9月,皖中抗敌协会成

金稚石

李步新

立，李步新任主任。在皖中区党委的领导下，巢无中心区军民一面积极与日伪军和国民党顽固派军队作战，一面加强中心区的各项建设，使中心区各方面工作步入有序轨道。

1943年3月，根据党中央、华中局指示，皖中抗日根据地实行党的一元化领导，撤销原皖中党政军委员会，将中共皖中区委与七师军政委员会合并，重新组建以曾希圣、李步新为正副书记的皖中区党委，从组织上加强了党对军队与根据地的集中统一领导。全区划分为沿江、和含、皖南三个行政区及巢无、巢合庐两个直属县。各行政区均成立了地委、行政办事处。通过组织调整，加强了统一领导，理顺了各方面的关系。

区党委成立后，把整风、审干作为1943年和1944年的中心任务。通过整风，加强了党的思想建设，提高了党员干部政治思想素质，改进了思想作风，增进了团结，纯洁了组织，提高了战斗力，为战胜战略相持阶段中的严重困难、争取抗战最后胜利奠定了政治思想基础。

党章教材

2. 民主建政

1943年以后，皖中抗日根据地的政权建设工作进一步发展。县级政权按照“三三制”原则普遍建立起来后，各地党组织继续发动群众，推进基层旧政权的改造。各行政区的中心区普遍废除和改造了旧的封建保甲制，由民众选举区、乡民主政府，从而打破了封建势力在下层政权组织中的优势，提高了广大工农和小资产阶级的政治地位。民主选举还密切了干群关系，增强了干部的荣誉感和责任心，使各阶级、阶层的人民更加紧密地团结在抗日民主统一战线旗帜下，进一步巩固和发展了中国共产党领导的抗日民族统一战线。

皖中参议会进行民主选举

此外，民主建政还开展了保障人民的民主权利、废除旧的司法制度和办案程序、开展锄奸剿匪反国民党特务、反对封建迷信、严禁赌博和买卖婚姻等工作，由于工作细致、治理有方，使根据地中心区出现了“夜不闭户、路不拾遗”的祥和景象。

(二)军事建设

1. 壮大主力部队

军事建设的中心内容是壮大主力部队，为此，根据地内掀起了轰轰烈烈的参军运动。根据地人民发自内心地唱出“吃菜要吃白菜心，当兵要当新四军”的歌谣，抒发了对新四军的真挚情感。每年春秋两次征兵，广大青年踊跃报名，出现了许多父母为儿子报名、妻子为丈夫报名的感人情景。1944 年，银屏区大沈村胡保翠老人，因小脚行走不便，特雇了一顶轿子到 20 公里外的区政府送儿子报名参军。1943 年，银屏区秀芙乡、槐林区沿河乡、关河区石塘乡先后成为参军百名乡。巢南地区除每年两次参军热潮外，区大队还经常将基干民兵补充到主力部队。据不完全统计，从 1942 年到 1945 年四年时间，银屏、槐林和关河三个区参军人数在万人以上。至 1942 年底，七师主力部队就发展到 6000 余人。巢湖独立营于 1942 年 9 月扩编为巢湖独立团，团长顾鸿，政治委员程明远。巢无地方武装和群众武装在一次次补充主力部队后，也能始终保持在 2000 人左右。

2. 部队进行整编

1943 年 3 月，为了适应抗战形势发展的需要，皖中区党委成立，与之相适应，部队也进行了统一整编，实行主力部队地方化，将主力部队和地方武装改编为沿江支队、皖南支队、含和支队、巢合庐游击支队和师属独立团。第七师兼皖江军区，下辖皖南、沿江、含和三个军分区。军区、军分区司令由师长、各支队长兼任，政治委员由区党委书记和地委书记分别兼任，以统一领导根据地的对敌斗争和各项建设。

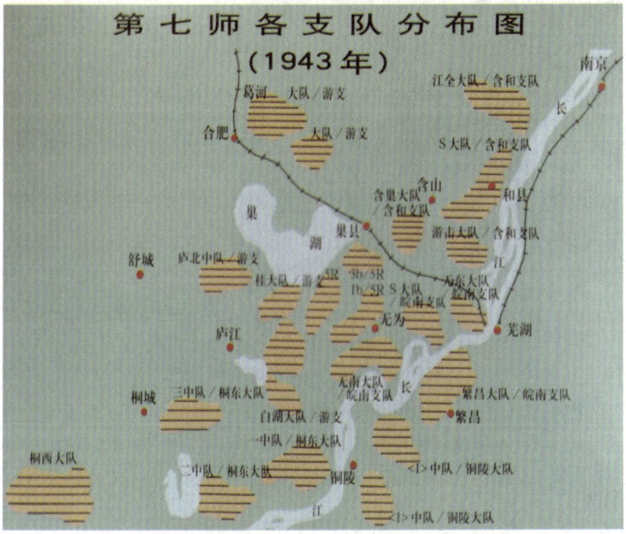

第七师各支队分布图

3. 扩大民兵武装

根据地的民兵组织在党的领导下迅速发展，巢无地区各抗日民众团体和民兵、自卫队组织均有较大发展。至 1943 年 6 月，巢无地区各级抗敌协会共有会员 35147 人。其中，农抗会会员 25703 人，工抗会会员 2365 人，青抗会会员 1174 人，儿童团员 4423 人。全区民兵和自卫队仅在 1942 年就分别增加 2447 人和 17134 人。

县设民兵总队部，区设区队部，乡设乡队部，行政村成立民兵分队，每个分队有 2 至 4 个小队，每个小队有 8 至 12 个人。各级党委书记分别兼任同级民兵组织的政委或教导员、指导员，以加强对民兵组

英姿勃发的抗日民兵队伍

织的领导。1943 年后，各地将 18 至 25 岁男性青年组成基干民兵，编成班、排、连，定期进行军事训练。各区、乡从中选出骨干，组成爆破连、爆破班，专门负责埋地雷、炸碉堡、破坏敌人交通等任务。

民兵除配合七师对敌作战外，在巩固和发展根据地的其他斗争中也发挥了很大的作用。

一是站岗放哨。银屏区外围三面紧靠敌占区，有长达近百里的边防。区人民武装委员会根据七师部署，在外围主要路口、山上制高点、重要地段共设 273 个岗哨。对较近的敌人据点还设置专哨，时刻掌握敌人动态。在区内，每村都在最高处设瞭望哨，村口设检查哨。

反“扫荡”中的瞭望哨

二是运送物资。从 1942 年开始，银屏区民兵负责境内三条交通线。第一条是通往含山、和县。从陈家山口出发，经周家店、周陈、清水塘、袁家小圩、磨基墩、刘家湾，过裕溪河到含山县云苍庙再往和县。第二条是通往严桥地区。从陈家山口翻芙蓉岭，经小岭拐、打鼓庙、石涧，转黄普圩到严桥。第三条是通往湖东地区。从陈家山口出发，向西进申家山、后洞、姥山怀到高林、槐林。

三是敌工工作。日军大“扫荡”以后，新四军七师加强了对敌情报和争取瓦解工作。银屏区也在周边地区建立了情报网,发动群众,注意收集敌情,重点是巢城、东关和林头三处。如一次获悉日伪商会将有一批食盐从裕溪河运往巢城,银屏区民兵指挥部便派出 20 多名基干民兵将 1 万多公斤十分紧缺的食盐截获,为根据地解决了燃眉之急。1942 年春,银屏区委建立了敌工站,负责领导以基干民兵为主体、秘密党员为骨干的敌工工作。重点争取伪军反正,此项工作也取得很大成绩,不少伪军成建制地向新四军投诚。

随着抗日武装力量的增强,根据地的范围也在不断扩大。至 1942 年末,根据地从原来的以任家山为中心的小块根据地,发展到巢湖以南、白湖以东、淮南铁路以西、长江以北。以无为北部、盛桥东部为中心的巢南银屏山地区,成为皖中抗日根据地的中心区。

(三)双拥工作

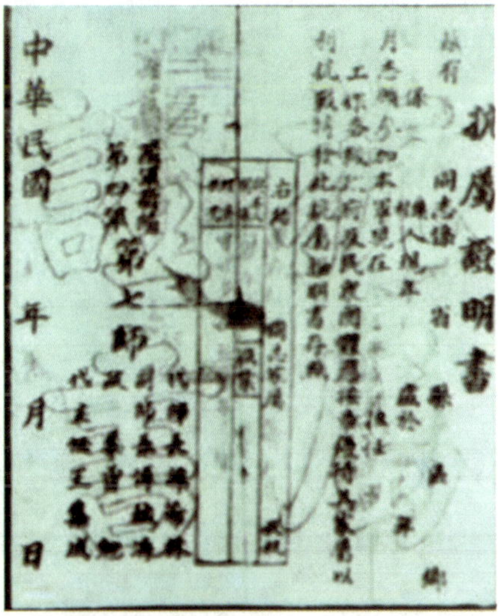
抗屬證明書
中華民國 年 月 日

新四军第七师颁发的"抗属证明书"

自 1942 年起,在巢无中心区全面开展拥军优属、拥政爱民工作。区党委及七师根据中共中央关于"双拥"工作指示精神,要求各地春节前后,都要开展一次"双拥"运动。军队要订拥政爱民公约,尊重地方政府,遵守政府法令,严格执行三大纪律、八项注意,经常关心和帮助群众生产和生活,召开军民联欢会。政府要帮助人民群众,订立拥军优属公约,政府和人民要帮助军队解决在训练和生产中遇到的困难,对驻军伤员、伤残军人及抗属,要经常给予各种照顾和慰问。

党政军民各自检查双拥工作上的不足之处，各自实行公开诚恳的自我批评，从而订出切实可行的双拥措施，并总结经验，表扬模范，互相鼓舞，共同前进。1943 年 1 月 5 日，皖鄂赣边区党委作出关于开展拥政爱民与拥军的决定，并规定每年 1 月 28 日至 2 月 28 日为“双拥活动月”。1943 年 7 月，皖中参议会第一届会议通过决议案，其中政治教育类议案第二案，就是开展拥军拥政运动。双拥工作的扎实开展，使军民关系更加融洽，加强了中心区党政军民之间的团结，对巩固和发展根据地具有重大意义。

(四)经济建设

为改善人民生活，改变根据地经济落后、财政困难的状况，以巩固和发展根据地，抗日民主政府从 1942 年开始，在发展武装、建立政权的同时，集中力量组织群众开展以农业生产为中心的经济工作。

1. 大生产运动

1942 年春，根据地掀起前所未有的大生产运动。民主政府号召群众开垦荒山荒圩，宣布谁种谁收，免交公粮。这一政策的实施，极大地调动了农民生产的积极性。当年春季，巢无地区开垦荒山荒圩约 7000 亩，仅银屏区大岭乡大岭周村就开垦 100 多亩。各级党组织和抗日民主政府积极组织群众大兴水利，抢修塘堰 3600 个，整修加固圩堤 6800 丈。皖中行署主任吕惠生带领群众修筑的无为

新四军第七师指战员帮助驻地群众开荒生产

黄丝滩江堤等工程,保障了百万人口的生命财产安全,促进了农业生产,受到人民群众高度赞扬,被誉为“惠生堤”。为组织领导好大生产运动,县、乡、村均成立生产委员会或生产小组,指导农户制定生产计划,安排作物茬口,改良耕作技术,鼓励饲养禽畜,使生产力迅速发展。延安广播电台曾专题播发了巢无地区农民发展生产、发家致富的新闻。

开展变工互助是区乡政府发展农业生产的又一重大措施。生产发展了,农活变多了,农民以变工、换工等方式解决劳动力缺乏的问题。槐林、关河两区及时总结了蒋家冲和谢家塘创造的变工互助经验,刊登在《大江报》上,迅速在根据地内推广。

1943 年巢无地区发生洪涝灾害,政府组织群众防汛救灾,恢复生产。1945 年巢无地区发生大面积蝗灾,区党委和新四军部队组织军民共同灭蝗,减少了农业损失。

大生产运动的开展，变工互助的推广，洪灾虫灾及时有效地防治,使巢无根据地农业生产获得前所未有的发展。巢无、湖东两县连续两年粮食普遍增加二成,棉花、油菜籽增长三成。1942 年,皖中农民就交纳公粮 400 余万斤大米。1943 年 10 月 18 日,《解放日报》报道:“皖中抗日民主根据地彻底推行‘二五’减租政策及提倡垦荒兴修水利以来,生产激增,人民生活普遍改善,市场日呈繁荣景象。”

2. 减租减息

党为了改变巢南地区少地、无地农民的生活状况，大力发展生产,藏富于民,以支持敌后抗战,皖中区党委积极推行减租减息政策,不断完善减租减息政策法令。1941 年 5 月,无为县抗日民主政府发布《减租减息试行办法》,规定实行二五减租,即在抗战前租额基础上减低 25%,贷款利息一律以一分半为标准。实行这样的标准,既能减

蒋家冲村

轻农民负担，也能保护地主一定的经济利益。但当时由于政权新建，干部力量不足，政策宣传和群众发动、参与不够广泛深入，少数地区出现明减暗不减或减租又减年成的现象。皖中区党委依据中共中央《关于抗日根据地土地政策的决定》和《关于如何执行土地政策决定的指示》两个文件精神，结合皖中地区实际，对减租作出了14条政策规定，减息政策又新增5项新的规定，使“双减”政策更加完善。由于政策规定合理，不仅广大农民积极拥护，多数中、小地主也乐意接受。

一九四三年十一月二十日，《解放日报》关于皖中地区开展减租减息情况的报道。

皖中貫澈減租

羣衆鬥爭違法地主減租四萬石

泰縣敵佔區民衆擁護農會

《解放日报》相关报道

1942年秋，“双减”在巢南地区全面铺开。1943年7月，皖中参议会通过了彻底减息的办法，要求巩固“双减”成果。“双减”和公私兼顾的经济政策，既调动了广大农民、手工业者的积极性，又团结了愿意抗日的地主、富农和工商业者。“双减”既是一场经济斗争，又是一场政治斗争。推行“双减”使巢南农村各阶层的经济状况和根据地的阶级关系都发生了很大变化。广大农民增加了收入，改善了生活，政治热情空前高涨。巢南地区各阶层抗日和保卫根据地的积极性提高了，根据地的政治影响扩大了，为巩固根据地奠定了雄厚的群众基础。

3. 发展工贸

新四军第七师兵工人员在碾磨炸药

为了打破敌顽封锁，从战争需要出发，根据地首先创办了一批军工企业。1943 年秋，新四军七师成立了军工部，在槐林区笑泉口东北的李家山洼办起了兵工厂，兵工厂开始只修理枪炮，不久，便能生产步枪、掷弹筒、枪榴弹和迫击炮。1944 年春，兵工厂一分为三，在银屏山里、无为三官殿和含山各设一处，人员有 400 多人。兵工厂的创办，使武器可以自给，保证了武装斗争的需要。

七师和皖中行署还利用地方资源，在根据地举办了造纸厂、印刷厂、榨油厂、军服厂、烟厂等，生产军需和民用物品。1944 年秋，在银屏山开采小煤窑，既保证根据地工厂用煤，又外卖获取一定利润。

在广大农村，政府鼓励和引导传统手工业生产，成立生产合作社，很受群众欢迎。同时，开展对敌占区贸易，获取根据地奇缺物资，增加了根据地的财政收入。

新四军第七师兵工厂在巢南白云庵的旧址

为了发展经济,1943年7月成立了大江银行,发行了大江币,排除了“法币”“伪币”对根据地经济带来的不利影响,控制了根据地的金融阵地,有效地保护和促进了根据地的经济建设。

由于党和政府重视生产,发展贸易,广开财源,加之部队和政府厉行节约,使根据地财政收支状况日趋好转,呈现一片繁荣景象,不仅保障了自己的需要,还可以支援军部和其他兄弟部队。仅1942年就上交军部749万元及大量布匹、医药和军用器材,被誉为“富七师、甲全军”。根据地的经济建设,打破了敌人的封锁,为赢得抗战胜利奠定了物质基础。

(五)文化建设

根据地重视开展文化教育建设。一是发展初等、中等国民教育,

张家祠堂

创办了无为中学、皖江联立中学、第二联中、和含中学，改造私塾，恢复和开办小学上千所。1941年秋，银屏区在张家山张家祠堂办起第一所全日制小学。1943年秋，银屏区在大岭村兴办了大岭小学。1944年春，银屏区除了有两所公立学校外，每个行政村都有民办初小，农家子弟入学状况有了很大改善。二是大部分农村成立夜校和识字班，对成年农民进行扫盲。蒋家冲村是皖中联立中学所在地，在联中师生们的辅导下，全村青壮年人人都能认识几百个汉字。三是创办了《大江报》《武装报》《大江杂志》，宣传党的方针政策、报道国内外重要新闻。四是建立了大江剧团，各支队建立了文工队，其任务就是运用文艺形式宣传抗日。1944年春，银屏区、槐林区分别建立了文工团，在配合参军、支前、反顽斗争中，自编自演快板、大鼓、戏剧等，宣传效果也很好。文化教育工作的开展，丰富了军民精神文化生活，对提高根据地军民政治、文化素质，启发人民群众的思想觉悟，鼓舞广大军民抗日斗志都起到重要作用。

新四军第七师出版的《武装报》

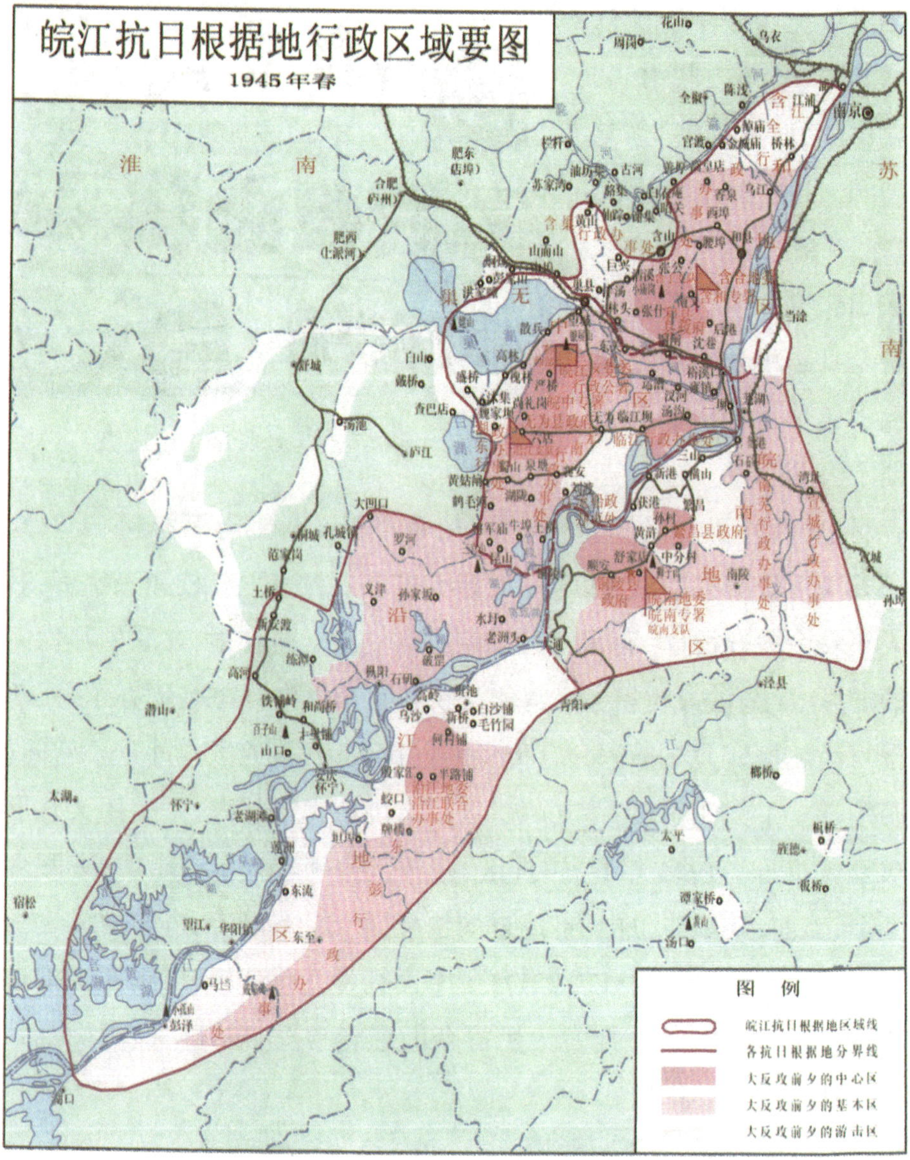

皖江抗日根据地行政区域要图(1945 年春)

第二章　巢南银屏山地区党史大事记

一、1937年

1. 7月7日夜，日军向北平郊区宛平县卢沟桥的中国驻军发动进攻，中国军队奋起抵抗，全民族抗日战争开始。

2. 7月8日，中共中央发布《中国共产党为日军进攻卢沟桥通电》，号召全国同胞和军队团结起来，抵抗日本侵略者。10月12日，中国共产党与国民党谈判达成协议，将南方8省14个地区的红军、游击队改编为国民革命军陆军新编第四军。

3. 7月至8月，巢县等地成立抗敌后援会、巢县青年战时服务团等组织，积极开展抗日救亡宣传活动。旅外学生回巢，在进步青年刘毓璜组织下，在巢城绘制“还我山河”的大幅壁画及“打倒日本帝国主义”“誓死抗日”等标语宣传抗日。

4. 8月，巢县中上层人士纷纷筹款募捐，支援前线，同时在商界开展抵制日货运动。

5. 9月，中共党员舒政海受党组织派遣到巢县夏阁开展抗日救亡宣传工作。

6. 11月中旬，中共皖中工作委员会成立。李世农任书记，张恺帆、桂蓬为委员。皖中工委领导长江以北、淮河以南和县、含山、舒城、庐江、无为、巢县等县的党的工作，发动群众抗日，建立游击武装。

7. 12月23日，日军数次派飞机轰炸巢城，并沿合浦公路扫射，死伤群众百余人。

二、1938 年

8. 2 月，皖中工委派张恺帆到巢县开展党组织恢复工作，从事抗日活动。

9. 3 月 8 日，新四军第四支队东进皖中地区抗日。新四军第四支队司令员高敬亭奉军部命令，率七团、九团和手枪团从湖北七里坪、八团经河南竹沟出发，东进皖中抗日。4 月初，先头部队进入皖中巢无庐边界地区。

10. 3 月 10 日，巢县动委会成立，刘毓璜任主任委员。

11. 春，巢县县政府组织民夫毁坏境内的淮南铁路和合巢、乌合公路，以阻滞日军入侵。

12. 4 月 10 日，冯玉祥动员侄儿冯宏谦（马忍言）回家乡巢县开展抗日救亡工作。中旬，在张恺帆、舒政海的协助下，冯宏谦以冯玉祥将军的名义在夏阁元山举办了巢县抗日军政干部训练班，学员计 60 余人。

13. 4 月中旬，“东北流亡抗日挺进队”政委刘冲（中共党员）带先遣队 10 余人从巢庐边界盛桥、沐集一带到达巢城，并在元山抗日军政干部训练班为学员作形势报告。

14. 4 月 26 日，日军飞机再次轰炸巢城，小东门一带烈火冲天，民居顿成残墙断壁。

15. 4 月 30 日，日军分水陆两路攻占巢城，在巢城屠杀无辜群众。

16. 4 月底，新四军第四支队先遣营进驻巢县沐集和无为严桥镇一带，进行抗日活动。九团由东汤池、盛家桥，进驻巢县高林桥、散兵镇、银屏山一带，开展抗日斗争。

17. 4月，中共中央长江局决定撤销皖中工委，成立隶属安徽省工委的舒城中心县委，工作范围与皖中工委相同，桂蓬任书记。

18. 5月1日，李世农在巢城郊区天灯庵召开在巢活动的中共党员和进步人士紧急会议，部署巢县沦陷后的地下工作、难民西撤及组建地方抗日武装事宜。

左侧的树林下就是原天灯庵所在地

19. 5月3日，日军对巢城进行人搜索。

20. 5月6日，日军“扫荡”望城乡，在盛家湾村杀害村民40多人。

21. 5月12日，新四军九团侦察队参谋郭思进和二营营长黄仁廷率部在巢县蒋家河口伏击下乡抢掠的小股日军，歼敌20余人，缴枪11支，军旗1面。新四军东进抗日首战告捷，大振军威。

22. 5月，何泽洲在庐江北乡吸收抗日青年，组建四支队舒庐无巢游击大队（又称何泽洲大队），后编入四支队七团三营。

23. 6月上旬，新四军派罗希林、刘海燕分别任巢县人民抗日自卫大队大队长和教导员。

24. 6月，巢县抗日游击队正式命名为“巢县黄山抗日游击队”，冯文华任队长，张恺帆任政委。

25. 7月下旬，罗希林、刘海燕率巢县人民抗日自卫大队一部回到巢南魏家坝。

26. 7月下旬，巢南督导处成立，舒政海任巢南督导处主任，罗希林任督导处参谋长。

27. 7 月，中共安徽省工委派共产党员时生率省民众总动员会第三十工作团到巢县开展抗日动员工作，秘密建立党组织。

28. 7 月，新四军第四支队参谋长林维先率七团一营、三营在巢湖水上清剿土匪，全歼姥山土匪百余人。

29. 8 月，中共长江局决定成立中共皖东工委，刘顺元任书记，李世农任组织部长。1938 年 11 月改属中原局领导。

30. 8 月，马忍言、冯文华集中回巢的武装力量，并吸收一批青壮年入伍，成立巢县抗日游击大队，共 400 余人。11 月下旬，新四军第四支队调吴华夺、张恺帆去任大队长和教导员，以加强党对“巢抗”的领导。

31. 9 月，中共巢县特支成立，时生任书记，隶属中共皖东工委领导。巢县特支成立后，以巢县动委会的名义，招收进步青年，举办“巢县青年抗日军政干部训练班”，培养军政干部，并秘密发展党员。

32. 秋，中共巢南工委成立，隶属中共舒城中心县委，统一领导巢南地区抗日救亡工作。魏兆雨任书记。

33. 10 月 7 日，温家套惨案发生。驻守巢县龟山据点的日伪军 100 多人，趁中秋节之际，在温家套三个村庄屠杀百姓 316 人，烧毁民房 900 余间，民船 18 只。

34. 10 月下旬，新四军第四支队游击第二纵队组建。中共舒城中心县委鉴于无为、巢县、庐江反动势力增强等情况，经请示上级，决定统一组织皖中地区抗日武装，将三县的抗日游击队和部分原属县政府领导的“常备队”“自卫军”整编为“新四军第四支队游击第二纵队”。龚同吾任纵队司令员，曹云露任政治委员。

35. 11 月，新四军参谋长张云逸抵达江北，决定将“新四军第四支队游击第二纵队”更名为“新四军江北游击纵队”，直属军部领导。

36. 12月，中共皖东工委决定改中共巢县特支为中共巢县县委，鲍有荪任县委书记。

37. 12月，新四军第四支队在庐江东汤池召开会议，落实中共中央关于“有计划地建立几个基干游击队和游击区”的指示，决定扩大部队，继续东进抗日和建立皖中抗日根据地。

三、1939年

38. 1月，新四军江北游击纵队成立，戴季英兼任司令员，曹云露任政治委员，桂蓬任政治处主任，下辖3个大队。在无为、庐江、巢县等地开展敌后抗日斗争，开辟抗日游击区。

新四军参谋长张云逸

39. 1月，经新四军参谋长张云逸与国民党安徽省主席廖磊谈判，确定了巢县、无为以及淮南路东各县划归新四军第四支队防区。

40. 1月，民间大刀会组织从外地传入巢南山区。项家山首先建立大刀会堂口进行传道活动，很快遍布巢南各地。

41. 1月，为保存抗日力量，“巢抗”随新四军八团行动。国民党安徽省政府对巢县抗日救亡形势迅速发展惶恐不安，拟调与共产党合作甚好的巢县县长马忍言离巢。吴华夺经请示张云逸同意，决定将“巢抗”调离巢县以便保存抗日力量。马忍言对此给予配合和支持，月初即对“巢抗”进行整编，除留60人的老弱残部和破旧枪支外，其余主力部队开往巢合边境地区仍以“巢抗”番号随新四军第四支队八团行动。

42. 1月，中共舒城中心县委在庐江金牛镇召开舒城、庐江、桐城、无为、巢县5县党的代表会议，强调继续发展党的组织，扩大革命武装，巩固抗日民族统一战线。

43. 2月17日，巢南抗日游击大队大队长魏兆雨及2名战士在散兵楚歌岭遭项家山大刀会杀害。巢南游击大队被迫自卫，当场击毙大刀会反动头目马武。

44. 2月21日，新四军第四支队八团和“巢抗”，在巢县方集乡反击日军700多人的“扫荡”，毙、伤日军百余人。

45. 2月下旬，“巢抗”十大队计400人，正式编入新四军第四支队八团一营。

46. 3月初，纪正接任中共巢县县委书记，并兼任巢县动委会组织部主任。

47. 3月13日，《巢县动员》报创刊，中共党员包之静任主编，每期4版。

48. 3月中旬，巢县工作团、巢县突击剧团成立。巢县突击剧团是共产党领导的皖东敌后第一个文艺战斗团体。

49. 3月30日，项英向党中央建议：在江北建立新四军江北指挥部或办事处。

巢縣動員
引起國內失業恐慌

《巢县动员》报，是抗战初期由共产党人创办的报纸

50. 3月，巢县工人抗敌协会、农民抗敌协会、青年抗敌协会、商业抗敌协会、妇女抗敌协会相继成立。

51. 3月，中共舒城中心县委改为中共舒无地委，黄岩任书记，属中共鄂豫皖边区党委领导。下辖舒城、桐城、庐江、无为、巢县、含山、和县。1940 年 1 月后,改属皖东津浦路西省委领导。

52. 4 月 24 日,根据中原局决定,将中共皖东工委改称中共苏皖省委,继续领导和(县)含(山)巢(县)全(椒)等皖东地区党的工作。

53. 4 月下旬,巢县动委会发文敦促全县基层组织加快农民抗敌协会的组建工作。

54. 5 月 1 日,叶挺军长和邓子恢等到江北无为,并决定将随同到达的三支队五团团长孙仲德、参谋长桂逢洲以及顾鸿等干部留在江北游击纵队。

55. 5 月 6 日,叶挺一行到达庐江东汤池。

56. 5 月中旬,新四军江北指挥部在东汤池成立,统一指挥在江北的新四军部队。张云逸兼任指挥,徐海东(时在延安)任副指挥,赖传珠任参谋长,邓子恢兼任政治部主任。

57. 5 月,新四军江北指挥部决定整编江北游击纵队。孙仲德任司令员,黄岩任政治委员,下辖 3 个大队。

58. 6 月 15 日, 中共中央任命新四军江北指挥部副指挥徐海东兼任新四军第四支队司令员。

59. 6 月 24 日, 新四军第四支队原司令员兼政治委员高敬亭在肥东青龙厂被错杀。1977 年 4 月 27 日,中国人民解放军总政治部发出通知:“遵照毛主席指示,中央军委决定对高敬亭同志给予平反,恢复名誉。”

60. 7 月 1 日,新四军江北指挥部对江北部队进行整编。整编后的新四军江北部队为第四、第五支队和江北游击纵队。孙仲德任江北游击纵队司令员,江北游击纵队仍坚持在巢无地区抗战。

61. 8 月初,美国进步女作家史沫特莱到无为、庐江考察采访。

62. 秋,奉江北指挥部和鄂豫皖边区党委之命,江北游击纵队统战科长蒋天然以新四军全权代表的身份,前往巢南,争取大刀会联合抗日。在地方党组织和武装部队配合下,经过数月工作,终于在1940年2月,成功争取180个大刀会堂口联合抗日。

63. 10月,中共舒无地委决定在巢南、庐北地区建立中共巢庐县委(也称庐江工委),桂林栖任书记。县委成立后,以庐江白石山为中心,沿巢湖向东、向西发展,恢复和发展党组织,开展敌后游击斗争。次年3月组建巢湖游击队。

64. 11月,中共舒无地委决定在巢南、庐北地区建立中共巢庐县委,桂林栖任书记。

65. 冬,驻安徽省的国民党桂系部队加剧与新四军江北部队摩擦。

四、1940年

66. 年初,国民党第一次反共高潮波及皖中。1月,巢县县长马伯山宣布解散各抗日团体,限制和取消抗日宣传活动。

67. 1月,中原局撤销鄂豫皖边区党委,组建中共皖中军政委员会。何伟任书记,黄岩任副书记,委员孙仲德、周新武、龚育贤,统一领导皖中地区工作。

68. 1月,雷文在庐江东北乡盛家桥、高家板桥等地开展党的工作,成立中共庐东特别支部,隶属中共巢庐县委领导。至1942年5月,特支发展、领导13个支部,党员140余人。

69. 1月,中原局决定撤销苏皖省委,成立中共皖东津浦路东省委和津浦路西省委。

70. 2月,巢县抗日游击队扩编为江北游击纵队第十大队,纪正兼任大队长。

71. 2月，国民党特务策动姥坞嘴大刀会进攻巢南独立团，顾鸿率部增援，迫使其撤回并与新四军和平谈判。

72. 3月7日，国民党桂系军队在皖中公开挑起武装冲突，以一个团的兵力袭击江北指挥部留守处和后方医院，所存物品被掠一空。

73. 3月，新四军江北游击纵队扩编为四个团和一个大队，共3000多人。

74. 3月，桂林栖在白石山建立巢湖游击队，活动在巢湖水上及白石山、盛家桥、槐林嘴一带。

75. 4月中旬，中共中央指令长江以北的新四军部队统归中共中央中原局指挥。

76. 4月21日，国民党安徽省保安部队和一七六师约4000人，向驻巢无地区的新四军江北游击纵队发动进攻（史称照明山事件），参谋长桂逢洲在战斗中牺牲，皖中军政委员会、中共舒无地委和江北游击纵队被迫撤离巢无地区，转移至含山小庙岗一带，蒋天然率巢南独立团继续在巢南银屏山地区坚持游击斗争。

桂林栖

77. 5月，中共巢湖工委成立，书记桂林栖，领导巢湖水上抗日游击斗争。

78. 5月8日，刘少奇对和含巢地区抗日斗争作出指示："在含山、和县、巢县境内，派队坚持游击，保持原有阵地，以便将来无为兵力能够向东转移。"

79. 6月，中共皖东津浦路西省委决定组建中共巢湖地委，周新武任书记。同年9月，巢湖地委进入巢南山区，领导原舒无地委所辖皖中各地党组织。

80. 7月初，和含巢无中心县委成立，林岩任书记。县委总的任务是:以巢南、无为为依托积极争取改造巢南大刀会,向和含、巢北开展工作。发展党的地下组织,开展游击战争,惩办汉奸、土匪、特务、恶霸,逐步建立地方政权。

81. 7月,巢南姥山怀中心支部成立。

82. 7月,含山半湖游击队转移至巢县东乡,后进入巢南银屏山地区。8月,和含巢无中心县委决定将活动在巢县银屏山、无为石涧埠的含山半湖游击队扩编为含和独立连。

83. 7月,新四军第三支队挺进团进入皖中,开辟以三公山为中心的抗日游击根据地。

84. 8月至9月,江北游击纵队一部、地方游击队先后进入巢南山区,开展恢复巢无地区的斗争。

85. 9月16日,周新武、孙仲德等率江北游击纵队一部南渡巢湖,进入巢无地区。

86. 9月,中共巢南区委在陈家山口村成立。张世荣、江洪涛先后任书记。巢四区政府在董家山成立,任道济兼任区长。

87. 9月,巢南至含、和的交通联系点建立。

88. 10月初,原中央军委二局局长曾希圣奉调从新四军军部渡江前往新四军江北指挥部,因交通受阻,滞留于巢南山区江北游击纵队司令部。

89. 10月,新四军第四支队九团二营在运漕镇袭击了敌人,歼敌50人,俘虏160人。

90. 12月中旬,巢湖地委、和含巢无中心县委分别在巢无交界的郭家山举办党员干部训练班。

91. 12月中旬,和含巢无中心县委及巢南区委在银屏山区广泛开展建党工作,同时组建群众性的农抗、青抗、妇抗组织,从而在思想上、组织上逐步控制了大刀会组织。

92. 12 月 20 日，国民党桂系一七六师等部队开至襄安、牛埠等地，企图封锁皖南新四军北上道路。12 月底，和含巢无办事处成立。

五、1941 年

93. 1 月 7 日，国民党反动派制造了震惊中外的“皖南事变”。

94. 1 月 17 日，蒋介石反诬新四军“叛变”，悍然宣布取消新四军番号。

95. 1 月 19 日，新四军二支队政委黄火星等率八、九十人突围至无为县。至 4 月底，突围部队共 700 多人陆续进入无为，并先后转移到巢南山区。

96. 1 月 20 日，中共中央军委发布重建新四军军部的命令。

97. 2 月 1 日，毛泽东为中央军委、中央书记处起草的给刘少奇、陈毅并告彭德怀的电报中指出：“去年十月你们复电巢湖、瓦埠湖间不过百里，通过甚难，但现时我在无为、桐城已有根据地，虽只一、二县，其战略意义却胜过敌后大块根据地，应极端重视之。”

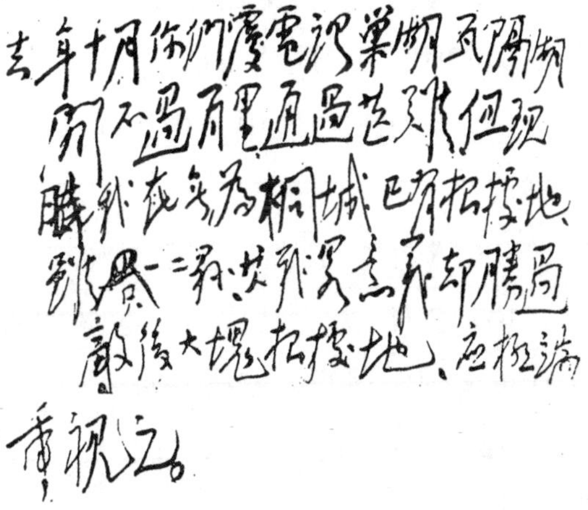

毛泽东手迹

98. 2 月，中共中央军委将在华中的八路军、新四军改编为 7 个师。2 月 19 日，中共中央军委任命张鼎丞为新四军第七师师长(未到职)，曾希圣为政委。

99. 3 月 21 日，新四军军部决定将江北及江南的新四军部队一律改称为新四军第七师。

100. 3 月 28 日,日军由巢县向三河入侵。29 日占领盛家湾,并建立据点,封锁新四军。

101. 3 月，国民党桂系 171 师、172 师及地方武装近 2 万人连续进攻巢无边界银屏山区。

102. 4 月 10 日至 15 日,曾希圣、何伟先后在无为和巢南任家山召开皖中地区党政军负责人扩大会议。传达中央、中原局及军部的指示,统一了坚持皖中敌后抗战与建立抗日根据地的认识,明确了斗争任务和方针政策，研究了组建新四军第七师和建立抗日民主政权等事宜。

103. 4 月 15 日，中原局及新四军军部决定第七师暂时成立 19 旅,孙仲德任旅长,曾希圣兼任政委。

104. 4 月,中共巢湖地委改为中共无为地委,周新武任书记,机关驻巢南任家山、恍城一带。

105. 4 月 30 日,中共中央军委任命第七师军政委员会,曾希圣任书记。

106. 5 月 1 日,新四军第七师在无为白茆区胡家瓦屋正式成立。

107. 5 日,无为县抗日民主政府在三宫殿成立,吕惠生任县长。包括巢南魏家坝及盛家桥一带的庐一区和银屏山一带的巢四区。

108. 5 月中旬,无为县抗日民主政府颁发《新四军无为县人权保障暂行条例》,公布了《二五减租试行办法》和《减息试行办法》等一系列政策办法,规定 1941 年 6 月 1 日为减息法令试行日。

109. 6 月,皖中财政经济委员会成立,统一领导皖中地区的财政工作,下设 8 个货物管理检查处,其收入为七师给养和皖中地区的党政机构活动经费提供了保证。

110. 夏，巢南区委在秀芜张家祠堂创办张山小学，设 5 个班，学生 170 人，为适应斗争需要，七师派人到校担任专职军事教员。

111. 7 月，中共无为地委决定撤销和含巢无中心县委，成立含和巢县委，林岩任书记。县委暂住巢南银屏山区，以巢南为依托，向和含南部发展，相机建立抗日民主政权。

112. 9 月，第七师五十七团成立，梁金华任团长，马长炎任政委。

113. 9 月，合巢工委成立，严佑民任书记，宣济民为委员。

114. 9 月，巢城日伪军 100 多人向散兵、高林侵犯，被新四军两个连击溃。

115. 秋收开始后，各级党组织和部队组织民运工作组，深入乡村，发动群众，宣传、贯彻减租减息政策，争取广大群众和各方面人士投入根据地建设。同时，逐步接收保、甲等旧政权的基层组织，并加以改造，注意发挥旧职人员作用，从而促进各级政权组织的发展与巩固。

116. 9 月，七师部队粉碎日伪军对巢无根据地的“扫荡”。

117. 11 月 29 日，中共中央军委任命傅秋涛为七师副师长，主持师部日常工作。

118. 11 月，中共无为地委决定撤销无为县委，其原辖区分别设立中共巢无县委、临江工委。巢无县委辖开城、严家桥、石涧埠、银屏山一带。

119. 12 月，中共含和巢县委为进一步巩固游击根据地，建立抗日根据地，采取公开活动与隐蔽发展相结合的方法，广泛与群众和社会各界人士接触，通过座谈会、报告会和群众大会等形式，进行抗日宣传，秘密发展党员，动员群众参加敌后抗日活动。

六、1942 年

120. 1942年初，皖中各县联合中学在高林蒋家冲建立。

121. 1 月，中共合巢工委划归无为地委，并改称巢湖工委，书记严佑民，副书记程明远。

122. 2 月初，新四军二、七师临时通道建立。傅秋涛一行 6 人沿临时通道到达巢南山区。

123. 2 月 7 日，驻散兵伪军自卫大队队长王融率士兵 40 余人，轻机枪 2 挺，长枪 22 支，向七师投诚。

124. 2 月 27 日，七师至新四军军部交通线启用。

125. 2 月，第七师大江剧团成立。

126. 3 月 24 日，皖中区党委和党政军委员会成立。

127. 3 月 26 日，《大江报》创刊。第七师《战斗报》社与无为县政府《新无为报》社合并，成立《大江报》社。至 1945 年 10月 3 日，共出版507 期。

128. 3 月 30 日，七师政委曾希圣作《第七师一年来工作报告》。

129. 4 月 1 日，中共中央军委任命孙仲德为七师参谋长。

130. 4 月 10 日，华中局指示七师与地方党的中心任务是巩固与发展巢无根据地。七师军政委员会指示群众工作应重点在无四区、庐一区、无七区和巢四区进行。

131. 4 月，七师巢无独立团成立。

132. 4 月，皖中抗日根据地普遍实施减租减息法令。

133. 4 月，中共巢庐县委、巢无县委合并为无巢庐中心县委，书记桂林栖，同时成立巢无独立团。

134. 4 月 27 日，中共皖中区党委成立，书记何伟。银屏区委直属区党委领导。

135. 5 月，区党委在巢南大朱村举办两期共 180 人参加的党员干部训练班(也称党校)，每期三个月。

136. 5 月，中共巢合庐中心县委在巢南高林桥班家巷村成立，书记程明远，隶属皖中区党委领导。同时成立巢湖独立营，营长桂俊亭。

137. 5 月，巢南区改为银屏区。

138. 6 月，新四军第七师巢南兵工厂在笑泉口建立，次年二月，工厂迁至魏家坝。

139. 6 月，皖江区党委在县团级以上干部中开展整顿“三风”学习，要求强化自我教育，改进工作中的缺点。

140. 8 月，中共槐林区委、区政府成立，书记雷文，区长丁继哲。中共关河区委成立，书记贾征。

141. 9 月，巢湖独立营扩编为巢湖独立团，团长顾鸿，政治委员杨杰英。

142. 10 月，皖中民兵联防司令部成立，皖中行署主任吕惠生任司令员。

143. 10 月，中共巢东乡总支部建立，书记金忠。

144. 10 月，银屏区在大岭村创办大岭小学。

顾　鸿

145. 12 月，槐林区召开万人大会，斗争恶霸地主夏其峰，推动“二五”减租减息法令的执行。

146. 12 月，皖中区党委抽调大批干部，全面检查根据地内减租减息工作。同月，七师进行第一次精兵简政，简政后师直机关工作人员不到 100 人。

七、1943 年

147. 2 月，银屏区改属无为县管辖，槐林、关河属湖东行政办事管辖。

148. 2 月，华中局组织部部长曾山等人到无为检查指导工作。

149. 2 月，巢湖独立团改编为巢合庐游击支队，支队长唐晓光。

150. 3 月初，皖中抗日根据地实行党政军一元化领导。皖中区党委改组，由曾希圣任书记，李步新任副书记兼组织部长，何伟任宣传部长，李丰平任社会部长，傅秋涛任军事部长，黄先任民运部长。下辖皖南、和含、沿江三个地委和巢合庐、巢无两个县委。

151. 3 月 17 日至 25 日，七师粉碎日军对皖中抗日根据地巢无中心区的“扫荡”，共毙、伤日伪军 300 多人。被困在银屏山仙人洞的曾希圣、曾山等人，在民兵董兆松等人接应下安全转移。山区群众在银屏区委书记李德友安排下，将来不及撤离的新四军干部、战士和伤病员就地隐蔽起来。

152. 3 月，新四军第七师贯彻军部指示，实行主力部队地方化，将第七师整编为沿江、皖南、含和、巢合庐四个支队和一个独立团，同时成立军区和军分区。同月，七师进行第二次精兵简政，师部参、政两部及工作人员为 37 人，其他人员全部地方化。

153. 3 月，中共巢无县委成立，书记胡德荣。辖恍城、石涧、新民、南苏、银屏 5 个区委。

154. 3 月，中共白湖县委成立，书记桂林栖，辖槐林、关河等 5 个区委及湖西工委。

155. 4 月 2 日，槐林区乡干胡海如被叛徒杀害。胡如海生前为抗日救亡工作作出突出贡献，为了纪念英烈，中共槐林区委决定将胡海如出生地柳山乡改为海如乡。

156. 4月30日，日伪军2000多人再次“扫荡”巢无中心区，七师主力机动转移，在外围伏击日伪军，使敌被迫于5月6日撤兵，“扫荡”再次失败。

157. 5月，银屏等区动员群众集资入股，兴办供销合作社，打破敌伪对山区的封锁。

158. 6月，皖中行署决定在全区废除保甲制，改为行政村、自然村。

159. 6月，皖中抗日根据地“大江银行”成立，发行的“大江币”基本上排除了法币、伪币对皖中根据地的影响，保护了皖中根据地金融阵地。

大江币和含版一元

160. 6月，中共中央电示华中局，规定自1943年6月至1944年6月为整风年，并把整风作为今后三大任务之一。7月1日，中共皖中区党委决定进一步深入开展整风工作。

161. 7月24日，国民党一七六师五二八团袭击七师阵地。

162. 7月25日至28日，皖中参议会第一届参议员代表大会召开。

163. 7月，新四军第七师副师长傅秋涛召开作战会议，研究部署打退顽军进攻，保卫巢无根据地事项。

164. 中共华中局指示新四军各师、各区党委，在两年内完成整风和审干工作。

165. 8月，新四军第七师副师长傅秋涛、政治部主任何伟离开巢无中心区赴延安学习。9月5日，新四军决定调第二师六旅旅长兼政治委员谭希林任第七师代师长，同时决定六旅十六团拔归七师建制。是日，谭希林率十六团赴皖中，十六团进入巢无地区后，番号称“巢大”,直属师部领导。

166. 9月，含巢抗敌协会联合会成立。

167. 9月，巢湖水上特委成立,书记桂俊亭。

168. 9月，中共皖中区党委发出《关于目前锄奸工作的指示》。

傅秋涛　　谭希林

169. 9月,在原白湖县委的基础上,成立中共白湖中心县委,书记桂林栖。

170. 9月，槐林区40余名乡干部带头报名参军，带动全区700余名青年参军入伍。

171. 10月7日,皖中水利会议召开。

172. 10月30日,皖中人民武装委员会成立,皖中各县也相继成立人民武装委员会。

173. 10月,根据地内日伪军12500人,顽军26000人,七师部队8000人,其比例为:日伪军与七师部队1.5:1,顽军与七师部队3.1:1。

174. 11月2日,国民党顽军一七六师五二八团进攻严桥、牌楼中心地区,被根据地军民击退。

175. 11月20日,桂顽第八游击纵队、五一五、五二八团一部进攻巢无根据地,七师部队坚守磨盘山一线,激战2天,毙敌400余人,俘顽军支队长郑其昌,取得反击战的胜利。

176. 11月,开辟二、七师第二、第三条交通线。

177. 12月,巢无中心区及湖东地区全面推行民主建政,主要实行“三三制”和民主选举。

八、1944年

178. 1月1日，皖中行署颁发《皖中营业税征收条例》。

179. 1月5日，中共皖中区党委作出关于《开展拥政爱民与拥军的决定》。银屏、槐林区各乡成立“优抚委员会”，村成立“优抚小组”。

180. 2月中旬，巢无县委按照区党委的部署，开展大生产运动。号召群众开荒，宣布谁种谁收，充分调动了群众的积极性。仅银屏区大岭行政村就开荒百亩以上，新开茶园、麻地70余亩。

181. 2月20日至21日，国民党军队发动对巢无中心区的进攻，根据地军民奋起反击，毙敌200多人，俘敌百余人。

182. 2月24日，皖中根据地开展反国民党特务运动。月底，银屏区委在张家山召开全区反国特斗争大会，号召在全区开展大检举、大揭发国特运动。

183. 2月25日，桂顽等三个营向巢无中心区发起进攻，被七师独立团和白湖独立团击退。

184. 2月，巢无中心区民主政府建立新司法制度，实行“巡回审判”和“群众审判”新形式。

185. 3月1日，新四军一部击溃进攻槐林的日伪军。

186. 3月14日，白湖团一营袭击盛家湾伪军据点。

187. 4月4日，合巢大队攻克巢城布山岗日伪军据点，俘日伪军16人。

188. 5月1日，皖中联立中学成立。

189. 5月6日，黄丝滩江堤退建工程竣工。

190. 5月底，皖中地区已有县委16个，区委58个，支部860个，地方党员干部1200多名，部队党员2200多名。拥有县级抗日民主政府9个，县级参议会4个。

191. 8月，二、七师第四条交通线开通。

192. 8月23日，顽军进攻巢无根据地周家大山一带。

黄丝滩水利工程落成典礼

193. 9月21日，顽军第八纵队三、四百人进犯沐家集附近的孙家桥，被白湖团击退。

194. 11月24日，白湖团一大队袭击盛家湾敌伪军据点，俘敌13人，其余敌人被全部歼灭。

195. 1944年底，巢无中心区大力发展文化教育事业，群众性的文艺活动在全区普遍展开，至年底各区均建立文工团，各乡办起了民校、夜校。

九、1945年

196. 1月初，新四军第七师开始局部反攻，向敌伪军薄弱地区实施广泛出击。

197. 1月上旬，皖中解放区改为皖江解放区，区党委改为皖江区党委。

198. 2月21日，桂顽第一七六师趁日伪军向皖江抗日根据地无东地区“扫荡”之际，向巢无、和含地区进攻。新四军二、七师配合作战，使桂军遭重大伤亡，于26日退出巢无中心区。第七师“巢大”团团长兰祥、独立团副团长袁大鹏在此次战斗中牺牲。

199. 4月16日,皖江地区实行币制管理,严禁使用伪币,确保解放区物价和社会稳定。

200. 4月28日,巢南煤矿工人和运输工人集会,宣布成立巢南煤矿工会。

201. 5月1日,皖江职工工会成立,号召全区工友为战略大反攻作出贡献。

202. 5月16日,巢南山区暴发大面积蝗虫灾害,皖江区党委发出动员群众灭蝗和帮助群众生产的紧急指示。

203. 5月,抗大第十分校在无为团山李成立。全校设5个队,共500余人。

204. 6月20日,新四军第七师重新组建第十九旅。林维先任旅长,黄火星任政委,下辖五十五团、五十六团、五十七团。

205. 7月25日,新四军第七师五十六团对长岗井、散兵、盛家湾等日伪军据点发起进攻,歼灭日伪军600多人。

206. 8月12日, 新四军第七师一部攻克巢县望城岗敌伪据点,共毙、俘敌人1300余人。

207. 8月15日,日本天皇裕仁以广播《终战诏书》的形式,宣布无条件投降。

208. 8月17日,新四军第七师解放无为县城。同日,国民党第七军一七一师抢占巢城,窃取人民胜利果实。

209. 9月2日,日军正式投降。9月3日,中共皖江区委、皖江行政公署、新四军七师政治部在恍城区涧边村,召开万人祝捷大会,庆祝抗日战争胜利。

210. 10月初,桂林栖、钟大湖率3个连奉命在巢南坚持斗争。胡沼平奉命在巢南建立留守处。盛宏轩、季学道奉命组织巢南游击队,留在巢无地区隐蔽坚持斗争。巢无县委召开北撤会议，县委书记张世荣作北撤事宜部署。

211. 10 月 3 日，《大江报》出版最后一期，刊登《新四军告别皖江民众书》。

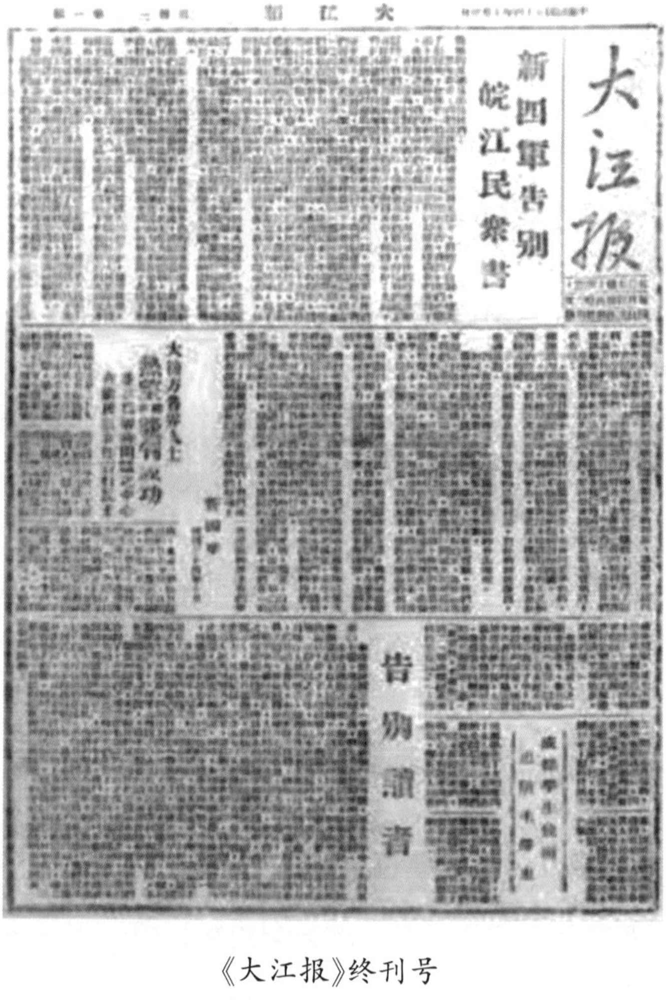
大江报

新四軍告别皖江民衆書

告别讀者

《大江报》终刊号

第三章　巢南银屏山地区的主要战斗

一、新四军首战蒋家河口

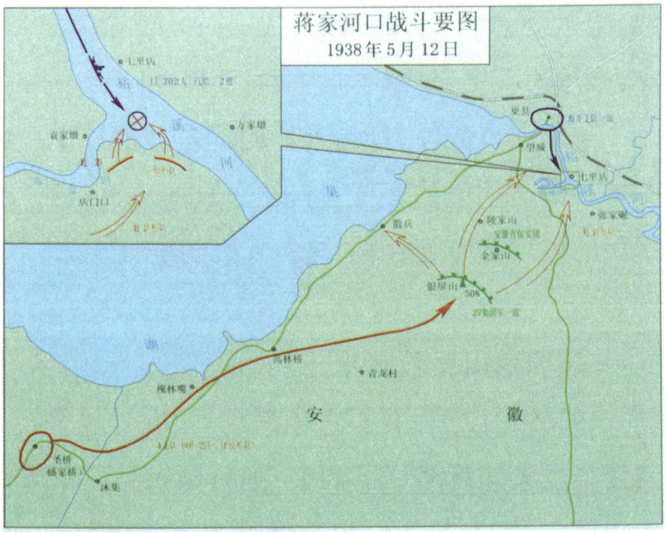

蒋家河口战斗要图(1938 年 5 月 12 日)

1938 年 4—5 月间，新四军第四支队在司令员高敬亭的率领下，从大别山到达皖中，展开于舒城、桐城、庐江、无为、巢县等地。先遣部队第九团在 5 月初进驻巢南银屏山地区。5 月上旬团政委高志荣和团参谋长唐少田带领团侦察队和二营向敌占区银屏山北麓隐蔽行动，侦察敌情，寻找战机。根据侦察发现，经常有小股日军到县城附近的蒋家河口抢掠财物，奸淫妇女。蒋家河口周围河道纵横，地形复

伏击日军的第二营营长黄仁廷

杂，芦苇丛生，利于埋伏。于是，九团就制定了在蒋家河口伏击日军的作战计划。具体作战任务由团侦察队和二营四连、六连执行。

5月12日拂晓，参战部队进入伏击地域。团侦察队埋伏在蒋家河口南岸芦苇丛中负责正面截击；四连二排埋伏在蒋家河口北面侧树丛中，担负火力支援；六连一排埋伏河口西边靠近县城方向，负责阻击增援之敌。上午8时左右，日军巢县守备队20多人，分乘两艘汽艇，驶入蒋家河口，艇刚靠岸，就遭到新四军的猛烈袭击。这场伏击战，出敌不意，行动迅速，仅20分钟，就全歼这股日军，缴获枪支11支，指挥刀1把，日军军旗1面，而新四军无一伤亡。

蒋家河口战斗，打响了新四军东进抗日作战第一枪，拉开了新四军抗日游击战争的序幕，打破了“日军不可战胜”的神话，增强了广大军民的抗战信心，激励了皖中人民的抗日斗志。

二、照明山反顽战斗

1938年12月，日军占领武汉后，面对战争转向长期化的形势，对其侵华政策和策略作了调整，把对国民党以军事进攻为主、政治诱降为辅的方针，调整为以政治诱降为主、军事进攻为辅，将其注意力放在集中打击和消灭八路军和新四军。

由于日军的诱降，英、美两国对日本侵华战争采取绥靖政策，以及国民党对共产党领导的人民武装力量不断发展壮大产生了畏惧，蒋介石集团反共倾向明显增强。1939年1月召开的国民党五届五中全会，制定了溶共、防共、限共的方针。1939年冬至1940年春，国民党顽固派掀起第一次反共高潮。由国民党顽固派策划的反共摩擦事件在巢南地区接连发生，使业已形成的国共团结抗日的大好局面遭到破坏。

照明山

1939 年 10 月，新桂系李品仙执掌安徽政权后，在全省加快了排共、反共的步伐。在皖中擅自撕毁了与新四军达成的划定无为县和淮南铁路以东、津浦铁路南段为新四军江北游击纵队活动范围的协议，派兵进攻巢南银屏山地区。1940 年 4 月 21 日，国民党安徽保安第八团、第四团配合国民党主力部队二十一集团军第一七六师一部共 4000 多人，乘江北游击纵队主力参加津浦路西反顽斗争之际，分三路围攻驻巢无边境照明山的新四军江北游击纵队司令部及所属新九团一部。顽军一部自古楼经严家桥进犯大沈村；一部自开城进犯丁家牌楼村；一部自无为县城进犯牌楼和巢南银屏山区。战斗中，顽军以一部佯攻曹家山口，而其主力强攻照明山。江北游击纵队特务营、新九团四连、五连奋勇抵抗，打退顽军多次进攻。纵队参谋长桂逢洲在战斗中不幸牺牲，年仅 26 岁。新四军与顽军激战六个多小时，终因敌人力量过于强大，为避免更大牺牲，新四军主动撤离战斗，向巢北江北游击纵队新七团驻地转移。

三、第一次反“扫荡”

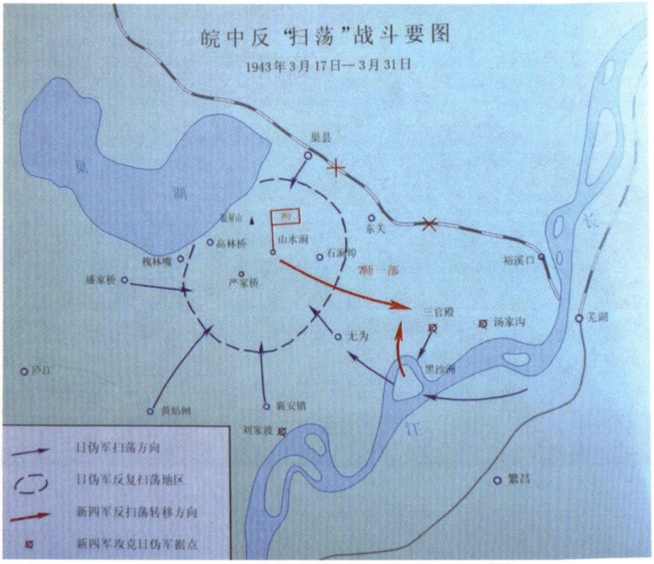

皖中反“扫荡”战斗要图（1943 年 3 月 17 日–3 月 31 日）

1943 年，是皖中抗日根据地军事斗争最艰苦的一年。抗日力量在皖中的快速发展，严重威胁着日伪军占领的重要城镇和淮南铁路、长江水域的运输安全，引起了敌人的恐惧和痛恨。1943 年 2 月，日伪军成立了“皖中清乡司令部”，日军与桂系顽军一唱一和，相互配合，先后频繁轮番向巢无中心区进行大规模的“清乡”“扫荡”。仅 1943 年，第七师部队与日伪军作战就达 189 次之多。同时，国民党军队也不断向根据地发动进攻，七师部队不得不面临两面同时作战的困难局面。

1943 年 3 月 17 日，日军从南京、江浦、芜湖、铜陵等地抽调 6000 多名兵力，分别从巢县、东关、开城桥、横步桥、盛家桥、黄姑闸等地秘密出动，兵分 8 路，从东、西、南三个方向，对巢无中心区进行偷袭“扫荡”，企图把七师首脑机关和在巢无中心区活动的主力部队完全压缩在巢南银屏山区聚而歼之。当时，七师主力部队正在外线作战，仅有师直部队一部驻防严桥一带。七师首脑机关被围后，师直部队当即在大王家、银屏山、石涧埠等地与日军展开激战，给敌以重大杀伤。师直机关趁黄昏全部进入银屏区的大、小岭及附近山村。18日，敌人重兵包围了银屏山区。下午，敌人逐步缩小包围圈。当时在银屏山区的师独立团，是全师精锐部队，也是保卫师部的机动兵力，但敌众我寡，难以取胜。为保存实力，七师政委曾希圣和来七师视察的华中局党委委员、组织部部长曾山，当即决定师独立团和师直警卫连一并分两路突围，师直机关非战斗人员就地分散隐蔽。由于夜间易于隐蔽，银屏区的基干民兵为向导，对山路熟悉，一路从山口突出包围圈，撤至巢北；一路向西南方向突围，也比较顺利；第三路在进入姥山怀后，遭日军阻击，经激烈战斗，大部分人员于次日下午登上渡船从巢湖突围。隐藏在银屏山仙人洞内的曾希圣、曾山等人，在银屏区委和银屏区群众的帮助下，连夜翻山越涧，转移至安全地带。其他留下的干部战士在地方党组织和人民群众的掩护下，也平安地躲过敌人的“搜剿”。

在日军“围剿”银屏山中心区时，在外围的七师其他部队，趁敌后方空虚攻其老巢。3月19日、20日，皖南支队连续攻克三官殿、汤沟两个据点；和含支队攻击淮南铁路南段之敌；沿江支队以毛公山、猪头山为依托袭击日军，同时在敌两翼展开攻击；突围出去的师独立团，在巢南大队配合下，袭击高林桥敌人据点，毙敌50余人，俘敌30余人。地方武装与民兵也广泛开展“麻雀战”，这些都有力地配合了巢无中心区的反“扫荡”战斗。日军在银屏山区外围频频挨打，前后方难以照应，遂于25日全部撤出山区。

此次反“扫荡”战斗，共毙、伤日伪军300余人，根据地也损失200余人。由于区党委和七师首脑机关对敌后环境警惕性不够，侦察警戒马虎，致使区党委和七师主要负责人一度处于非常危险的境地。因此，华中局给予严肃批评：“此次七师在反‘扫荡’中，重大疏忽，今后必须接受此种血的教训。”

四、第二次反“扫荡”

日军不甘心第一次“扫荡”的失败，又于1943年4月30日至5月6日，集中日伪军2000多人，开始对巢无中心区进行第二次“扫荡”。30日晨，300人从无为县城出动，到东、西王家。约200人从散兵、高林桥出发进到银屏山南麓的万家瑞、柑子树。次日，400多人从开城桥经羊山、朱家渡到严家桥。各路敌人因沿途均遭阻击，前进缓慢，第三日才到严家桥形成合围。此时七师机关和部队早已分散转移。敌人在根据地四处找不到七师主力，不得不于6日全部撤回。

七师在第一次反“扫荡”战斗后，便认真总结了经验教训，加强了防范措施，强化了反“扫荡”战斗工作部署，并将机关干部地方化，这些措施使根据地军民在反“扫荡”战斗中减少了损失。七师部队在这次反“扫荡”战斗中表现积极勇敢，战斗力有了很大提高，在东王家、大孔家、平顶山战斗中给予日伪军很大的杀伤。七师对这次反“扫荡”战斗部署正确，能根据实际情况，相机组织战斗，使这次反“扫荡”取得完全胜利。

反“扫荡”斗争胜利后，区党委书记曾希圣对表现突出的银屏区委给予高度评价，表扬巢南人民有觉悟，是模范区，并拨出50万斤大米和一些衣被慰问银屏山区人民群众。

新四军营长肖选进(站立者)在磨盘山反顽战斗中

五、磨盘山反顽战斗

日军两次“扫荡”失败后，就开始进行战略收缩，有计划地从巢无中心区西侧的盛家桥、黄姑闸两个据点撤出。

1943 年 10 月，桂系军队从新四军手里抢占了这两个据点，桂顽因此取得了进攻巢无根据地的前进基地，这样，新四军同桂顽形成了直接对峙的局面，不久就发生了空前规模的磨盘山战斗。

磨盘山位于巢县南端，山的西面 10 公里处是盛家桥据点，以东 20 公里的三水涧、团山李是七师师部和皖中区党委所在地。磨盘山是根据地中心区西部之屏障。因此，根据地军民积极构筑工事，埋设地雷，增强防守力量。

磨盘山

11 月 20 日，桂顽第八纵队司令龙炎武率第一、二、三支队，及桂系第五一五团、第五二八团第三营共 14 个营的兵力，分三路向槐林咀、笑泉口、魏家坝一线猛攻。根据地军民激战两昼夜，给顽军以歼灭性的打击，生俘敌第二支队支队长郑其昌等 400 余人，打死打伤了 700 余人，取得反顽自卫战的空前胜利。

六、第一次周家大山战斗

1944 年，国际反法西斯战争节节胜利，日军在皖中军事行动已力不从心，这为根据地军民发展和巩固抗日根据地，壮大革命力量，扩展敌后斗争和进行战略反攻提供了有利条件。而此时国民党军队却乘机加紧了对根据地的军事进攻。

周家大山、天井山

1944年8月23日，顽军第八游击纵队司令龙炎武指挥第一七六师第五二八团、常备队5个中队和一个迫击炮连共1600余人，分两路向周家大山两侧的天井山发起攻击。七师组织沿江支队独立团、白湖团、五十六团、“巢大”（“巢大”原为新四军二师六旅十六团，1943年9月，新四军军部派二师六旅旅长谭希林来皖中任七师代师长，随其同来皖中的二师十六团改属七师建制，以增强七师战斗力，成为七师师部直接指挥的主力团。为迷惑敌人，番号为“巢大”）进行防守反击。经激烈战斗，七师部队在槐林、关河两区民兵的协助下，毙敌营长1人、连长2人，连以下官兵300余人，重创了桂顽五二八团，保护了根据地。

在此次战斗中，固守在三尖山碉堡的新四军七师五十六团二营四连一排的23位勇士，在支部书记张柏和排长张开运的指挥下，与数倍之顽军激战3个小时，击退敌人10余次进攻。后因弹尽无援，全部壮烈牺牲。四连一排是由原银屏区区小队升格为新四军主力部队，他们的英勇行为为银屏人民赢得了荣誉。战后，陈毅军长签署命令，表彰了张柏、张开运等23名勇士。

七、智取高林桥战斗

高林古桥

日伪军高林桥据点，位于巢城、散兵、沐集、盛家桥一线敌人据点的中间，是日军安插在湖东地区最靠近七师的前哨阵地，又是七师展开反攻时的最大障碍。此据点工事坚固，易守难攻，新四军几次想从外围强攻，均未奏效。

1945年1月，新四军湖东子弟团派参谋邢济民带6名侦察员组成小分队，化装成开酒馆的人员进入敌据点所在镇内，以酒店开张请吃、送饭、送菜的方法，逐步取得据点内伪军的信任，并趁机摸清镇内敌情。

1月16日，湖东子弟团领导蒋天然等听取小分队的汇报后，研究制定了外围配合、内线接应的智取方案，计划利用伪镇长朱秉章为给其母亲做60大寿的机会采取行动。20日早晨，25名新四军战士，以寿宴需送食材、柴草为名化装进入镇内。第二天，当伪军大小头目在寿宴上猜拳行令之时，一组9名战士按照号令，9支驳壳枪一齐对准了宴席上的伪军，仅几分钟就全擒敌人。二、三、四小组的战士以送酒菜为名，分别顺利进入各碉堡，趁伪军抢食争酒之机，突然掏出驳壳枪,举起手榴弹,伪军吓得面面相觑,不知所措,纷纷举手投降。内线战士控制了碉堡和人行吊桥后,便发出信号,引导外围部队迅速进镇。对负隅顽抗的主堡和侧堡的敌人,通过20多分钟的强攻,便结束了战斗。此战,击伤伪军10余人,俘虏160余人,缴获轻机枪1挺,长短枪160余支。

八、第二次周家大山战斗

1945年2月21日,桂顽趁日伪军对根据地临江地区"扫荡"之际,集中5个团的兵力,向巢无中心区发动大规模进攻。面对敌人强大兵力进攻,七师确定了"既要保卫根据地,又要保存有生力量"的作战原则,采取"隐蔽主力、适时出击,与地方武装相配合,开展灵活游击战"的作战方针。

21日6时,顽军分两路向根据地发起进攻。北路进攻沐集,南路进攻周家大山一线。7时许,顽军南路进攻葫芦山独立团二营四连三排阵地。三排在敌我力量悬殊的情况下,顽强抵抗,大部牺牲。下午1时,顽军向菩萨山阵地猛攻,"巢大"团团长兰祥、二营营长徐万炳在指挥作战时牺牲。22日,两路顽军在严家桥会合,23日占领石涧埠。沿江支队独立团二营撤至顽军侧翼银屏山与东陡沟坝一带,待机出击。当顽军进入中心区后,七师主力除以一部分兵力配合地方武装分散游击袭扰顽军外,其余部队撤到外线,进攻顽军后方,袭击顽政权机构,致顽军首尾难以兼顾。此间,二师配

"巢大"团长兰祥

合七师行动，在皖东向桂顽第一七一师发动进攻。迫于此情，顽军于26日退出根据地。这次战斗，根据地遭到一些损失，部队伤亡200人左右，但仍取得毙伤顽军近百人，缴获枪械160余支的战绩。

九、巢盛公路战斗

巢县至盛家桥公路，是日军在皖中的交通干线，沿线据点林立，控制和封锁着巢湖南岸及巢无地区，限制了七师向北发展。1945年7月下旬，七师在战略反攻中，接连铲除了沿线的长井岗、散兵、盛家湾等据点，收复了巢湖南岸一带地区。

（一）激战长井岗

长井岗北距巢城约10公里，有伪军一个排34人驻守。1945年7月25日夜，沿江支队独立团二营六连发起了对长井岗据点的攻击。由12人组成障碍排除队，首先排除据点外围障碍；战斗1组乘机砍断绳索，放下吊桥；战斗2组迅速翻越围墙，打开大门；尖刀组架起梯子，向炮楼内投弹；主攻班进入炮楼，用刺刀消灭敌人。新四军发挥夜战、近战特长，仅用30分钟就全歼34名伪军，新四军仅伤2人。

（二）强攻散兵镇

散兵镇位于长井岗西南5公里，是银屏山区的军民进出巢湖的重要通道。镇内有守敌百余人。另外，西边的南渡口驻有伪军一个中队，附近的帽子山驻有日军1个分队和伪军1个排。针对敌军分布情况，沿江支队独立团决定：以第一营及迫击炮连攻击散兵守敌；以特务营防守散兵镇西南，阻击帽子山、姥山之敌；第三营配属第二营四连于茶亭以东阻击巢城增援之敌。1945年7月26日零时，一营准时发起进攻，拂晓前打下据点，除20余名伪军从湖上逃跑外，其余守敌全部被歼。

(三)炮轰盛家湾

在攻打长井岗和散兵镇的同时,7 月 26 日深夜,沿江支队发起对盛家湾敌伪军据点的攻击。盛家湾据点距巢城约 5 公里,位于巢湖南岸,观音山以北,长岗岭以东。据点内驻有伪军一个连,150 余人。敌人兵员足,装备好,战斗力强。据点工事坚固,据高临下,易守难攻。独立团二营五连和团属迫击炮连、重机枪排在二营副营长黄春胜率领下,采取先偷袭、后强攻的战术。以五连三排从正面主攻,袭击吊桥,消灭桥头之敌,进而攻占炮楼;一排为预备队,随三排跟进;二排沿观音山北坡迂回到据点正南,协同三排攻打炮楼;迫击炮连、重机枪排位于敌据点正西 100 米,掩护三排进攻。战斗打响后,敌火力猛烈,三排进攻受阻。关键时刻,采用迫击炮抵近平射,自上而下逐层轰击炮楼,迫使敌人缴械投降。战斗于天亮前结束,全歼守敌 150 人,活捉伪军连长王老虎,缴获轻机枪 6 挺,掷弹筒 4 具。

茶亭阻止战遗址

(四)茶亭阻止战

为保障独立团对盛家湾、长井岗、散兵等敌军据点的攻击,独立团参谋长刘胜起、团政治部主任王荣光率三营和二营四连,在盛家湾以东的茶亭,阻击巢城增援之敌。26 日 6 时半,日军一个小队和伪军一个排,进入三营阻击范围,七连轻重机枪一齐开火,当即杀伤日伪军大部,余敌慌忙后退。乘敌混乱之时,七连从正面和左翼出击,九连(欠一排)、四连从右翼出击,将敌分割包围,全歼敌人。左路伪军两个连的增援部队也被独立团八连和九连一排击退,毙、伤、俘敌100余人。

十、望城岗战斗

1945年8月10日至12日,第七师第十九旅五十六团、五十五团三营、师部特务营和和巢无独立团一部,在代师长谭希林指挥下,向巢县城南郊的望城岗敌人据点发起进攻。在银屏、石涧两区民兵群众的大力支援下,经2天的激战,攻克据点,击溃巢县援敌。

望城岗在巢城西南3公里处,岗高60余米,北临巢湖,南接银屏山,是敌人控制巢湖以南山区和守备巢城的敌前哨据点,有伪军4个排的兵力在此驻守。据点有三层主炮楼一座,7米高的围墙一道,围墙四角各有一个小碉堡,围墙外有深6米、宽5米的壕沟,沟外有鹿砦、蒺藜等防御设施,构成了一个比较完整、独立的防御体系。五十六

望城岗现已建成南山烈士陵园

团经研究,制定出攻点打援的作战方案。

8月10日23时,三营组织八、九两个连队从西南、东、北三个方向向敌发起佯攻,守敌紧急向巢城敌人求救,驻巢城伪军出动三个多营的部队,增援望城岗。设伏在司家巷的二营六连把敌人引诱至五十六团包围圈,用猛烈火力歼灭了伪军一个营。余敌溃成两股,一股窜到岗东王家洼被巢无独立团歼灭一半,剩下约一个连逃回巢城;一股窜到望城岗北面的龙王庙被一、二营再歼一部,剩下不足一个营的敌人,逃进了望城岗据点。

打援胜利后,师、团指挥所认为,巢城守敌出援失败,短时间难以再抽兵增援,于是决定抓住战机,回师拔点。11日,守敌依靠坚固工事负隅顽抗,使新四军久攻不下。深夜,团指挥所发动干部战士,群策群力,研究出三条解决措施:一是火炮逼近目标打;二是打破据点水池,断敌饮水;三是政治攻势,瓦解敌军。12日晨,部队按此措施开展攻击。战斗中,一连二排副排长李勇,一马当先,抵近敌人,连续投出10多枚手榴弹,杀开一条通道,他却不幸中弹牺牲。在他的英勇行为带动下,部队一鼓作气攻入据点,至12时,全歼守敌。

攻克望城岗据点后, 七师严密封锁消息, 以诱巢城敌人再次增援。不出所料,12日14时,巢城守敌又出动两个营的兵力前来救援,被五十六团歼俘其一个多连,其余逃回城内。至此,攻打望城岗战斗结束。共歼俘伪第二军四师十二团大部和巢县保安团一部1300余人,缴获轻重机枪30余挺,步枪700余支。

望城岗战斗是新四军七师战略反攻中规模较大且战绩显著的一次战斗,也是七师转变作战方式、改进攻坚战术所取得的一次具有典型意义的战斗。

第四章　巢南银屏山地区战斗过的部分英烈

一、吕惠生烈士

吕惠生

吕惠生，1902年出生，安徽无为县十里乡人。1922年考入北京国立农业专科学校，1926年加入国民党。1926年冬，他大学毕业后回到无为。1927年3月，北伐军开进无为，他曾联络进步人士组成无为县临时行政委员会，积极配合北伐军行动。由于国民党右派的背叛，导致大革命失败，吕惠生愤而退出国民党，继续寻求改造社会的道路。他利用担任无为中学校长的有利条件，吸纳了多名共产党员和进步人士，使无为中学成为共产党组织开展革命活动的重要场所。

抗日战争爆发后，他积极拥护中国共产党的抗日主张，全身投入抗日救亡运动。根据中共皖中工委负责同志的要求，他以自己的合法身份和社会声望，帮助组建抗日群众武装，发动群众开展抗日斗争，为中国共产党在皖中地区顺利组建第一支地方抗日武装——新四军皖江游击纵队，作出了一定的贡献。在无为斗争形势逆转时，吕惠生不顾国民党地方当局的迫害，毅然携全家投奔新四军。1941年春，他被任命为皖中第一个抗日民主政权——无为县抗日民主政府县长，领导9个区，86个乡，909个保，人口约83万(其中包括巢南魏家坝及盛家桥一带的庐一区和巢南银屏山一带的巢四区)。

1942 年 7 月,新成立的皖中参议会,决定在无为县政府的基础上,成立皖中行政公署,吕惠生被任命为行署主任。同年底,他加入中国共产党。在日、伪、顽三面夹击中,皖中行政公署任务繁多,条件艰苦,但吕惠生夙兴夜寐,恪尽职守,参与领导创建皖江抗日根据地的斗争。他认真执行减租减息政策,关心群众疾苦,为老百姓排忧解难,帮助农民发展生产。他充分发挥皖中参议会的作用,团结了一大批统战对象,有力地巩固和扩大了根据地的抗日民主统一战线。他亲自规划并领导兴建了皖江根据地最大的水利工程——无为东乡黄丝滩长江大堤退建工程,成为保护无为、巢县、和县、含山、舒城、庐江、合肥7 县 200 多万人口的生命财产、300 多万亩良田免遭水患的坚固屏障,是抗日战争时期皖中抗日根据地著名的水利工程,是名副其实的惠民工程,被人民群众誉为"惠生堤"。

1945 年 9 月,新四军七师奉命北撤时,吕惠生因病不能随军,经组织决定,他携家人及随员共 10 人从水路北上,在行至和县西梁山江面时被国民党逮捕。在狱中,吕惠生意志坚定,坚贞不屈,11 月 4 日被敌人杀害在南京监狱,年仅 43 岁。

二、应仁书烈士

应仁书,巢湖市银屏镇三胜行政村应家墩人。1920 年出生于一个普通农家,8 岁读私塾, 后入巢城夫子庙小学读高小,15 岁回乡种田。全面抗战爆发第二年,巢县沦陷,18 岁的应仁书目睹人民群众在日本侵略者铁蹄下遭受蹂躏的悲惨景象, 萌发起抗日救亡的爱国思想。1938 年 5 月 12 日,新四军在蒋家河口首战告捷,战斗的现场就在他家门前,战士们英勇杀敌使他深受启示,坚信中国共产党领导的新四军是抵抗日本侵略者的希望所在。

1939 年春,巢南地方党组织发展到三胜村,应仁书主动靠近党组织,参加党的宣传活动。1940 年 10 月,他被正式批准为中共党员,不久即任应家墩党支部书记。1941 年秋,他参加中共含巢县委举办的党员干部培训班,结业后分配到槐林区委任组织委员。工作上他勤奋吃苦耐劳,斗争中富有献身精神。在发展基层党的组织时,他主动要求到最危险的敌占区高林桥一带工作。

1943 年 5 月,发展工作逐步向敌伪军据点外围推进,愈推进,工作难度和危险性愈大,应仁书数次来这里被敌暗探发觉。中旬末的一次,被敌暗探跟踪,他发现有人盯梢,数次转路但无法摆脱,直至天黑相距区委驻地不远了,但他为了不把敌人引向区委驻地,于是就在高塘村的一户饭店里住下。刚开好地铺,10 余名伪军就将饭店包围,继之破门冲进饭店,应仁书当即从地铺跃起,身边的一颗手榴弹刚拿上手，就被敌人扑倒逮捕，当晚应仁书即被敌人带到巢湖边的据点审问。敌掌握他为共产党一干部,开始就用大刑,坐老虎凳、烙铁烫胸、火烧两腋……无所不用其极，妄图从他口中了解地下党组织在高林等地的人员名单。应仁书同志数次昏死,均被敌人用冷水浇醒,他抱着必死的准备,忍受折磨,始终一言不发,宁死不屈,最后牺牲在敌人酷刑之下,年仅 23 岁。应仁书同志以鲜血和生命保护了高林乡及槐林区的党组织免遭破坏,为党的事业英勇献身。

三、胡海如烈士

胡海如,原名胡经珠,1922 年 1 月 25 日,出生于巢南槐林镇大胡自然村一户贫苦农民家庭。他 17 岁参加革命,18 岁加入中国共产党。历任党支部书记、乡农民抗敌协会理事长,乡、区民兵游击队队

胡海如

长、区委秘书等职。1943年5月5日,为保守党组织的秘密被敌特和叛徒残忍杀害，年仅22岁。

卢沟桥事变发生后，抗日战争全面爆发。中国共产党高举团结抗日的大旗,在巢县南北地区广泛动员一切抗日力量,大力开展抗日救亡工作，巢县很快掀起了抗日救亡运动的高潮。刚刚17岁的放牛娃胡海如也响应党的号召,全身心地投入抗日救国的伟大洪流中。他在党的引导下,和其他许多爱国热血青年一道，在巢南地区的乡村、集镇开展抗日救亡宣传。由于他有一些文化知识,又从早到晚不知疲倦地到处奔波,抗日宣传和动员工作开展得十分出色。

1938年5月初，新四军四支队一部进入皖中开展抗日游击斗争。5月12日,在银屏镇蒋家河口首战日军,大获全胜,这极大地鼓舞了皖中人民的抗日斗志。胡海如倍感兴奋。他到处宣传新四军战胜日寇的消息,并因势利导,动员民众组织起来,支持新四军抗日。

1938年秋,以魏兆雨为书记,舒政海、罗希林为委员的中共巢南工作委员会在魏家坝(今坝镇)正式建立。工委成立后,指派罗希林负责槐林一带地方党组织建设工作。在不到1个月的时间里,罗希林就在槐林九峰建立了党的支部组织。胡海如深知中国共产党是穷苦人民的大救星,就主动向党组织靠拢,积极要求加入党组织。党组织了解他是穷苦出身,在开展抗日救亡工作中处处表现突出,于1939年3月批准他加入中国共产党。7月,党组织指派他担任大胡保分支部书记,这年他才18岁。

1940年春,国民党顽固派在皖中地区掀起了反共高潮,巢无地区团结抗日的大好局面遭到破坏，新四军江北游击纵队被迫撤离巢南地区。此时，国民党顽固派勾结地方反动势力横行乡里，巢南的形势十分险恶。胡海如此时并没有退缩，他适时地转入地下斗争，等待时机。同年夏，党组织和新四军重返巢南，重新开辟巢无抗日游击根据地。胡海如又积极投身抗日游击根据地的政治、军事斗争中。

1941年春，党开始了皖中抗日民主根据地的创建工作。3月，中共巢湖地委为培养干部，在无为举办党员骨干培训班，胡海如等100多名部队和地方党员骨干参加学习。经过3个多月的培训学习，胡海如的阶级觉悟和党性修养得到较大提高，他更加明确了自己的奋斗目标。培训班结业后，他被分配到槐林区工作。党交给他的任务是尽快发动农民，并将其组织起来，成立农民抗敌协会。胡海如首先来到大胡保开展组织动员工作。没想到刚开始就遭到以大地主胡璧如为首的封建旧势力的阻挠。由于胡璧如财大气粗，他儿子又在国民党里担任官员，因此大多数村民都依附于他的势力。胡海如发动农民参加抗敌协会，胡璧如认为胡海如是与他唱对台戏，是在削弱他的势力。一些村民也认为，胡海如是一个小小的穷光蛋、放牛娃，要我们跟你干，哪有什么前途。因此，大多持消极、反对态度。面对这种僵局，胡海如在党组织的支持下，发动和依靠抗日骨干，在村民中反复宣传党的抗日政策，并晓之以民族大义。由于他耐心的宣传，终于争取到一部分中青年，成立起农抗组织。大胡保的局面打开后，整个岱山乡各保农抗协会纷纷建立。在此基础上，乡成立了农抗协会，大伙一致推选胡海如任理事长。继乡农抗协会建立后，胡海如又组织中青年成立了乡民兵组织。他还将部分青年骨干分子组织起来，成立了乡抗日游击队，胡海如担任队长。自此，他经常带领民兵游击队侦察敌情、破敌交通、抓汉奸、摸敌岗哨，工作十分出色，区委书记雷文多次在会上表扬他。

1941 年 5 月,皖中抗日民主根据地政府根据中央指示,开始在根据地中心区域贯彻执行减租减息政策。胡海如当年担任岱山乡评租委员会主任委员,负责全乡“双减”工作。为了做好这项复杂而又艰难的工作,他带领乡评租委员会成员,逐保、逐村、逐户登田察看,按年成的好坏,结合固定租额,评出当年租额。由于减租直接损害了地主的经济利益,一开始就遭遇到大多数地主的抵制。有少数地主甚至公开反对,说减租是挖富人身上的肉,补穷人身上的疮。由于遭大多地主的抵制,成效不大。次年,他总结前一年工作经验教训,采取大张旗鼓地宣传群众、发动群众的工作方法。一天,他在大塘埂外的草滩上召开群众大会, 并邀请来全乡地主参会。在会上,他向群众宣讲党的双减政策和双减标准。他说:“双减的目的是扶助农民,减轻地主的封建剥削,保证农民的政治权利,改善农民的生活,提高农民抗日和生产的积极性。双减是减轻封建剥削,而不是消灭封建剥削。实行双减后,仍须交租交息。因此,地主的地、财、人权仍有保障。在会上,胡海如还发动群众揭发少数地主破坏、阻挠双减的不法行为。许多贫苦农民在胡海如的启发下,大胆地站出来揭发地主阻挠双减、明减暗不减的不法行为。由于这次大会始终坚持讲政策、摆事实、以正面教育为主的方式,收到了很好的效果,双减政策在当年得到了很好执行。胡海如还依照县、区政府的相关规定,减掉了农民许多额外负担,如废除吃青、节蛋、租牲、过庄、三顿六饭、折席费、小租等五花八门的规矩。1942 年,槐林区广大农民由于切实减轻了负担,生产、生活较前有了很大好转,农民参加抗日的积极性空前提高。

胡海如对抗战事业十分热心, 对党领导的革命事业的信念十分坚定,对中国共产党无比的忠诚。他经常向党组织和人民群众表白:“共产党的领导是我们民族解放事业的保证,只有跟共产党走,穷苦人才能翻身解放。”他还常说:“干革命就要不怕牺牲,为了抗战的胜利,我就要把头拎在手里干!”身为乡、区游击队长,他经常带领民兵游击队配合新四军主力部队作战,深入敌占区,摸敌情况,破坏交通,埋地雷,炸碉堡。每次行动他总是冲在最前面,身先士卒,从不畏缩。1943年,是皖中抗日根据地大发展的一年,也是根据地最艰苦的一年。这一年,日伪军仅在上半年就对根据地中心区发动了两次长时间、大规模的“扫荡”。在日伪军大“扫荡”的同时,国民党顽固派军队亦从西南方向迫近根据地,并不断地向根据地派遣大批特务进行渗透,从事策反、破坏等活动。当时,根据地日伪顽犬牙交错,斗争形势异常复杂险恶,少数游击队员由于革命意志动摇,被国民党特务策反,叛变了革命。是年5月5日,大雾笼罩着巢南大地。驻槐林嘴日伪军的“扫荡”部队,趁着大雾天气,偷袭岱山乡。身为区委秘书的胡

胡海如烈士纪念馆

海如得知情报后，带着区委通讯员到曹庄布置安排反“扫荡”工作。进村前，他俩将各自佩带的短枪藏在村前大塘坎的隐蔽处，然后进村。当日下午，革命队伍中的叛徒在国民党特务唆使下，密谋抢夺胡海如和通讯员的枪支，并企图获取党组织的秘密。他们一伙来到曹庄，找到胡海如，诈称湖东办事处通知他们去开会。当时胡海如还不知道他们已经叛变，便信以为真。黄昏时，他们一同来到位于今槐林镇南大圩圩心时，叛徒乘胡海如和通讯员不备，突然拔出匕首，抽出绳索，将他俩捆绑起来，用匕首逼他们交出手枪和区委党组织秘密。此时的胡海如方知这伙人已经叛变，顿时火冒三丈，大骂可耻叛徒，只字不吐藏枪地点和党组织秘密。叛徒们一无所获，便灭绝人性地杀害了通讯员。然后，他们在胡海如身上一连刺了60多刀。胡海如忍着剧痛，痛骂叛徒不止。临终前，他用尽力气，高呼“中国共产党万岁！”胡海如牺牲时年仅22岁。

胡海如死得英勇、壮烈。面对死亡他没有贪生怕死，没有暴露党的丝毫秘密。他没有辱没共产党员的光荣称号，他不愧为中华民族的好儿子。胡海如的壮烈牺牲，在巢南抗日根据地产生了很大反响。人们在痛恨可耻叛徒的同时，都深深为他的英勇壮举所感动，并为他过早离开人世而惋惜。根据地政府湖东办事处为褒扬烈士的英勇壮举，缅怀他的功绩，于同年6月即作出决定，将烈士生前所在的岱山乡改名为海如乡。

1944年，杀害胡海如的叛徒被抗日民主政府逮捕归案，交代了他们杀害胡海如的犯罪事实。槐林区政府在山熊村召开公判大会，宣判了叛徒的罪行，将可耻的叛徒绳之以法。

胡海如为人民的利益而英勇牺牲，党和人民始终没有忘记他。新中国成立后，中央人民政府追认他为革命烈士，并颁发革命烈士证书。每逢清明节,成群结队的青少年、学生、党员、干部纷纷前往烈士墓前举行祭奠活动。1993 年,在烈士牺牲 50 周年之际,槐林镇党委、政府决定拨专款在烈士家乡大胡村建立胡海如纪念馆。全镇党员闻讯自发捐缴特别党费万余元予以支持。2009 年、2010 年,中共居巢区委、居巢区人民政府拨款十多万元,将纪念馆修葺一新,并为烈士塑像。区委党史研究室、区新四军历史研究会,将纪念馆重新布展。多年来,广大青少年和党员、干部、群众,在清明时节,纷纷来到纪念馆,举行凭吊活动,学习烈士忠于革命、视死如归的革命精神。

四、张扬烈士

张扬,原名翟贵勋(1941 年改为母亲张姓),巢湖市槐林镇人,1923 年出生,1937 年从巢县中学初中毕业后,以优异成绩考入合肥六中高中部。次年春,日军侵犯津浦线,学校停办。张扬怀着满腔爱国热情参加了一个群众性的爱国组织——巢县青年战时服务团(简称“巢青”),投入了抗日救亡运动。

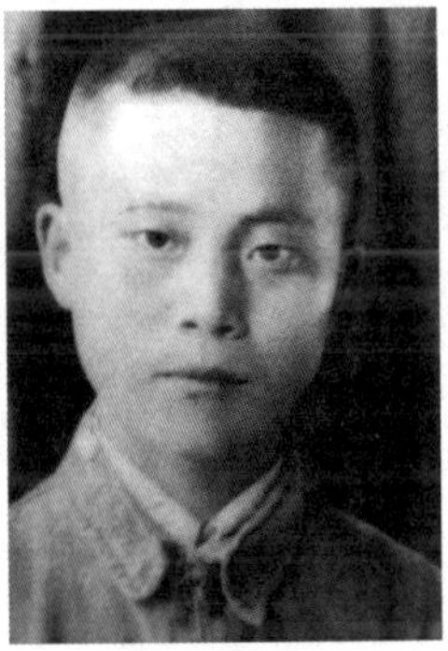

张扬

1938 年 4 月底,日军占领巢县城。张扬随近百人的巢县青年战时服务团,踏上远赴武汉、长沙的路途。一路上,他们把收集来的进步歌曲、舞台剧逐一搬上街头,怒斥日寇罪行,唤起民众的抗日激情。经过两个半月的长途跋涉,队伍在 7 月 25 日抵达长沙。张扬也在此期间,增长了才干,磨炼了意志,加深了对中国共产党和中国革命的认识。9 月初,张扬被分到湘西国立第八中学高二部读一年级,在刻苦学习之余,他还积极协助办壁报,组织话剧团、歌咏队,开展抗日救亡宣传工作。1939 年 12 月,年仅 15 岁的张扬,就光荣地加入中国共产党。根据领导要求,张扬在同学中组织读书会,团结群众,秘密发展组织,先成立党小组,后成立八中永绥分部秘密党支部,张扬还担任党支部书记。他经常深入工农群众,积极宣传党的方针政策,为扩大党的影响、壮大党的队伍做出了一定的贡献。1940年11月12日,因身份暴露,处境危险,组织上决定将他转移至八路军驻桂林办事处,由八路军驻桂林办事处护送至皖南新四军军部,参加了新四军。从此,他结束了学生时代的生活,成为革命军队的一员。

1941年,发生了震惊中外的"皖南事变",张扬奉命分散突围,于3月到达江北巢无根据地,先在七师五十六团政治处任青年干事,后又调任七师政治部任青年干事, 他为探索和拓宽部队青年工作做出了重要贡献。

1943年2月,张扬被任命为独立团机炮连政治指导员,后又担任特务连、二连指导员。1944年3月4日,在参加祁雨山反顽伏击战时,英勇牺牲。张扬15岁入党,18岁参军,21岁壮烈牺牲。他短暂的生命走得艰苦而辉煌,为了革命的事业,为了民族的解放,他献出了自己年轻的生命。

五、刘卫民烈士

刘卫民

刘卫民, 又名刘广志,1900年4月出生于巢市环城乡瓦子圩刘村。几代务农,家境贫寒,幼年丧父,兄弟四人,排行老小,全家靠母亲租种地主的田维持生活。幼小的刘卫民饱尝了人世间的辛酸。

1938年4月,日寇攻占巢城,刘卫民全家随乡人跑反避难。在中国共产党抗日救国主张的感召下，他毅然走上了革命道路。1939年8月，刘卫民加入中国共产党，同年入伍，任江北游击纵队第十大队参谋，后任巢县独立营参谋。1940年10月随巢县独立营四连活动于巢南，后任巢湖大队大队长。1941年七师组建，他奉命到巢北扩军，出色地完成任务。1942年巢湖大队编入巢湖独立营，后上升为巢湖独立团。刘卫民留在师部做情报联络工作。1944年底调入巢北支队工作，1945年9月随七师北撤。

1946年于北撤途中，刘卫民奉命率巢北武工队回皖中开展敌后斗争，途经凤阳县小熊庄，遭敌围困，突围时壮烈牺牲。

刘卫民早在入伍前，曾参加过地方穷苦青年结拜的帮会组织，众多的弟兄，为他开展革命斗争发挥了特殊作用。早在江北游击纵队巢县独立营工作时，他就在巢湖沿岸、淮南铁路和巢城郊区设立地下交通情报联络点。其中以他的家乡湖光村联络点的工作最为出色。湖光村，东离敌占区巢城仅两华里，面临巢湖，可与巢南新四军直接联系，对游击斗争至关重要。他指派伪保长黄大才任湖光情报站组长，教书先生黄大元兼文书。每当巢城日军出动，刘卫民能及时得到情报并立即报告新四军，马上采取对策。一次，城郊敌碉堡只留少数伪兵，大部分敌人外出，刘卫民将此情报当即转告巢南我军，新四军火速行动，一举拿下敌碉堡。城内100多敌军急来救援，在途中被击退。一次，黄友胜等三位同志被日伪军便衣特务抓捕，关押在日军牢房，刘卫民立刻找城内关系，保出这三位同志。刘村黄诗福为新四军购运物资，被伪军抓去严刑拷打后送南京关押，刘卫民亲自去南京，与商人黄远道联系，花重金保出黄诗福。另一位多次向新四军提供准确敌情的同志，因叛徒告发，其身份暴露，刘卫民马上将他转移。敌人抓捕扑空而恼羞成怒，竟将其母抓走。刘卫民只身化装，打入敌军内部，通过关系将其母救出。

1941年1月，国民党顽固派制造了震惊中外的“皖南事变”，在江南疯狂“围剿”新四军，在江北加紧封锁长江、铁路和巢湖，大肆搜捕新四军突围人员。在这紧要关头，刘卫民多次冒着生命危险，一批又一批地护送突围人员越过淮南铁路。在新四军七师刚成立的艰苦时期，刘卫民带领游击队活动于巢湖南北，数次切断敌人电话线，炸毁中埠圩铁路致敌车翻人亡，使敌人的运输一度瘫痪。

1942年春，刘卫民担负起为七师扩军的重任。他首先把自己的三个儿子和两个侄子送到部队(一儿一侄英勇牺牲)。他在巢北关系多，群众基础好，群众愿意把自己的亲人送到他的部下。据当年巢北工委书记曹树华回忆：“刘卫民到巢北搞扩军，常有人来报名，待发展到一百多人即送到巢南编入七师。”在巢南，他通过过去的弟兄做湖匪的争取改造工作，其中姥坞嘴一股湖匪经教育改编为新四军湖上游击武装。

1942年冬，七师处于敌伪顽封锁夹击之时，为粉碎敌人的阴谋，七师派部队协助地方党组织打通了与二师和军部的交通线。刘卫民为此曾经常往返于巢湖，担负着护送人员、伤员、通讯联络、传递情报等艰巨工作，特别是为军用物资的筹、购及运输费尽苦心。1943年七师反顽战斗急需雷管、炸药。曾希圣政委急令刘卫民不惜一切代价搞到炸药，刘卫民就把常与龟山日军炸药库打交道的过去弟兄刘仲和、黄某某请出来亲陪数日。经刘卫民的启发教育，二人甘冒生命危险，挖通炸药库后墙，两次搞出炸药交给刘卫民及时送到巢南，有力地支援了磨盘山和周家大山的反顽战斗。1945年七师北撤，刘卫民又奉命组织大批船只，确保部队及时、安全、顺利地渡过巢湖。

抗战胜利后，1945年9月，刘卫民随七师北撤。部队长途跋涉，许多同志水土不服，少数同志不安心，要求刘卫民带队回皖中，刘卫民耐心说服了大家。

1946年6月中旬，刘卫民奉命率武装工作队回师敌后巢北，配合李刚部开展游击斗争。他一行16人于6月22日由天长县观音寺行至盱眙县时，与定凤怀县支队司令孙传家、政委杨卓群所率200多人的队伍相遇，两支队伍相伴西行，抵达盱凤嘉县古沛时，孙传家派人到路西侦察，从敌人报话机中获悉，敌已发现孙传家、刘卫民队伍行踪，津浦路守敌已奉命封锁了铁路东西两侧。7月7日夜，在孙传家部队的掩护下，刘卫民部从小溪河翻越铁路西进。此时，路西我军主力及地方武装均已撤至路东，路西只留少数武装力量和干部在山区坚持游击。路西国民党军队经常纠集成团的兵力四处轮番"清剿"，并在交通要道设立据点，建立起反动保甲和情报组织，严密监视我游击活动。8日下午，部队行至凤阳尖山黄家时，被敌发现，从远处向敌人开枪，由于人多目标大，两支队伍分开行动，冒雨前进。是夜，伸手不见五指，过定凤路西行的向导摸错了方向，凌晨，向导将武工队带到凤阳山麓的小熊庄熊福林弟兄家。这两户人家曾是我地下交通站，常驻过路新四军，从未发生意外。为防泄密，武工队加强警戒，封锁消息，控制庄里人外出。

天亮后，国民党保丁庞文海老婆下田摘豆角，发现庄外晾晒的武工队毛巾，回家告发，由庞文海报告。上午10时，凤阳县伪军自卫大队第二、五两个中队各带一个分队，共50余人，从东西两面夹击小熊庄。中午，敌人两挺机枪封住了要道出口，并把包围圈缩小到武工队驻地。午饭后，大部分武工队员正在休息，刘卫民迅速喊醒队员，组织队员在墙上挖枪眼还击，俟机突围。下午1点多战斗打响，刘卫民沉着指挥，武工队员个个临危不惧，击退了敌人一次次进攻。激战两个多小时，敌人见正面进攻无济于事，就在堂屋北檐点火，火越烧越旺。

前面,敌人用机枪封门。前堵后烧,形势万分危急!刘卫民当机立断,组织突围。谁知,东边门一闪缝,便有一人牺牲,西边刘卫民和另一人刚冲出堂屋门口,就牺牲在院子里,另有3人突围跑出庄外不远也都牺牲。经过3小时浴血奋战,武工队当场牺牲8人,被俘7人,失踪1人(岗哨),唯有向导徐跃山躲在空心枯树里才幸免于难。当天下午,小熊庄附近的农民王家保、魏华银等人将2具烈士遗体合葬于光棍山,6具合葬于海棠山东脚下。被俘的7名同志宁死不屈,其中5位同志于8月3日早晨惨遭杀害。

刘卫民同志是我军基层优秀的指挥员和战斗员,为党和军队作出过重要贡献,历史永远记下了他光辉的名字。

六、董金福烈士

董金福,1922年出生,原巢湖市银屏乡后洞行政村人。自幼丧父,家境贫苦,童年就以帮工糊口,受尽地主凌辱和剥削。

1939年,他在党的抗日救亡运动的感召下,参加了游击队。年底,加入中国共产党。后随桂林栖领导的游击大队活动于巢无庐一带。1942年春因病离队,回巢南参加地方民兵,任中队长。

回乡后,他带领民兵中队活跃于银屏山区,出没于巢城附近的日伪军统治区,破坏交通,惩办汉奸。1943年后,银屏区委挑选勇敢精悍的民兵骨干组建爆破连,董金福被选任爆破排长。他带领爆破排的同志,经常在敌人进山骚扰的途中巧设地雷,使敌人数次被炸。

抗战胜利后七师北撤,董金福被编入巢南游击队,坚持山区游击斗争。此时,敌人到处杀害共产党员和革命群众。在抗日群众和革命家属的门上挂上“匪军”牌子,实行“五家联坐”,县、区、乡设“调查室”或“情报组”,妄图以法西斯统治摧毁革命力量,但董金福等同志毫不动摇。1945年11月，游击队在陈家闸遭敌重兵围攻，损失惨重。董金福临危机智，组织同志突围脱险，转入地下。他和几位突围的同志处决了方老九、沈昌泽、江安顺等敌特、恶霸，又在沈斌、汤先林的率领下，深夜奇袭王家大屋的敌军住所，缴获了步枪数支，使敌人胆战心惊。当敌人大规模“清剿”时，他们便转向山里，昼伏夜出，集中消灭小股敌军。初夏的一天，游击队在小岭山头伏击下乡抢煤索税的敌军，缴获长短枪3支。

1947年初夏，董金福和战友们迎来了从山东派回领导巢南游击斗争的杨杰等同志。8月初，他们深夜远袭无为县宋庙敌乡公所，俘敌10余人，缴获步枪10余支，使国民党保六团、县自卫队惊恐万状。于是，敌人以重兵“清剿”银屏山区。在巢无工委的领导下，游击队在银屏山区分散隐蔽。8月底，董金福带领小分队20人，在银屏山仙人洞的后洞住了一天，准备晚上出击。由于当地歹徒告密，伪军无为县自卫队组织200多人，突然将仙人洞前、后洞口统统堵死，然后进洞搜捕。敌人向洞内射击，游击队危在旦夕。董金福沉着地指挥同志们迅速从天窗（朝天的岔洞）突围，大家催他一块行动，他斩钉截铁地说：“你们不要管我！”他迅速将洞内的一些党的文件埋藏好，敌人已扑进岔洞。在这危急关头，他突然转身向洞内跑，并开枪还击，将敌人引向自己。董金福打光了子弹，身负重伤，仍毅然拿起砸断的枪杆猛力打向敌人，并怒斥道：“你们不配叫我跟你们走！干革命就不怕死，怕死就不干共产党！我就是你们要抓的‘沈斌’！”敌人一听是悬赏捉拿的巢南游击队教导员沈斌，顿时嚷道：“立功发财啦！”众敌一拥而上，董金福痛骂道：“游击队马上就来收拾你们！”他虽大腿受重伤鲜血直流，却仍挺直身躯，昂首不屈！敌人用大刀劈下英雄的头颅，悬挂在无为县城中的鼓楼上。董金福同志牺牲后，群众把烈士遗体埋葬在银屏山后洞。

七、董照聪烈士

董照聪

董照聪,1917 年出生,原巢湖市银屏乡董家山村人。长工出身,自幼家贫,受尽地主的剥削和压迫。

1941 年,新四军七师在银屏山区组建,董照聪积极投身革命,参加游击斗争,同年加入中国共产党。

董照聪在游击斗争中,机智勇敢。1941 年深秋的一个夜晚,他带领几个民兵,手持菜刀,突入散兵镇上的敌堡内, 夺取步枪十几支。1943 年冬,盘踞在巢无两县的国民党第八纵队司令龙炎武及其心腹郑其昌,疯狂对银屏山区抗日根据地进犯。董照聪带领民兵爆炸排,配合主力部队在磨盘山一线敌人必经之路埋设地雷, 有效地杀伤顽军。1945 年 6 月的一个中午,董照聪率民兵排在杨岗岭,一举消灭到盛家湾"扫荡"的伪军 10 余人,缴获步枪数支。

新四军七师北撤时,董照聪留下坚持山区斗争。1945 年底游击队在陈家闸战斗失利,为了重建游击武装,1947 年 9 月,董照聪去江南搞枪支弹药,由于叛徒出卖,不幸被捕。狱中,敌人企图以官位、金钱诱降,董照聪志若磐石,不为动摇。敌人便用尽酷刑,捆吊毒打……而董照聪一旦醒来,就强忍着剧痛大骂敌人,并一再正告:"你们只能打断我的骨头,打不烂我的心!"1947 年 12 月 20 日,董照聪同志被押赴巢城卧牛山刑场,他昂首遥望巢南山区,用戴着镣铐的手指着敌人怒斥道:"你们这些祸国殃民的匪徒, 人民总有一天要审判你们的!"他连呼"共产党万岁",壮烈地献出了宝贵的生命。

八、沈辉勇烈士

沈辉勇，1924 年出生于原巢县高林乡大沈村（后划归无为县）一个贫苦农民家庭。他的少年时期正是民族矛盾空前加剧的抗战年代。阶级仇、民族恨使他少年时就热爱共产党，十五岁起就为新四军站岗、放哨、送情报，十八岁参加了抗日游击队，不久，加入中国共产党。

1943 年春，新四军第七师在无为县大朱村举办整风训练班，师后勤机关警卫队调驻大朱村担任警卫工作。日、伪军 30 余人乘机从姥山向师后勤机关黄梅山驻地偷袭。当敌进至离我仅两华里的大方村时，我后勤机关处于可能被敌包围的险境。就在这危急关头，沈辉勇突然挺身而出，飞快翻山越岭奔小路到外面求援，适逢敌人进至大方村口，他灵机一动，从山坡的树丛中突然扔出几颗手榴弹，顿时山鸣谷应，爆炸声响成一片，敌军遭到突然袭击，误认为我军早有埋伏，只敢在村头打转转，不敢前进，不一会便狼狈地逃跑。沈辉勇同志的机智勇敢，保卫了师部后勤机关，受到师党委的通令嘉奖。不久，沈辉勇正式加入新四军，先后参加了攻打高林、散兵一线的日、伪军，直捣望城岗等大小十多次战斗。

1945 年 10 月，七师北撤，皖中大地一片白色恐怖，党留下一支 30 人的小分队，坚持巢无边境的游击斗争。年底，顽军向山区游击队疯狂“围剿”，游击队在陈家闸遭敌重兵包围，损失惨重，小分队处境险恶，被迫分散、隐蔽。一天，一个叛徒领着两个顽兵来找沈辉勇说：“现在剩下你们几个人能干什么事，到那边去，有你享不尽的荣华富贵。”“我这副穷骨头，没有荣华富贵的命！”

“够了！你给我滚，叛徒！”沈辉勇怒斥道。叛徒“唰”的一声拔出手枪，沈辉勇鄙视地看了叛徒一眼说：“动武？在山沟里你可知道我沈某的厉害？”叛徒头脑稍有清醒，又放下武器假装笑脸地说：“沈老兄，你是一员虎将,我在上司面前保荐你去当班长,今天是奉命而来的,请走马上任吧!”沈辉勇暗暗心想,他们来者不善,硬拼不是办法,不如伺机而行。叛徒认为劝诱已经奏效,就更加客气,拿烟递火,两个伪兵也坐下来抽烟。说时迟,那时快,沈辉勇一跃就跃出了后门,飞步进了竹园,敌人惊慌追出射击,但沈辉勇早已无影无踪。敌人转回身气急败坏地说:“跑了和尚跑不了庙!”竟将他的母亲抓进据点,严刑拷打,逼她交出沈辉勇。沈辉勇闻讯,心如刀绞,往事件件涌上他的心头。小时,父亲给地主打长工,常年不归,母子相依为命,过着半年糠菜半年粮的生活。腊月三十,北风呼啸,滴水成冰,母子俩站在草屋后的山头上,盼望着父亲能带回年饭米来。十五岁时,小辉勇给新四军站岗放哨,起初瞒着妈妈、后来妈妈知道了,流着泪说:“你祖父给地主打长工,父亲打长工,新四军不来,你还是要打工,世道变了,去吧,孩子,跟新四军走,穷人会有出头日子。”他知道,母亲是刚强的。只有坚持斗争,彻底打垮顽军,母亲才称心如意。于是他咬紧牙关,擦亮驳壳枪,与小分队的同志一道杀叛徒,抓敌特,把一颗颗仇恨的子弹射向敌人。

1947 年春,反革命气焰甚嚣尘上,敌人叫嚣要使“共军一个不剩”,就在这时,沈辉勇和董照聪等同志乘月色,爬竹竿上了无为城郊的敌军碉堡,缴了哨兵的枪,正在睡梦中的 18 名敌兵全当了俘虏。接着又在小岭煤矿,伏击了正在敲诈勒索的顽军,缴了两名敌军的枪支。这些大大小小的战斗,大灭了敌人的威风,敌伪乡、保长和地头蛇再也不敢为所欲为地残害新四军家属和革命群众了。

1947 年 5 月,杨杰等同志奉命先后潜回巢南山区,开展游击斗争,重建根据地。沈辉勇同志含着热泪迎来了亲人,他满怀激情,继续战斗。8 月,敌人重兵袭击关房村游击队宿营地,沈辉勇为掩护杨杰同志安全转移，与敌人展开肉搏战，他一连打死打伤几名敌人，最后抱着一个敌人向山涧滚去。战后，杨杰派人从山沟里找到了身负重伤的沈辉勇同志，送他到大沈村养伤。不料，被反动保长告密，敌乡公所几十名敌军于深夜包围了大沈村，沈辉勇同志不幸被捕。

沈辉勇受尽敌人的酷刑，当敌人问他可是新四军，他昂首凛然地答道："我生不改姓，死不改名，是新四军！怎么样？"敌人逼他供出游击队名单，他说："我当然全知道，但绝不会告诉你们！"敌人又厚颜无耻地说："你只要答应和我们合作，说出游击队的名单和活动地点，我们马上就放你，要钱有钱，要官有官……"沈辉勇嗤之以鼻，冲着敌人怒骂道："你把老子当什么人？别做你的狗梦！贪生怕死就不会干新四军，要杀就杀，少说废话！"

敌人一次次审讯、酷刑、软诱都失败了。1947 年 11 月 7 日，沈辉勇同志被敌人押赴巢城北门草城外的刑场，他高呼"打倒国民党反动派！中国共产党万岁！"用他自己最宝贵的生命谱写出一曲雄壮的共产党人的正气歌。

沈辉勇同志壮烈牺牲后，银屏山区处处响起了"誓为沈辉勇烈士报仇"的呼声！同志们化悲痛为力量，以英勇杀敌的实际行动来悼念烈士。1948 年，烈士的家乡建立了革命政权，人民为纪念他，把烈士生长的大沈村命名为"辉勇村"。沈辉勇英名昭千秋，革命烈士永远活在人民心中。

第五章 历史文献

一、毛泽东关于高敬亭部东进蚌埠、徐州、合肥间作战致周恩来、项英电(1937年12月28日)

周、项:

高俊(敬)[亭]率部可沿皖山山脉进至蚌埠、徐州、合肥三点之间作战,但须附电台并加强军政人员。

毛

十二月二十八日

(载《新四军文献》(1))

二、第四支队在蒋家河口首战告捷(1938年5月12日)

五月十三日抗战支队捷电:十二日午,我X团之一部狙击由巢湖南岸蒋家河口对面登陆之敌,当毙敌六十余人,获枪二十余支、敌旗一面、弹药及军用品少许,残敌狼狈登船逸去,我无伤亡。

(原载1938年7月30日《抗战报》特刊)

三、蒋介石关于新四军第四支队蒋家河口歼敌之嘉慰电(1938年5月16日)

叶、项吾兄:隐电悉。贵军四支队蒋家河口出奇挫敌,殊堪嘉慰。

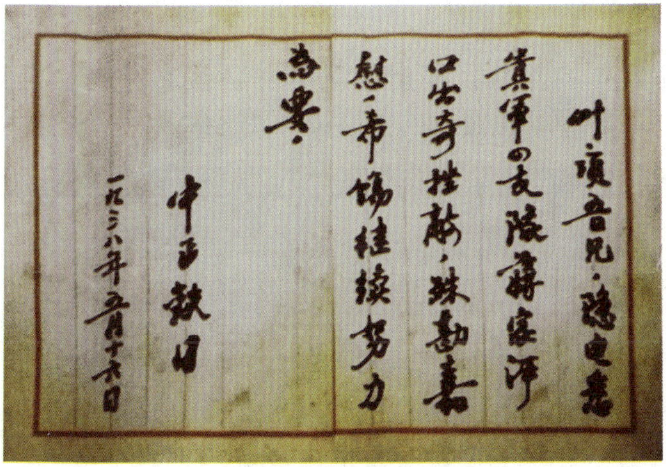
叶项音兄，隐电悉。
贵军四支队蒋家河
口出奇挫敌，殊勋嘉
慰，希饬继续努力
为要。
中正铣日
一九三八年五月十六日

蒋介石贺电手迹

希饬继续努力为要。

中正铣日

（原载 1940 年 11 月 17 日《新民主报》）

四、游击争夺区军民合作的重要性

抗战已进入敌我相持阶段的今天，我们战胜敌人唯一的条件在加紧自己准备与瓦解敌军的工作。动员民众参加到战争的各个前线，从全国各个战场的事实都证明军民合作是部队得胜利的基本条件。

在淮南路敌人后方的游击区，尤其在巢县与敌人争夺的游击区，我们军队本身的纪律与军民合作的重要性，可以说是军队本身存在与胜败最基本的因素，敌人用尽一切政治收买的方法麻醉我们的民众。

这次敌人袭击柘皋，带着大批的宣传品和骗人的甘言蜜饵，就是一个很明显含着政治作用的例子。这一方面说明敌人的政治阴谋，一方面我们决不能否认敌人抓住了我们军与民之间的弱点。在游击争夺区里，民众不但需要英勇而善战的军队，而且需要爱护他们保障他们生命财产的军队。同时军队本身必须和民众拉起手来，才能得到许多作战有利的条件，打败敌人。淮南敌人目前正在进行夺取我们民众的尝试，绝大多数的民众站在我们方面，但还须要自己的努力！

川　言

（原载1939年4月15日《巢县动员》报）

五、农抗的扩大与充实及其中心任务

农抗的中心任务，我们在第二次通告（组字第1489号）里已提过一些意见和办法，但是我们农民群众的广大而具有惊人伟大的力量在长期抗战的新阶段，在坚持持久的打击敌军，以巩固和扩大大别山抗日根据地总的任务之下，不能够发动坚强而富有战时经验的农民大众担当起协助政府及军民合作的艰巨任务，单靠政府和军队是绝对不够，而且是不可能的。因此，我们必须在所有民众团体中，特别强调的指出农民抗敌的重要性。要求各民众团体必须大力的普遍开展，农抗组织将千百万进步的农民吸收到农抗中来，在农抗的旗帜之下，有组织的地方要用全力使之健全发展和壮大，尽可能在短期内正式成立各县农抗。我们准备在多难的革命五月内建立全省农抗会的筹备会，以飞跃的姿态去追赶全省青抗，与青抗媲美。同志们应该接受这个荣誉的要求，为扩大农抗健全农抗而奋斗！任何团体必须有它的工作内容，才能维持它的组织，支持它的生命，否则，会日趋松解而近于解体，我们拿什么去开展农抗呢？只有继续的工作并在我们重新找出农抗两大中心工作。1.生产动员工作，发展农村合作事业，贷款平粜救济，春荒取缔摊派苛杂，贷给耕牛种子，以及将

逃亡地主土地租给贫农代耕。我们必须经常在农抗中详细讨论,并须注意到如何在政府法令内争取实现。2.教育训练工作,农民文化水准太低,政治思想落后,因此,提高和培养文化政治水准的自我教育也是农抗中心工作之一。至于训练防空防毒、担架运输、巡逻等工作技术以及民权初步的学习,更需要提在工作的首位。我们协助政府,组织国民自卫总队的后备队和健全基层行政组织、整理保甲两大任务,都要以农抗会员起模范作用与积极参加,作为保民大会的核心任务,以扩大政治动员,养成农抗会员参加政治活动的兴趣与力量,而奠定政府实行民权主义之基础。

(原载1939年4月30日《巢县动员》报)

六、中共中央书记处关于建立与巩固华中根据地的指示(1940年11月1日)

中原局、华中新四军八路军各负责同志、东南局并山东分局、一一五师、一二九师、冀南及北方局:

根据华北抗日根据地之建立与巩固的经验,特向你们提供关于建立与巩固华中新根据地的下列意见,望研究实行。

一、根据地之建立,政权问题有第一等重要意义。过去华北有些地方是忽视了政权工作,迟迟未建立民主政权,另外很多地方对政权成分采取了过左的办法,违反了统一战线的政权原则。因此,华中应注意这些经验,一开始便实行三三制政权,把原来的大地主阶级的旧政权改造成为几个革命阶级抗日民主的统一战线政权,防止过左过右的错误,以免缩小抗日民主政权的社会基础。其具体表现应在各级民意机关(参议会)与高级行政机关(如苏北行政主任公署)与各县政府,必须尽力吸收进步分子与中间分子参加。同时,要注意保持党所领导的工农小资[产阶]级在政权中的优势,要注意在区村级的区长村长,一定要是党员与进步分子,才能真正保障基本群众利益,防止地主阶级的操纵。要教育干部党员与群众学会会议斗争的方式与民主作风,善于在民主斗争的形式、政府仲裁的形式下,来保护基本群众的利益与实现党的政策,而不让别人感觉仍同国民党一样的一党专政。在根据地民主政权已经建立起来的地区,要教育干部、党员、部队、群众团体尊重与拥护这个政权,不可破坏政府威信与法令。

二、根据地各种政策应以统一战线原则为标准,发动基本工农群众的积极性为轴心。因此,减租减息提高工农群众的政治权利是必要的,反对只照顾统一战线而完全不触犯旧日的地主阶级统治秩序的右倾错误。同时,应注意防止过左的倾向,把减租减息合理负担变成土地革命,或消灭地主富农的错误,以及过分强调改善工人生活,而致工商业关门,生产缩小,甚至引到工农对立的错误。应承认地主、富农、雇主、商人的财产权及公民权,不能随便的没收逮捕处罚(真正的汉奸除外)。在目前的革命阶段上,还不是消灭阶级,取消剥削,而是限制剥削,给阶级关系以适当的有利于抗日的调整。特别要注意在发动广大群众反韩德勤顽固势力及反旧日大地主阶级专政的斗争中,要防止农民的报复性与下级干部小资[产阶]级的疯狂性,容易走得过左。要避免发生如晋西北、冀南、鲁西等区域,在反顽固斗争中走到"无地主不顽固,无顽固不汉奸"乱打乱杀乱没收,把地主都逼往敌区顽区,与我尖锐对立的现象。不要乱打汉奸,不要没收逃亡地主的土地(只能由政府代管,交农民代耕),并要善于经过顽军的家属去争取顽军,要有正确的锄奸政策。

三、关于财政经济,应注意一开始便作长期打算,节省人力物力,注意培养积蓄,认真的爱护根据地,反对临时性的抓一把的办法,要有比较固定的经常的政策,严格建立各级预决算制度,实行统筹统支,实行统一的累进税制,设立银行,开展合作运动,发展工农业生产,发展对外贸易,反对贪污浪费,严格规定动员人力、牲口的办法,禁止各部分随便自由募捐筹款,禁止一切浪费人力物力破坏生产的动员。对商人政策要正确,根据地内商业应有自由,对敌区的商业应有一定限度的统制。对于各种负担,应按照有力出力有钱出钱之原则,但根据地居民百分之八十以上的人口均应负担,不可把负担完全放在富有者身上,尤其是在我军刚占领新区域时,不应向老百姓要的东西过多,而应同时实行许多善政,以使老百姓了解旧政权与新政权之区别。

四、地方武装对根据地之巩固特别重要,应注意其建立与培养。要防止正规军把地方游击队完全吃光的现象,要使各县都成立独立团、营的地方武装,并普遍的把自卫队组织起来,要注意培养地方武装的干部与帮助地方武装的武器,要建立军区与建立正规的经常的经过基干自卫队、地方游击队去补充正规军的制度。

五、党的组织固应发展数量,但不可为了数量而降低质量,而实行突击等办法,否则因为当权党的关系,坏分子及投机分子容易混进党内破坏党的政策,于党有害无益。对党员社会成分的比例,应有正确的政策。华北各地中农把持党政民机关,以致有碍于党的政策之实行之现象,是值得注意的。军队党对于新区域的地方党负有极大的帮助责任,要善于去团结地方干部,培养地方干部,提高地方干部的能力与威信,使能独立领导当地的工作,严格防止随便撤换地方干部,打击地方干部,尽用外来干部代替地方干部的现象。

六、军队之纪律在新区域应特别严格,以收复民心,绝不应乱罚款,乱捉人。

七、大规模的开办各种训练班与抗大联大分校,尽量吸收青年学生和知识分子,很好的爱护他们,培养他们来参加根据地各方面的工作,反对不注意争取知识分子与不信任非党干部的狭隘倾向。

八、友军联络工作在今天华中环境占着非常重要的地位。要充分发扬历次苏北友军工作成功的经验,时时都要注意利用矛盾,争取多数,反对少数,勿使自己陷于孤立,时时出去广泛进行交朋友工作。要优待顽军的俘虏与家属,要善待顽军反正的部队(不可随便撤换原有干部与改编)。要照顾能够同情我或对我中立的友军的利益。要在反顽斗争中尽力扩大我们的抗日政治影响和把握着有理有利有节的原则,便能破坏顽固派正在继续发动组织一切友军向我围攻的企图。

中央书记处

十一月一日

(载《新四军文献》(1))

七、中共中央书记处关于华中根据地政权建设和各项政策的指示(1940 年 12 月 13 日)

中原局:

一、苏北组织政权机关及民意机关时,应坚决实行三三制,共产党只占三分之一,在开始时还可少于三分之一,网罗各党各派无党无派一切不积极反共之领袖人物参加,其中应有国民党中派及左派,韩国钧等民族资产阶级及开明地主均应该参加, 也可容许少数右派代表,真正组织各党各派各界各军的联合政权,力避我们包办。这对于全国是有大影响的。

二、劳动政策力避过左，目前只作轻微改良。例如十四小时工作日者减至十三小时或十二小时，不要实行八小时制，保证资本家能赚钱。

三、土地政策应实行部分的减租减息，以争取基本农民群众，但不要减得太多，不要因减息而使农民借不到债，不要因清算旧债而没收地主土地，同时应规定农民有交租交息之义务，保证地主有土地所有权，富农的经营原则上不变动，要向党内及农民说明，目前不是实行土地革命的时期，避免华北方面曾经发生过的过左错误。

四、同意胡服对税收办法的意见，在无更好办法之时，暂时照旧法征税，惟苛杂应酌量减轻。

五、锄奸政策以镇压众人皆恶之少数最反动分子为原则，极力避免多杀人，除政府外各机关团体不得自由捕人罚人。

六、经济政策是尽量发展工业农业生产与商业流通，力避破坏生产与商业，号召上海资本家到苏北办实业。

七、文化教育政策只去掉买办大资产阶级的文化专制主义，容许民族资产阶级的自由主义思想存在，容许自由主义的文化人及教育家办报办学。

八、总之，目前你们的政策只去掉买办大资产阶级及封建大地主的专制主义及作初步的民生改良，一方面保证工农小资产阶级人权政权财权及言论集会结社之自由，另方面也应保证除汉奸以外一切资本家地主的人权政权财权及言论集会结社之自由，只要不武装暴动，任何党派阶层有活动之自由。应容许国民党之存在，应组织进步的国民党。

九、整个华中都应执行上述方针(当然华北亦如此)。

十、你们如何具体执行各项政策,望随时电告。

中央书记处

十二月十三日

并告北方局、山东分局、东南局、南方局、南委。

(载《新四军文献》(1))

八、中共中央军委关于新四军各师领导干部的任命(1941年2月18日于延安)

兹委任国民革命军新编第四军所属各师之军政负责人如下:

1. 粟裕为新四军第一师师长,刘炎为政治委员,钟期光为政治部主任。

2. 张云逸为新四军第二师师长,罗炳辉为副师长,郑位三为政治委员,郭述申为政治部主任。

3. 黄克诚为新四军第三师师长,并暂兼政治委员,吴文玉为政治部主任。

4. 彭雪枫为新四军第四师师长,并暂兼政治委员,肖望东为政治部主任。

5. 李先念为新四军第五师师长,并暂兼政治委员,任质斌为政治部主任。

6. 谭震林为新四军第六师师长,并暂兼政治委员。

7. 张鼎丞为新四军第七师师长,曾希圣为政治委员。

(载《新四军文献》(2))

九、中原局关于坚持皖南及无庐桐阵地创立根据地的指示(1941年4月15日致孙曾何[①]并转无为江南各级干部)

一、皖南事变暴露亲日派的无耻阴谋,一切理由均在我们方面。因此,引起广大人士对我同情,谴责国民党蒋介石。在皖变后,因为我党在全国发动抗议运动及在华中新四军各部对反共军的坚决抵抗,我已在政治上、军事上取得极大胜利。目前我党我军的地位已大大提高,国民党顽固派的地位已大大降低。国民党内外各种矛盾、各种困难迅速加紧(剧),无法克服,已迫使蒋介石不得不向我表示某些让步,反共高潮今后可能下降,国民党可能向我实现(施)某种程度的和缓。

二、皖南及无为、庐江、桐城一带,在战略上有极重要意义,我党我军在这些地区有3年以上的工作历史,目前,无为及铜、繁在敌人"扫荡"之后,情况又已好转,故我党我军必须坚持皖南、无为及庐、桐阵地创立根据地,决不可轻易放弃。这件光荣的任务,就加在皖南、无为诸同志的身上,望各位同志以布尔什维克的英勇和坚决性来担负这种任务,将一切动摇、犹豫、怕困难的情绪完全抛弃。

三、目前,张鼎丞同志虽近未到无为,江南部队虽还不多,但同志们绝不要因部队小,地区不大,而有任何不愿在七师工作与坚持的情绪。应了解今天以极小的部队,在不久的将来可能发展为极大的部队,过去八路军、新四军全部历史均是如此。凡能最后坚持者,他就能获得最后的胜利。共产党员必须有在困难时期坚持奋斗的决心,在困难时期表现动摇、企图逃跑、怕担负困难的工作,只图到好的地区、好的部队中工作的人,都不是好的党员。

---

①孙即孙仲德、曾即曾希圣、何即何纬。

四、皖变突围的同志，表现了英勇和坚持斗争的决心。目前为继续创造七师，恢复皖南阵地而斗争。我们仍准备在皖变突围已到苏北的同志中，训练一批回七师工作。经过检查，突围同志中仍有少数人悲观失望情绪浓厚。不服从组织分配工作，以及在突围中浪费公家存款等，这种倾向党绝不容许。我们以为，这是共产党的耻辱，必须纠正！望皖变突围的同志举(实)行严格的自我批评。

五、决定第七师暂时成立十九旅 1 个。旅下面成立两个或 3 个团，以孙仲德为旅长，曾希圣兼政治委员，何伟为政治部主任。望各同志服从他们领导。大家在党的方针与任务之下，团结起来，和衷共济，各级干部的职务及调动，须有统一的分配，决不可自由行动，各行其事。

六、现华中局及军部[除派]何伟外，暂时没有部队与负责人派到无为，望各同志不要希望任何外援，独立的进行与发展工作。在大家同志的坚决努力与团结一致的条件下，你们定能胜利完成你们的任务。

(原件存原南京军区档案馆)

十、华中局关于七师与地方党的中心任务的指示(1942 年 4 月 2 日)

我七师成立最晚，现有人员、武器亦较其他各师为少。但皖南事变后，收容了皖南许多突围的部队及人员，并已给以重新编制与整理，且执行战斗任务。干部中在皖南突围后所发生的缺点已在克服中，并已在巢湖以南地区建立根据地，组织了地方人民武装及地方党，又在皖南重新进行活动，创立游击区，一般工作获有成绩。但在向西行动中，遭受着反共派的进攻，以致部队略受损失。皖南地方党在秘密转变中遭受严重破坏,且混入了不少国特和奸细,根据地工作亦很微弱,党内民主作风与干部党性教育尚进行得不充分。因此,今后七师与地方党的中心任务是:巩固与发展巢无根据地,深入群众工作(特别应抓住夏收、秋收,切实布置群众工作),扩大部队,发展地方武装,加强部队与地方党干部的训练,切实整理财政税收,统一的和适当的分配军队和地方费用,反对贪污浪费现象,发展敌伪军工作,并特别注意进行[在]友军中交朋友工作。为着完成上列任务,盼你们根据中央军事建设决定,华中局扩大会议提纲关于对友军工作、关于整理和改造皖南地方党的组织的指示及华中局不日即可发出的关于群众工作与敌伪军工作等指示,切实讨论和总结皖变教训及你们一般工作,尤盼你们能根据华中局致七师的指示信(秋涛同志所带上的),切实部署各[地]方党工作,并根据中央反主观主义、反宗派主义、整顿三风之号召来切实检查,并举行自我批评和转变党的领导作风与巩固党内的团结。祝你们会议成功。

(原件存原南京军区档案馆)

十一、敌“扫荡”巢无地区经过特点报告(1943年4月3日张云逸等报中央)

兹将此次敌伪“扫荡”我七师中心区情况经过略述如下:

一、敌十五师团一一六师团各一部配合伪军一部共约5000余于上月筱日由巢县东关(淮南路)分路向横步桥(在无为北)泉塘、黄姑闸、盛桥等地共分8路,以东西南三面合击我七师巢南地区之严家桥、大伍家、槐林镇、高林桥、银屏山、石涧埠等处。当我七师师部率独立团一部于筱晚向敌合击围外转移,但途中与敌遭遇两次,为敌冲散,除少数部队突围外,其余部队仍分散在原地与敌纠缠。我七师外围即乘敌后空虚，发动攻势，积极配合作战，我黄支队于皓、哿两日连续攻克三官殿汤家沟两据点，同时林支队向襄安泉塘之敌袭击，孙支队并向□□□□□巢县之敌乃于敬、有两日由原路撤回原防，仅率小部兵力在散兵镇卜庙高林桥槐林镇沿巢湖一线构筑据点，修筑自巢县至盛家桥之公路，现我独立团一部正进行积极袭击与破坏中，其余部均在进行收容工作与休整中。

二、此次“扫荡”历时一星期之久，敌我力量悬殊，但敌伤亡较我为大，约300余，我方损失人员200余，内有工作人员50余(其中一部分是群众)。

三、敌伪“扫荡”特点

1.行动秘密，奔袭猛扑。敌增兵至各据点非常秘密，然后共分8路。奔袭行动时，多正夜间，不走大路、小路，也不走山顶和山脚，而走山腰，若沟洼则利用轻便器材架通，过完全□□，对我警戒并以军狗在部队前面行动，制止村狗叫，若遇我军则进行格斗，不打枪，行动时警戒周密，事先对我机关工厂所在地均甚清楚。

2.进攻时，先头派出便衣队并伪装我军，一面侦察搜索，一面封锁消息，白天住村庄附近树林，到夜间则移山地，有时实行佯退，突然进击之。利用我军精简人员及个别叛徒作向导，并利用地方流氓和威胁豪绅组织公开的秘密的伪政权拉大批民夫，散发传单对群众进行欺骗宣传，反大烧大杀，如有新四军嫌疑者则施以镇压以□□□□关系。

(原件存原南京军区档案馆)

十二、皖鄂赣边区党委关于开展拥政爱民与拥军的决定(1944年1月5日)

自去年10月间党中央提出开展拥政爱民与拥军运动的号召以来,在我们皖中地区,虽然在这一号召下多少进行了一些工作,但由于动员的不深入,注意力不够以及全年环境的动荡,故没有切实的开展起来。

现在1944年到来了,更大的困难与更大的胜利,已摆在我们面前,我们要克服更大困难争取更大胜利,只有靠党政军民彻底的打成一片。党中央及华中局早已给我们这一号召与指示,特根据这些原则作以下决定:

一、决定1月28日至2月28日,为拥政爱民与拥军运动月,凡我七师部队(不管是游击部队)和我七师地区(只要有民主政权与党的组织的地区,有秘密党无政权者在外),均需举行这一运动。在这一月中,分成4周进行,第1周为动员周,第2周、第3周为集会检讨周,第4周为解释总结周。

第1周,军队方面:要进行深入的拥政爱民教育,重新宣布拥政爱民公约,并召开干部大会、支部大会、军人大会,进行广泛的拥政爱民动员,深刻了解拥政爱民的意义,造成拥政爱民的热潮。政府方面:要颁布拥军爱民的指示和命令,召开行政人员会,进行广泛拥军爱民的动员,深刻了解拥军爱

群众慰问人民子弟兵

民的意义，造成拥军爱民的热潮。人民方面：抗联（在党的领导下）编印拥军拥政的动员大纲，在群众中进行深入的宣传，并召开村民会、保民会、农抗会、工抗会、妇抗会及座谈会等，说明拥军、拥政的意义，造成拥军、拥政的热潮。第2、第3周，军队、政府与人民的机关团体，应协同召开座谈会、联欢会及军政民大会，互相推派代表，坦白承认自己方面的缺点（如道歉、赔偿等），并表明纠正的决心。对于对方诚恳的提出建议，以求互相改正。第4周，军队、政府与人民的机关团体，须分别总结运动中的经验教训，根据运动的精神布置工作，使这一伟大运动坚持深入下去。

二、拥政爱民与拥军的具体工作提要

（一）关于军队拥政爱民方面

1.搜集违反群众纪律及违反政府法令的现象，针对着这些现象，进行教育并予纠正，森严群众纪律，研究了解和尊重本地区人民的风俗习惯，干部要加紧研究政府法令，保证在工作中不发生违反法令的现象，肃清部队中的军阀残余习气。

2.帮助驻地的群众解决困难，如群众的房屋有被敌人烧毁的，尽可能的动员部队帮助修盖，并指导和帮助驻地群众生产。自己更应努力生产，减轻人民负担，富裕人民生活。

3.协同政府、抗联训练民兵，提高民兵的质量，发挥民兵的作用与力量。

4.教育群众“跑反”，藏粮食及反“扫荡”中的各种自卫办法，协同政府、抗联健全各种群众防奸组织，开展群众性的防奸运动。

（二）关于政府拥军爱民方面

1.搜集不爱护军队、不关心群众的现象。针对着这些现象，提出具体办法予以克服。

2.设法开辟出荒地给军队生产,并替部队制订增产计划,解决生产中的困难,发展生产,改善部队给养,减轻人民负担,富裕人民生活。

3.提高民兵的质量,普遍的组织民兵,协作[助]军队作战,实行保家自卫。

4.健全下层行政机构,克服工作中的官僚主义现象,深入群众,关心群众的痛苦,切实替群众解决困难,切实优待抗属。

(三)人民及其团体(在党领导下进行)拥军拥政方面

1.踊跃参加军队,收集子弹、弹壳供给军队,在作战时帮助军队担任后方勤务工作。

2.大力加紧生产,及时缴纳田赋公粮,自报田亩,不隐藏田亩,并将好的稻子做公粮缴给政府。

3.帮助抗属耕种,说服逃亡归队。

4.积极参加农抗、工抗、妇抗、商抗、自卫队、民兵等组织,切实遵守并执行政府法令,严密来往行人的检查,防止奸细混入活动。

5.掩护伤病员。

6.加紧锄奸,自动送消息,保卫战斗胜利。

三、旧历年关的一切娱乐活动,须围绕着拥政爱民与拥军运动,各自联系到本身方面的具体工作来进行。编制歌曲、剧本、春联、传单、标语广为散发,张贴报纸,出特刊组织流动宣传队及剧团流动宣传,政府人员与人民向抗属拜年及给军队写慰问信,从这些活动中,配合拥政爱民与拥军运动的开展。

这一运动是相互联系的,必须三个方面配合进行,才能使之真正的开展。部队与地方党委及政权党团接到这一决定后,必须相互交换意见。事前搜集党政军民相互关系的弱点与优点,相互贡献材料,以便相互间进行工作，绝不能粗枝大叶、马虎了事，务使运动深入与持久，不犯形式主义。

要真能将这一运动深入持久，最中心的关键还是在我们党政军民的干部，真正的能够以整风的精神，来检查我们党政军民间尚存在的一些弱点，并坚决的纠正这些弱点。要知道党政军民打成—片，就是我们整风学习的最高目的，因此，我们开展这一运动就必须以整风精神来进行工作，而且要把他当成整风最重要的实际问题。

各级党委、党团务须在运动结束[时]，将运动的经过情形、经验教训报告上来。

（原件存安徽省博物馆）

十三、槐林集附近阻击战(1944 年 3 月)

3 月 1 日高林敌伪 50 余向槐林出扰，当与我梁[①]支 X 团一部接触，战 1 小时，将敌击溃，获步枪 1 支，俘敌 1 名，毙伤敌伪军 20 余人。

3 月上旬林支顾团[②]手枪班袭击巢县西南盛家湾伪据点，战约 20 分钟，将其全部解决。缴获步枪 12 支，手枪 1 支，刺刀 9 把，子弹百余发，我无伤亡。

（原件存原南京军区档案馆）

十四、钓鱼台袭击战斗(1944 年 3 月)

巢县、东关、林头敌伪百余，并夫子百余及构筑工事材料，于 1 日进占钓鱼台构筑碉堡，准备久住，掩护其河内交通，当晚我部去袭击，

①即梁金华支队(皖南支队)。

②指沿江支队白湖团，支队长林维先，团长顾鸿。

钓鱼台

夫子全逃光，我因任务已达，安然返回，2 日又来夫子百余，继续做碉堡，现该地驻敌 30 余，伪警 30 余，碉堡已做了 3 尺高。

（原件存原南京军区档案馆）

十五、巢无地区盛家湾袭击战(1944 年 7 月)

白湖团一大队于 24 日袭击盛家湾伪据点，战 1 小时，将伪全部歼灭，获步枪 13 支，短枪 1 把，弹百余发，俘伪 13 名，毙中队长 1 人，兵 3 人。

（原件存原南京军区档案馆）

十六、槐林区英勇民兵奇袭小团山碉堡(1945 年 5 月 16 日)

我英勇民兵，奇袭小团山伪碉堡，并打垮来援敌伪，取得辉煌战绩。自我军去年光复高林桥以后，刘逆子清即派出两个分队，分驻卜庙、小团山，与姥山怀大山敌碉堡呼应，以防我军进攻。刘逆所部来进后，不断向群众要钱要米，绑票勒索，附近群众有值钱东西，甚至耕牛、鸡、鸭，差不多都被掠光，妇女被拉去强奸后尚要钱赎。该地人民遭此[迫害]痛恨入骨，奋起武装自卫。本月 6 日晚槐林区数十精干

小团山

民兵,对小团山伪碉堡进行胜利的袭击,队员们以神速动作,迫近碉堡,投入大量手榴弹,顿时火光熊熊,碉堡全被烧着,该伪顽抗,被烧死了16个,仅有3个活命。

当战斗激烈时,卜庙敌伪赶来增援,途中踏响了地雷,炸死8个(其中有分队长1名,鬼子2名),1个分队亦被打垮回去。出击民兵还划好3道防线,摆下地雷阵,准备给来犯敌伪更大的打击,以掩护春耕。

(原载1945年5月16日《大江报》)

十七、皖江军政领导机关重申禁用便条支粮、禁止使用民夫(1945年5月4日)

新四军七师司令部及皖江行署近会衔通令所属,重申严禁使用公粮便条及滥用民夫。该令文谓,近有个别部队或机关人员,借口战时环境,随意大发便条支用公粮,不仅紊乱用公粮支付制度,且是舞弊行为,致公粮之损失将不可以数计。再次规定,任何机关、部队支配公粮悉用粮卷。前一(已)在战斗[的]不得已情况下临时使用便条,亦应由原经手人于最短期内派专人以粮券换回。各级政府应即宣告群众,曾收便条者,立即找原经手人兑换粮券,粮政机关绝对不准以便条报销。又春耕在即,个别人员之随意动用民夫行为(甚至有买菜或少量行李亦要民夫挑运)应立即纠正。非紧要备战或运送军需原料及其他不得已的情形,不得动用民夫,券夫制度须按月报销,并责成各级负责首长切实检查与保证执行。

(原载1945年5月4日《大江报》)

十八、七师主力上山帮助人民剿蝗(1945年5月17日)

巢南继续剿蝗,军民一齐参加。区乡干部,每日均和群众一道打蝗,干得眼喉哑,晒得面部漆黑。石涧区青苔乡民兵组织了一个打蝗队,由乡队副率领,自带伙食来岭南乡打蝗,该乡队副连干六七天丝毫未歇,为响应师政通令帮助群众捕蝗号召,巢大一部已参加群众捕蝗运动,巢南大队,每日亦有百余人上山捕蝗,刘大队副、吴教导员也和大家一道点火铺草,这样使群众打蝗情绪大为提高。岭南乡是蝗虫最多之处,在近10天的捕灭中,已花去5500余工。蝗虫估计消灭十分之七。该乡由区里分工干部与乡干部合同组织指挥所每晨进行分散,每晚集中,集中时相互介绍打蝗经验及意见。各单位领导的群众情绪有问题大家即集体解决,并同时讨论第二天的计划与分工。打蝗虫的各单位,在每日休息前集中群众谈话一次。主要讲打蝗应注意以前缺点,以后注意的地方,在下山时总结一天工作,进行表扬与批评,并注意帮助外乡打蝗解决生活困难。目前该乡打蝗工作尚有一些做得不够地方如打蝗虫前的调查工作、侦察工作不够精细,少数行政村干部不大注意,区乡干部注意也很差,以致一些偏僻的地方有很多蝗虫未发现。再如以前在会上决定挖子,在进行中未完全执行,以致打掉一层又一层,浪费人力和时间,又使群众情绪不高,此外临时快报也未出。在群众方面,开始有迷信不敢打及信心不高,现在见消灭大半,又以为没有什么事了。需要继续动员,彻底打完。

(原载1945年5月17日《大江报》)

十九、新四军告别皖江民众书(1945年10月3日)

亲爱的父老兄弟姐妹们:

几年以来,我们在你们亲切爱护与支援下,坚持了抗战,建立了根据地,和你们一道过着民主自由快乐的生活,我们和你们联系,正同血和肉一样的密切。但是现在我们却要忍痛向你们告别了。在别离之前,我们想向你们讲几句话:

首先让我们对你们表示衷心的感激, 因为没有你们的爱护和帮助,我们将一事无成。同时,我们要向你们道歉,因为我们过去在保卫你们利益的事业上,还有许多做得不够,做得不好。凡此,我们只能用今后的加紧努力来报答你们了。

那么,为什么我们不能好好地和你们在一起,忽然要和你们分手呢? 你们知道,我们的抗战是胜利了,我们现在要什么呢? 我们要和平、民主、团结。我们不要什么呢? 不要内战和独裁。但是,已经宣布了投降的日本帝国主义和汉奸却还在和我们作对, 他们偏偏在用全力来挑拨内战、破坏团结、阻挠民主。中国国内一些没心肝的反动分子,竟和他们心心相印,与他们合流合作起来,残害自己的同胞。以中国人民的利益为利益的共产党,是不能对这样的严重危险置之不顾的,他要彻底打破敌伪和反动派的阴谋,要求得和平团结的实现,就向全国指出和平、民主、团结的大道,毛主席并应蒋委员长电邀,亲自到重庆和国民党当局谈判。同时,为了促进谈判成功,与全国和平团结迅速实现,就不惜委曲求全,自愿将皖江的新四军全部转移到淮南。

谁都了解,这是共产党对国民党的一个极大的让步。但共产党为了制止敌伪和反动派的阴谋,为了避免内战,实现全国和平、团结,就不能不忍痛这样做。我们相信,中国共产党的这种顾全大局的伟大胸怀和委曲求全的苦衷, 是能够得到全国人民的赞许和谅解的。

当然,由于我们的转移,可能有各种各色的猜想和造谣:比如说我们转移是于国际条件不好，力量单薄，被迫撤退。那么我们可以告诉他们，全世界法西斯垮台，民主势力的胜利，给中国人民、共产党以最有利的条件，我们解放区的力量不仅完全粉碎任何方面的进犯，而且还在迅速扩大。我们的解放区，是为了和平、团结，才决定自动撤退。

再如有人这么说：共产党新四军视人民如草芥，他要就要，丢就丢。但谁都记得："八一三"后，真正遗弃皖江无辜人民于敌人铁蹄下的究竟是谁，而后者真正从敌人铁蹄下把他们解放出来过民主自由生活的又是谁。

又有人会这样说：共产党新四军说走是骗人，他决不是真走，但事实会表示我们是诚心诚意，为了实现全国和平团结，为了全中国人民利益，而从皖江撤退。我们是言行一致、说到做到的。

总之，一切不明真相的猜想，最后总会证明其毫无根据的；一切恶意的造谣和攻讦，则一定会由铁的事实来粉碎。

同胞们！我们希望你们要沉着、要坚定，决不要被那些谣言蜚语所困惑。你们应该坚决勇敢地为保卫自身的利益，为完成团结、民主、和平的大业而奋斗。

在抗战时期，由于你们付出极大努力与牺牲，才取得了胜利。在今后，你们一定要作同样的努力，去保卫自己已得的胜利果实。过去你们已学会了怎样进行武装斗争，来取得胜利，今后你们应该学会用和平的合法斗争来保卫各种已得的利益。

你们应该用各种各样的方法，坚决要求国民党当局切实执行下列各项：

一、保证复员战士、伤病员和抗属的安全，并加以妥善照料，保护新四军的留守机关，以及照料不能撤退的伤病员和抗属。

二、保持各种民主设施。对过去抗战与民主建设有功的人民和复员的干部,应保证其生命财产的安全,享受民主权利,不得加以虐待或歧视。

三、保持减租减息和废除苛杂的已得利益,很好地办理复员,救济同胞。

四、保障中国共产党及各民主党派公开活动的合法地位。

如违反上述各项者,你们应该坚决起来反对。

亲爱的同胞们!现在全国和平、团结、民主尚未实现,你们是可能遭到很多的困难,甚至会遭受反动派的摧残和迫害。关于这点,我们已向国民党当局和驻军着重提出,要他们以国家人民利益为重,不要挟私报仇,残害同胞。但尽管我们这样做,你们仍要百倍提高警觉,勿受骗,勿被暗算。同时应采取各种灵活的办法,根据和平、民主的总方针,加强自身的团结,做到像亲兄弟一样。要不断督促国民党当局顺从民意,实行民主,保护各种既得的利益。

同胞们!现在敌伪还在挣扎,反动派还在要阴谋,我们面前还有极大的困难。但我们相信:在德意日法西斯已被打倒,全世界和全中国民主势力汹涌澎湃的今天,我们一定能够克服困难,得到胜利。

我们这番暂时和你们告别,在离你们不远的华东就有极为强大的解放区,我们将全心全意的支持你们,你们决不孤立。在今天,任何悲观动摇是只有利于敌伪和反动派,你们必须坚决斗争。特别是对留下的伤病员和抗属,你们要以最大的关心保护和照料他们,要坚决反对对伤病员和抗属任何不利的行动。

亲爱的同胞们!世界和中国的局势均在奔向光明、独立、自由,繁荣的新中国已经露出了头,只要我们继续努力奋斗,解除一切悲观失望慌乱的情绪，朝着和平、民主、团结的大道前进，我们是一定能够胜利的。

别了！亲爱的父老兄弟姐妹们！我们再一次虔诚的请求你们接受我们深深的感谢和慰问。并祝你们健康！

（原载 1945 年 10 月 3 日《大江报》）

第六章　回忆文章

一、皖江抗日根据地的政权建设

张恺帆

作者简介：张恺帆（1908—1991），安徽无为人。1928年加入中国共产党，任中共无为县委委员、代理无为县委书记等职，参与领导"六洲暴动"。1933年在上海从事党的地下工作，任中共吴淞区委书记、沪西区委书记兼组织部部长。抗战初期，任中共皖中工委委员、无为县抗日自卫总队政治委员、巢县黄山抗日游击大队政治委员、新四军第四支队领导的东北抗日挺进纵队第一团政治委员、东进大队政治处主任、新四军第五支队秘书长。皖南事变后，任皖中行署副主任、中共皖南地委副书记兼组织部部长。解放战争时期，任苏皖边区政府秘书长、第三野战军东线兵团前委秘书长。中华人民共和国成立后，任淮南矿区警备区政治委员、安徽省副省长、中共安徽省委书记处书记、安徽省政协主席。

皖江抗日根据地是新四军在华中敌后创建的一块战略要地。这块根据地初创时称为"皖中"，随着对皖南地区的不断开拓而地跨大江南北，乃改称为"皖江"。

1942年底，我从淮南抗日根据地调到皖中地区，担任皖中行政公署副主任。行署成立之前,在新四军江北游击纵队活动范围内的一些较大游击区,就已建立了抗日民主政权组织。1940 年秋,“和(县)含(山)巢(县)无(为)各区联合办事处”在无为县东乡成立,主任后奕斋。1941 年 5 月,无为县抗日民主政府成立,县长吕惠生。同年夏,皖南地区成立了第一个敌后县级抗日民主政权——铜(陵)繁(昌)行政办事处,主任张伟烈。

为统一领导并加强皖中地区抗日民主政权建设工作,1942 年 7 月,成立了皖中行政公署,主任吕惠生,副主任唐晓光,行署机关设在无为县恍城区。行署的下设机构是根据抗战形势和工作任务而建立并逐步完善的,初期只设民政、财粮、文教、公安、司法等几个部门。9 月和(县)含(山)行政办事处成立,主任马献龙。

1943 年春,在巢、无、庐三县接壤地区,成立了湖东行政办事处,后奕斋、江干臣、张格、夏冰流先后担任主任;在和含地区,成立了江(浦)全(椒)行政办事处及含(山)巢(县)行政督导处,李岩任江全行政办事处主任。6 月,在无为东乡,成立了临江行政办事处,主任张君武,并在无(为)南、铜陵、繁昌分别设置行政督导处。7 月,临江行政办事处又设置了船运管理处,主任徐瑞卿。

1944 年春,皖南地区成立了南(陵)芜(湖)行政督导处;8 月,在铜陵舒家店成立了铜(陵)青(阳)南(陵)行政办事处,主任张世杰;9 月、10 月间,成立了南(陵)繁(昌)芜(湖)行政办事处和宣城行政办事处,江干臣和陈洪分任主任;巢无地区成立了江流船政办事处,主任陈力生;同年底,和含地区成立了和含专员公署,专员魏今非,下辖和县抗日民主政府(县长张克林)、江全行政办事处(主任顾训芳)及含巢行政办事处(主任江文);沿江地区成立了沿江联合行政办事处,主任张格,下辖彭(泽)至(德)行政办事处。

1945年，随着皖江抗日根据地进一步巩固和扩大，在巢无地区成立了无南行政办事处，主任龚绍遂，在皖南成立了皖南专员公署，专员江靖宇，专署机关设在铜陵县张家冲，下辖铜陵县抗日民主政府（县长张世杰）和繁昌县抗日民主政府（县长江干臣）。随后，还成立了南（陵）芜（湖）行政办事处，主任谭伟，就在这一年，皖中行政公署改为皖江行政公署。

皖中行政公署自1942年7月建立以后，随着工作需要，其下设机构逐步健全，各部门负责人也作过一些调整。在我任行署副主任期间，行署秘书处处长郑曰仁，民政处处长倪则耕，财经处处长叶进明（兼大江银行行长）、副处长蔡辉、倪子干，文教处处长徐冬荣，司法处处长陈沛，公安局局长李丰平（兼），副局长岳炎，垦丈局局长由我兼任，副局长倪化黎，皖中各县联立中学校长先后是金稚石和吕惠生，教育长方向明。

1944年底，我奉调担任中共皖南地委副书记兼组织部长。不久，行署副主任由魏文伯接任，主任仍是吕惠生，直到1945年9月我军北撤。

为了巩固和扩大皖江抗日根据地，发展抗日武装力量，争取抗战最后胜利，皖中行政公署以及各级政权组织，做了大量的工作，在军事、政治、经济、文化等方面都取得了很大成绩，其中以统一战线和财经工作尤为突出。

统一战线是我党克敌制胜的三大法宝之一，在抗日战争中，皖江根据地的统战工作是卓有成效的。

皖中参议会是我党领导下的按照"三三制"原则建立的抗日民族统一战线组织，建立于1942年7月，议长金稚石，副议长周新武、陈可亭（陈牺牲后由金笑侬接任）。它既是民意机关，又是权力机关，对加速根据地民主政权建设的步伐，对团结各界爱国民主人士参加建政工作、投身抗日战争，起了重要的作用。

为了扩大抗日民族统一战线，皖江地区先后成立了无为、临江、湖东、和含等县参议会。

皖江根据地推行民主的选举制度，由公民选举代表，组织民意机关——参议会，再由民意机关选举行政机关——行署及各级政府。参议员、行署主任和副主任以及抗日民主政权主要负责人，是以无记名投票方式民主选举产生的。民主选举充分调动了广大人民群众抗日和生产的积极性，团结了一大批在地方上有一定威望和影响的爱国民主人士，从而推动了根据地内的民主政权建设。经过抗日战争艰苦斗争的考验，吕惠生、倪子干等同志由爱国民主人士成为光荣的共产党员。为了中国人民的解放事业，吕惠生、陈可亭、叶玑珩等同志献出了自己宝贵的生命。抗日战争胜利后，不少爱国民主人士，如金稚石、金笑侬、石原皋、王拭之、齐丹九、何谦堂、胡厚培、丁聘泉等，都毅然抛妻别子随部队北撤到山东，在解放战争时期，坚定地跟着共产党南征北战。新中国成立以后，他们在社会主义建设中，做出了应有的贡献。这些同志现在虽大多离开了人世，但是他们忠于党、忠于人民的崇高思想品质和为革命的献身精神，是永远值得我们怀念的。

皖江抗日根据地人口稠密，物产丰富，是著名的鱼米之乡。早在1941 年 6 月，皖中地区就成立了由唐晓光、后奕斋任正副主任的皖中财政经济委员会。皖中行署一成立就把财经工作放在重要位置上，设置了财政经济处。财经处下设财粮科、货检处、经济建设科、粮食总局、货物管理总局、合作事业指导室等机构。在巢无、临江、和含、沿江地区还设立了财经分处。为了增加财经税收，保障军政供给，行署还大力培训财经干部，加强货物管理，征收公粮、赋税，发展公私经营的地方工业和手工业等。在工作中，不少同志历尽艰辛，甚至献出了生命。

为了整饬根据地金融管理，1943 年 4 月，皖中行署在无为县汤家沟镇设立了皖江贸易管理总局，对外称作“集成号商行”(经理蔡辉)，管理对外贸易和物资交换。皖江根据地农副产品相当丰富，商业和对外贸易也十分活跃。针对当时伪币和法币急剧贬值的情况，外贸主要是以货易货。为打破日伪经济封锁，贸易总局通过各种渠道，如建立贸易网，组织合作社，通过小商小贩和商业资本家等，用茶叶、黄麻、豆油等土特产品，从南京、上海、芜湖等敌占区换回机械、钢材、炸药、雷管、电讯器材、印刷器具、医药用品和食盐、布匹、大米等军需民用物资，以解决部队抗战和人民生活之部分需要。1943 年 6 月皖中行署建立了大江银行，发行大江币，控制、占领了金融市场，有效地抵制了伪币和法币的流通，对统一货币、稳定物价、繁荣经济，起了重要作用。

由于财经工作成绩卓著，皖江地区的财政收入，除满足根据地军民自身需要外，还支援新四军军部和二师等兄弟部队。

设在无为东乡汤家沟的皖江贸易总局旧址

皖江根据地在水利建设方面也取得了显著的成绩。皖江地区濒临长江，河湖港汊纵横交错,大部地势低洼,加之堤坝年久失修,因而洪涝灾害频繁。为了根除水患,发展生产,保障人民生命财产的安全,根据地民主政权把兴修水利作为经济建设的中心工作之一,领导人民筑堤建闸,修塘垒坝。最突出的是修建无为县内的黄丝滩长江大堤。这段江堤是无为、巢县、庐江、合肥、含山、和县、舒城等七县的屏障。1943 年 10 月 6 日,行署主任吕惠生在无为汤家沟镇主持召开了各县水利代表大会,成立了黄丝滩退建工程委员会和退建工程局,负责领导设计和工程建设,在吕惠生亲自主持下,根据地军民同心协力,历时三个月,工程全部告竣。这在当时那样艰苦的战争环境下不能说不是一大奇迹。黄丝滩大堤的胜利建成,不仅使江北 7 县农业生产和人民生命财产得到了保障,更重要的是提高了中国共产党和抗日民主政府的威望,大大地鼓舞了皖江地区广大群众发展生产和抗战必胜的信心。

皖中行署对文化教育工作也非常重视。行署建立之前,1942 年春,无为县抗日民主政府即筹建了无为中学,后奕斋、刘芳先后担任校长。同年 7 月行署建立后,无为中学改为皖中各县联立中学,刘芳任校长。1944 年 7 月皖中联中复办时,先由皖中参议会议长金稚石兼任校长,后由行署主任吕惠生兼任校长,方向明担任教育长。1945 年春,皖中各县联立中学改为皖江联合中学,在皖南铜繁边境的狮子山创办了皖江第二联合中学,在和含创办了和含中学。至于公办小学和经过改良的私塾,更是遍及根据地各个区乡,教育事业发展速度很快。1945 年我军北撤,联中学生大部分随军转移,转战南北,经受锻炼。皖江联中为抗战救国培养和输送了大批人才。

二、皖中地区党的组织建设

周新武

作者简介：周新武(1916—2000)，河南息县人，1935年5月参加革命，1936年5月加入中国共产党，抗日战争时期历任开封民先总队训练部部长、中共豫皖地委委员、巢湖(无为)地委书记、新四军第七师政治部宣教部部长、中共皖中区党委宣传部部长等职。新中国成立后历任华东上海人民广播电台台长、华东新闻出版局局长、北京广播学院院长、中央广播事业局副局长等职。

我原在豫东南工作。1939年9月19日，奉调来皖中，曾先后在中共舒无地委、巢湖地委、无为地委任职。1942年4月，中共皖鄂赣边区党委成立，我任宣传部长，至1945年奉命北上。

我初来时，鄂豫皖边区党委机关、舒无地委机关和新四军江北指挥部都设在庐江县东汤池镇附近的大、小马槽一带。当时，我被分配在舒无地委，任副书记兼宣传部长，黄岩任书记(兼江北游击纵队政委)，谢飞任组织部长，赵君哲任宣传部副部长，冯纪新任青年部长，赵敏(赵湘荃)任妇女部长，江北游击纵队司令员孙仲德和政治部主任桂蓬均为委员。舒无地委原副书记赵忠国在1939年8月鄂豫皖边区党员代表会议上当选为出席中共“七大”会议代表，准备去延安。1939年12月10日，舒无地委机关由庐江东汤池迁往无为开城桥地区。

1940年1月，中原局决定成立“皖中军政委员会”，统一领导江北游击纵队和皖中地区的党组织。原鄂豫皖边区党委负责人之一的何伟与黄岩分任军政委员会正、副书记，江北游击纵队司令员孙仲德、政治部主任桂蓬和我均为委员。在此前后，国民党当局制造的第一次反共高潮波及皖中地区，各地形势日趋紧张，人民抗日团体无端被强行解散，共产党员和爱国人士纷纷遭到逮捕，国民党军队更不时挑起武装摩擦。为应付种种突发事件，准备武装自卫，上级党委决定黄岩、桂蓬、孙仲德等全力做部队工作，不再兼任地方职务。舒无地委书记由我继任。

1940年3月4日，皖东津浦路西定远地区发生反顽自卫战斗，新四军江北游击纵队主力由纵队司令员孙仲德率领去含（山）、巢（北）地区参战。4月，皖中地区国民党驻军李品仙部调一七六师及保4团、保8团对我皖中军政委员会、江北游击纵队司令部及舒无地委机关所在地发动突然袭击，我军奋起自卫。因顽我力量悬殊，我军战斗失利。为保存力量，江北游击纵队司令部和舒无地委机关奉新四军江北指挥部指示，转移到含山、巢北地区。其后，又经历了一些小的战斗，并休整一段时间，转至皖东津浦路西的界牌集、瓦屋薛一带。

江北游击纵队于6月间实行整编，由谭希林任司令员，孙仲德任政委，皖中军政委员会已不存在了。这时，何伟调往新四军4支队任政治部主任，黄岩、冯纪新留“路西”工作，谢飞早在1939年11月就调到“路西”分配工作，赵湘荃也在1940年2月、3月份调到“路西”工作。原在舒无地委工作的负责人，由于组织上的调动，也只剩下我和赵君哲两人。

1940年6月，根据路西省委指示，我、赵君哲、纪正组成中共巢湖地委，由我任书记。地委有一个独立营，纪正兼任营长，任务是坚持巢县西北的淮南铁路两侧以及巢湖周围地带的抗日游击战争，保持我党我军经过巢湖及淮南铁路西段的南北交通联系，保护和发展这一地区的秘密党组织和抗日力量，打击日伪，相机开展巢湖周围和巢、无、含、和、庐、桐等地的抗日工作。

1940年9月，路西省委指示我和赵君哲回巢无地区以舒无地委名义，加强对皖中各地党组织的领导。9月16日，我和孙仲德、高立忠、后奕斋等并一部分部队横渡巢湖到巢南任家山，与坚持在这一地区斗争的桂林栖会合。这时，巢湖独立营编入江北游击纵队，纪正调到江北游击纵队工作。津浦路西各县联防办事处任命后奕斋为和(县)含(山)巢(县)各区联合办事处主任。这个机构后设在无为东乡，改名为和含巢无各区联合办事处。

我们回到巢南后，孙仲德以无为游击纵队司令名义开展抗日斗争；我、赵君哲、桂林栖3人，仍以舒无地委名义开展活动。不久，曾希圣由皖南渡江，途经无为到江北指挥部去。后因交通受阻，滞留皖中。"皖南事变"前，他受命到无为东乡，做迎接新四军军部北渡的准备工作。

当时，舒无地委主要工作是：印发宣传材料，向人民宣传国际反法西斯战争形势和国内抗战形势，介绍新四军和各抗日根据地的发展情况，材料均自编自印；与各地组织加强联系，了解情况和研究工作；组织无为东乡、南乡党员和发动人民群众，准备迎接皖南新四军渡江；组建和含巢无各区联合办事处，推动各地建立抗日民主政权；征粮收税，解决部队给养；开办党员和干部训练班；扩大和发展地方武装。

1941年1月，国民党反动派制造了震惊中外的"皖南事变"。随后，我突围部队分批北渡长江来到无为，与原在皖中的部队会合。中央决定，皖中和皖南划为一个战略区。和县、含山、巢北因与皖中联系方便，也决定划归皖中地区领导，由何伟主管皖中工作，李步新主管皖南工作。

“皖南事变”后的1941年，皖中、皖南这一战略区内，曾存在二个地委和一个特委，即中共舒无地委、中共鄂皖边区地委和中共皖南特委。

1941年3月前后，在何伟领导下，地委在无为东乡召开了扩大会议，认真讨论了当时的形势和任务，充实了领导班子，并将地委名称改为无为地委。我任书记，林立、胡德荣、桂林栖、后奕斋、方琦德等为委员，工作区域包括舒城、庐江、桐城、无为、巢县、含山、和县以及江浦、全椒、合肥、潜山、怀宁的边界游击区。

1941年4月，经李步新建议，原中共皖南秘密特委书记黄耀南奉调，来江北无为县白茆洲与李步新会合，组成新的中共皖南特委，书记李步新，副书记黄耀南，统一领导无为东乡与皖南地区的党组织。9月，李步新调中心区工作，黄耀南接任书记。

1941年5月，新四军第七师组成。同时，撤销和含巢无各区联合办事处，成立无为县抗日民主政府，由吕惠生任县长，并领导周围其他县的区、乡民主政权。

1942年4月，中共皖鄂赣边区党委成立，并建立了区党委工作机关。何伟任区党委书记，李步新任副书记兼组织部长，我任宣传部长。其后，原中共赣东北特委书记黄先任民运部长。中共无为地委、皖鄂边区地委先后撤销。

新建的区党委之所以称“皖鄂赣边区党委”，是因为边区党委工作范围包括皖中、皖南，还负有向西发展，打通与五师联系的任务。此外李丰平、桂林栖曾在鄂东的黄梅、广济一带工作过，极想恢复那一带的工作。这一名称的确定、是经过区党委开会时商讨并报请华中局批准的，同时刻了“中共皖鄂赣边区党委”公章。这公章一直沿用到

1945年。

1942年夏，皖中各县凡我军控制的地方，都普遍建立了抗日民主政权。为了深入贯彻党的抗日民族统一战线政策，团结各阶层人士共同抗日，区党委决定成立参议会，由无为县政府通知无为各区，并邀请和县、含山、庐江、巢县、桐城、繁昌、铜陵等县政权机构组织，按“三三制”原则，推选参议员与会。7月，各地当选的参议员聚会无为，通过成立“皖中参议会”决议，并选举进步教育家、爱国人士金稚石为参议长，选我和民主人士陈可亭为副参议长。陈可亭不幸于1943年3月反击日伪“扫荡”中壮烈牺牲。同年7月，补选金笑侬为副参议长。

皖中参议会还通过决议，成立“皖中行政公署”，选举吕惠生任主任，唐晓光任副主任。其后，还成立“皖中财经委员会”，唐晓光任主任，后奕斋任副主任。1942年底，张恺帆来皖中，任皖中行署副主任。

1943年，根据地实行党的一元化领导。约在3月初，区党委领导成员作了调整，曾希圣任书记，李步新任副书记兼组织部长，朱讯任组织部副部长，何伟任宣传部长，我任宣传部副部长，李丰平任社会部长，傅秋涛任军事部长。同年9月，何伟、傅秋涛调往延安。谭希林来七师任代理师长兼区党委军事部长，我接任宣传部长职。同时，成立了和含、皖南、沿江三个地委；部队实行地方化，成立了皖中军区(后称皖江军区，由七师兼)，下辖含和、皖南、沿江三个军分区。其后，区党委改称“中共皖江区党委”。根据地内各军事、政权、群众团体也陆续使用“皖江”这一称谓。

1944年9月，皖中参议会召开第二届第一次会议。选举李步新为参议会议长，金稚石和我为副议长，吕惠生、张恺帆连任皖中行署正副主任。张恺帆后来调皖南地委任副书记后，行署副主任职由魏文伯接任。

我来皖江地区工作6年，直至1945年10月被调北上。由于时隔久远。文中所及党组织沿革倘有失翔实，恳请当事者和知情者补正。

三、和含巢无中心县委工作回顾

林　岩

作者简介：林岩(1914—1995)，安徽六安人。1929年参加中国工农红军，1931年加入中国共产党，历任六安县少共书记、红二十八军军部干事、中共湖北英山县委书记等职。抗日战争时期，历任安徽省和含中心县委书记、和含地委副书记、新四军和含支队副政委、七师民运部长等职。解放战争时期，历任鲁南军区第二军分区副政委兼地委副书记、枣庄市委书记兼铁路工人支队政委、解放军第一渡江支前司令部司令员兼政委等职。新中国成立后，历任上海铁路总局党委书记兼局长、铁道部党委委员、中共上海市交通工作部部长、中共华东局六省交通运输总指挥。“文化大革命”后，任武汉市“革委会”副主任、市人大副主任等职。

1940年4月，牌楼战斗后，我随舒无地委、新四军江北游击纵队司令部，由无为撤至含山。由于局势变化，和含巢无地区形势开始紧张。黄岩同志根据地委决定，要我留在和含巢无地区工作。他告诉我说：“和含地区情况紧张，马上要打游击，上级决定非战斗人员和女同志基本撤离。徐平同志工作很好，但是个女同志，地委考虑到不太方便，决定要她撤退，由你去接替她的工作。你要马上找徐平同志接谈，交接工作。你这个同志打游击、搞群众工作都还行,就留在和含地区吧。”接着他又强调和含地区的战略位置重要,要我们留下来,设法开展敌后游击战争。黄岩同志还说:“你们留下来后,困难可能很多,但一定要千方百计把这个地区坚持住。方式方法可以灵活多样。”同时还指出:为了方便我们独立自主地开展工作,可以成立一个军政领导小组,以实现一元化领导,讨论决定重大问题。

肩负着党的神圣使命,牢记着领导同志的指示和嘱托,我于5月接替了徐平同志的职务,开始在和含巢无地区工作。从此以后,我便一直在和含巢无地区开展敌后抗日游击战争,从事党的秘密工作,发展地方组织,开展武装斗争,建立抗日民主政权等。因此,我与和含巢无地区广大人民群众结下了深厚的战斗友情。

回忆和含巢无地区的艰苦斗争岁月,可以清楚地看到,和含巢无地区党组织是在抗日战争的烽火中发展壮大的。

(一)和含巢无中心县委艰苦的战斗历程

和含巢无地区党组织发展道路是曲折的,经历的斗争是极其艰苦的,因而情况也是较为复杂的。首先就它的领导归属问题来看,从抗战初期到1940年初,和含地区党的组织曾先后属皖东省委和路西省委领导。自徐平同志于1939年底接任含和工委及中心县委书记以后,这个地区的党组织就归舒无地委领导了。我到和含地区工作,就是由舒无地委决定的。当时含和中心县委的组织部长是曾子坚(后曹树华),宣传部长刘芳,我任书记。大约在5月底,黄岩同志指示成立和含地区军政领导小组,统一领导和指挥和含地区党政军工作。领导小组由廖成美(新七团政委)、我和后奕斋三同志组成,廖成美任组长,我任副组长,后奕斋负责统战和政权工作。为了适应和含地区即将出现的游击战争环境,大部分非战斗人员和绝大多数女同志已撤离和含地区,随地委机关和江北游击纵队到津浦路西去了,仅留下刘芳、江洪涛等少数女同志随中心县委坚持斗争。

接替徐平同志不久,新的工作还未来得及部署,6月初,国民党保安团就在陶厂和新七团发生了战斗。为了应付紧急情况,军政领导小组召开了一次临时紧急会议,决定新七团撤退到路西。这样一来和含地区情况发生了新的变化,按照过去的方针部署工作是不行了,必须改变方针和策略。因此,军政领导小组决定由我和胡昌耕、后奕斋、刘芳、江洪涛等同志到路西清水涧,向路西省委及舒无地委的负责同志黄岩、周新武等汇报情况,并请示新的方针。汇报以后,地委开会研究,我们也参加了。会议认为:和含地区工作基础还比较薄弱,大的武装不能进去,公开的斗争不便进行。因此,要在和含地区坚持下去,必须开展"隐蔽的宣传游击战争",并尽可能利用各种合法斗争形式开展工作。会议确定和含地区总方针是:"以巢南、无为的两个区为依托,积极争取和改造巢南大刀会,并向和含、巢北开展工作。发展党的秘密组织,相机开展宣传游击战,打击当地汉奸、土匪、特务、地主、恶霸等反动骨干分子,掩护上述地区工作的开展。"会上还决定由我和其他同志组成和含巢无(也包含全椒部分地区)中心县委。会后,约6月底,我们从津浦路西舒无地委驻地出发,随胡德荣同志的手枪队返回和含地区。途经含山清林区福山乡山里宫、方山口一带时,我们分别召集了刁筠寿、江文、刘云、张建、张文华、杜少安、芦达先、曹树华等主要干部开会,及时传达了地委的指示,并根据地委的指示,重新部署了工作。

在这次会议上,我们正式宣布成立和含巢无中心县委,我任书记,胡昌耕任组织部长,刁筠寿任宣传部长,江文任军事部长,曾子坚、张世荣、曹树华、刘云等同志先后都参加了县委。由于这个县管辖和、含、巢各县及地委指示划过来的无为县西太区和石涧埠区，所以叫作和含巢无中心县委。

为了更有效地开展这个地区的敌后抗日游击斗争和创建抗日根据地的各项工作，我们中心县委成员根据总的方针和任务，做了如下分工：

由我带领一个县委工作班子，直接在巢南地区开展工作，并负责联系各区，指导全面工作。同时负责建立巢北工委，联系黄山区委及全椒地区和和县北乡的张智锦、孔平、王苏民等党的秘密组织负责人，组建和北工委，开辟和北地区，积极秘密发展党组织。另外，我布置淮南路沿线秘密党组织在巢南山区找一个绝对可靠的地点安置隐蔽下来。于是地下党员沈克文、李昌仁就选择了巢南陈家山口李德友（党的发展对象）的家，安下了县委机关。一个月后，李德友同志经我介绍加入了党的组织。从此，他对县委开展巢南地区的工作，起了很重要的作用。

胡昌耕同志住在无为石涧埠区，以青苔衖的江兴和、方同宣家为立足点（县委组织部隐蔽在此处），负责整顿发展西太区、石涧埠区的党组织。刁筠寿同志以汪家井的刁操德家为立足点（县委宣传部隐蔽在此处），以淮南路边的清林区秘密党组织为基础，向含山南乡开展工作。

江文同志负责的含和独立连（又称含和游击队），在无为、巢南进行游击战，相机进入含和南部开展宣传，打击当地汉奸、特务、恶霸地主、土匪等反动首要分子，扩大共产党及其武装的政治影响，用公开的武装斗争和秘密工作相结合的方法，来掩护党的秘密工作的开展。

在和含巢无中心县委领导下，我们大力开展了以下几项工作：

建立巢南区委。先后派张世荣、江洪涛为该区的区委书记，积极开展巢南山区工作。其目的是争取、改造巢南(包括含山淮南路两侧)3万多人的大刀会封建武装，尽快地将整个巢南大刀会封建组织变成为中共领导下的人民群众抗日自卫武装。为了实现这一目的我们在这里秘密发展党的组织,积极培训地方干部,在较短的时间内建立了一个可靠的半公开的隐蔽区，为舒无地委和江北游击纵队返回巢无地区创造了条件。

以巢南山区为依托开展隐蔽的宣传游击战，积极向巢县及淮南路以北的含山、和县开展游击战。如在含山的方山口、山里宫、严郭村、小庙岗和陶厂周围以及和县南义、东保耿、功剩桥、螺蛳滩、新塘、五显集附近的村、镇,建立和发展党的秘密组织。逐步秘密建立清林区、农亢区、陶运区、南义区等区委组织,同时,派曹树华同志任巢北工委书记,在巢北大宋村联系宋德仁开展巢北党的工作,派张世荣和江洪涛同志先后去巢南区任书记,开展银屏山区的工作;派张文华同志到清林区任书记,以淮南铁路党组织为基础,开展秘密工作;派王训友到和县南乡的前、后唐一带(即以后的陶运区),在唐九奎家立足,开展活动;派杨继武同志去含山、项家山、江家瑙等地,以行医和教书为掩护开展秘密工作。和县北乡原有张智锦、王苏民、孔平等几个党员,我们即派人积极联系,打算在那里成立一个工委。至此,我们除有江文、刘云的小游击队所控制的巢南、无为(也经常到和含地区活动)这块比较巩固的基地外,和含地区也基本上变成共产党秘密活动、游击队相机开展隐蔽的宣传和游击战的地区。经过八九个月时间的工作,使巢南大刀会的组织得到了成功的改造,为共产党所掌握。巢南区乡政权也都逐步建立起来,并向和含地区积极发展。

及时了解和掌握敌情,传递情报。县委在各地派了几个得力的秘密交通员,建立了很多的情报站、联络站。和含巢无中心县委通过秘密党员沈克文、李德友等同志的联系，以县委机关驻地为中心，在周围的陈家山口、张家山、金家桥、杨家山、申家山、徐家湾、周家店、周成村、王家山头、芦塘衖、磨基墩、打鼓庙、清水塘、汪家井、荚家墩、小岭拐、应家墩子、柴家村、张家碾、刘家湾、青苔衖等处建立中药铺、小杂货店、澡堂、茶馆、学校等隐蔽点，作为各地干部来往交通的立足点和情报、信件的联络点。中心县委的交通员有张永志、梅福祥(即老红军梅老)和陈家山口的陈立榜、陈立义、陈立建、陈立文(有些同志还兼任县委的警卫工作)，这些人对当时开展工作都起了很重要的作用。

我们本身也是以难民逃荒和做生意、教书等为掩护，和刁�寿、胡昌耕、张世荣、张文华、杨铭等以亲戚老表关系进行联系，秘密开展工作。

回忆和含巢无中心县委的工作和往日的斗争生活，我们由衷地佩服那些在艰苦岁月里对党对人民无比忠诚的广大党员和干部，不管环境多么险恶，生活多么艰难，他们都能先天下之忧而忧，英勇顽强，舍生忘死，毫不动摇，坚持斗争，革命意志无比坚定。记得在工作刚刚开始的时期，福山乡和长建乡有一点工作基础，但范围很小，又处在敌、伪、顽的包围之中，干部下不去，只能跟着游击队打游击，漂在上面，无法深入群众中进行工作，大家很着急，心想这样长期下去，不成了“啦啦队”了吗？因此，我们下定决心，坚决贯彻执行地委指示，无论如何不能再跟着部队跑，不管怎么困难，一定要千方百计地隐蔽下来，站稳脚跟，开展工作。于是，每人领取一点生活费(只有30元伪币)，分头设法深入群众中开展工作。由于经济困难及环境险恶有时根本无钱吃饭。但王训友、张文华、杨继武、杨铭、贺传新、林德江等同志还是采取各种方法，隐蔽坚持下来了。尤其值得一提的是梅老，他长期住在桑树湾的一个破庙里，装作要饭花子做交通工作，受冻挨饿,精神十分感人。梅老、张老(张永志)都是县委最得力的交通员,他们把全部心血倾注在伟大的抗日战争中，为党完成了许多艰巨而危险的任务。

由于我们坚决贯彻执行了舒无地委指示，采取了种种措施开展各项工作，尤其是有一大批忠于党的事业的外来干部和本地干部的团结奋斗，有不怕流血牺牲和真心实意拥护支持革命的广大革命群众基础,我们才得以在短短的八九个月时间里,不仅坚持了下来,而且使工作有了较大的进展。尤其是在巢南,取得的成绩最大,不仅建立和发展了党的组织,培养了一大批地方干部,改造了大刀会并使之成为中共的地方武装,还建立了区、乡政权和人民群众抗日团体。含山、和县等地的干部也立住了脚跟,秘密党组织也逐步发展起来了,基本上实现了地委在路西交给我们的任务，并为舒无地委和江北游击纵队重返巢无地区奠定了基础。同时,也为开辟和含地区、创建和含抗日根据地创造了有利条件。

和含巢无中心县委的建立及其卓有成效的工作，充分显示了路西省委、舒无地委为中心县委确定的工作方针的正确性。正如1942年曾希圣同志在皖江区党委会议上所说的，巢南地区已经成为较为隐蔽和巩固的抗日根据地,为打通七师与新四军军部的交通联络,提供了极为有利的条件,成绩是很大的。

(二)1942年后和含巢地区党组织进一步发展

1941年4月,舒无地委分析和含巢无地区形势,认为可以进去开展工作了,便在同年6—7月间,决定将和含巢无中心县委分开,分别成立了含和巢县委和巢无中心县委。

含和巢县委由李岩、刁筠寿和江文组成,李岩任书记。县委仍以巢南为依托,以福山乡小庙岗一带为立足点,向和县南乡开展活动,继续贯彻执行原定的关于开辟和含地区隐蔽的宣传游击战的方针，相机建立抗日游击根据地和抗日民主政权。巢无中心县委由我兼任书记(我当时任地委组织部长)，孙以瑾为副书记，胡昌耕任组织部长，张世荣、江洪涛为县委委员。

巢无中心县委先后还有胡德荣、孙以瑾、张世荣任书记。

和含中心县委成立后，在原来工作的基础上，首先建立了含巢工委，并派军事部长江文兼任书记，刘云为副书记，杜少安为县委成员。

巢北工委又划归和含中心县委管辖，仍然由曹树华任书记，委员有宋德仁等同志。巢北工委，主要在巢北地区开展秘密工作。

与此同时，我们与在和县北乡至江全一带坚持斗争的张智锦、孔平、王苏民、浦玉民、杨再顺等同志关系也接上了，成立了一个以和县北乡为主要活动区的和北工委，工委书记由王苏民担任。和北工委的主要任务，是负责打通新四军七师与军部的秘密交通，发展地方党组织和搜集沿江一带敌、伪、顽情报，并在可能条件下，建立游击政权，发展由中共领导的灰色的地方游击武装。

继含巢、巢北、和北 3 个工委建立以后，又成立了 1 个和含工委，经区党委批准，派李岩同志去兼任工委书记，江洪涛同志为副书记兼组织部长。同时，李岩同志又兼任和含行政办事处副主任。和含行政办事处是大于县级的行政机构，它对整个和含地区各区政府实行行政领导。李岩同志以办事处的工作为重点。

此外，还有一个直属黄山区委，叶碧同志任书记。1942 年春，县委设想在黄山开展游击战，因张建同志经黄山去二师接送干部来往多次，对黄山地形和叶碧同志比较熟悉，故决定派张建担任黄山区委书记，叶碧同志任副书记。张在去黄山途中遇敌返回，加之 1942 年秋后，叶碧同志被叛徒徐某某出卖被敌人逮捕后，壮烈牺牲，故该区工作未能开展。鉴于上述情况,中心县委曾决定将黄山区划属含巢区委领导,但始终未能进去。

回顾这一时期在和含巢无中心县委地区党的工作，至今记忆犹新。这些往事只是我在和含巢无地区坚持斗争的片段,愿以此献给富有革命斗争传统的皖中人民。

四、巢无县委工作回忆

作者简介：张世荣,1912年生于无为县,1939年9月参加工作,次年加入中国共产党,历任仓头乡支书、和含巢无中心县委委员兼巢南区委书记、中共无为县委民运部长兼无为县政府农工科长、中共巢无县委书记。解放战争时期任皖西四地委组织部长。新中国成立后历任巢湖地委副书记,芜湖地委副书记、书记,省农工部副部长、部长,并当选省委常委。

张世荣

1945年10月,根据皖江区党委的决定和新四军第七师的命令,巢无县委所领导的武装部队，除留下一支几十人的精干游击队坚持在巢县地区打游击外,其余人员编为新四军七师六十团,并将部分身份已公开的乡干和区以上干部编成随营干部队,随新四军七师北上。我当时是巢无县委书记，整编后担任六十团政委。10月3日下午3时，部队从巢无县委和无为县政府的驻地恍城区上庄院子向巢湖边的散兵镇进发，沿路两旁近30里地站满了巢南的父老兄弟姐妹,他们饱含着热泪送别亲人子弟兵北上,再三嘱咐我们,要英勇杀敌,消灭蒋家王朝早日胜利归来。到此为止,巢无县委宣告结束。

巢无县委是1942年10月间成立的,3年的历史是短暂的,却是难忘的。

(一)困难时成立,胜利中结束

1942年,正是抗日战争最艰苦的年头。日、伪、顽勾结在一起,不断侵犯我皖江根据地,增建新据点,蚕食和经济封锁我解放区,妄图困死我军民。巢无县委就是在敌伪据点林立、根据地被割开不便领导的情况下成立的。当时区党委决定,将原无为县委管辖的人口有60多万的10个区委(其中无为县7个区,巢县南部3个区)划为4个县委。将无为东乡划为无东县委;无为南乡划为无南县委,属皖南地委领导;将无为西南乡和巢南的槐林、关河两区划为湖东县委(巢湖东边),属沿江地委领导;将无为西北乡和巢南银屏区划为巢无县委,直属皖中区党委领导。巢无县委和县政府的驻地在区党委、七师司令部和皖江行署附近。巢无县委下辖恍城、石涧、新民、南苏和银屏5个区委,人口近18万、党员近5000人,工、农、青、妇抗敌协会会员和儿童团员近10万人。

巢无地区是皖江革命根据地的中心区,党的基础和群众基础都很好,内战时期就有党的组织和农民协会组织。巢无地区地理条件也很好,有山有水,有丘陵、湖泊和坪田,物产丰富,资源很多,素有鱼米之乡之称,有利于打游击和建立根据地,完全符合毛主席指出的"建立根据地的条件"。当时皖江区党委、七师司令部、皖江行署、皖江参议会等领导机关和兵工厂均驻此地。

巢无县委第一任书记胡德荣、组织部长金文萍、宣传部长张世杰、农抗理事长许移山,我当时担任民运部长兼皖江行署和无为县政府农工科长。1943年3月间,敌伪分兵数路"扫荡"皖中根据地后,胡德荣调无东县委任书记,孙以瑾接任巢无县委书记,这时组织部长是史明节，宣传部长是刘芳，农抗理事长是许移山，我还是担任民运部长。1943年7—8月间，孙以瑾随何伟调新四军二师工作，我便接任巢无县委书记，章石平任组织部长，刘芳任宣传部长（兼妇女工作），许移山任民运部长，县长陆学斌是县委委员。这次组成的县委一直到抗战胜利后解散，成员没有再变动。

在战争年代，县委机构组成总的原则是精干灵活、行动方便，便于游击环境下作战。县委人员编制很少，没有什么副职，县委书记和组织、宣传、民运部长均是1人，下设3个干事，再加上公务员、秘密交通员，总共不过十二三人。

在皖江区党委的正确领导下，我巢无军民团结一致，精兵简政，开荒种地，还办起了纺织厂，做到了吃穿大部分或部分自给，打破了敌人的经济封锁。我们还不断同敌伪顽展开反"扫荡"、反"蚕食"、反封锁斗争，取得了一个又一个胜利，从而为巩固和扩大皖江革命根据地作出了贡献。可以说，巢无县委是在困难时成立、胜利中结束的。

（二）地方抗日武装在斗争中发展壮大

巢无地方的抗日武装是从无到有、从小到大的，从小游击队发展成为县总队。县总队除有1个警卫连、1个县大队、3个直属连（后发展为5个连）外，还有5个人数不等的区中队。在无为和巢县县城附近还有两个便衣游击队，负责监视巢、无两城内的敌人活动，并搜集敌情，捕捉汉奸特务，掩护我方工作人员对敌占区进行税收等工作。每个乡还有基干民兵排或班，除从18岁至25岁的男女青年中选择政治、思想、身体好的参加基干民兵外，余者从18岁至55岁均参加一般民兵组织。在一般民兵组织中，又分别成立了担架、运输、瞭望、放哨、递步哨（送信和情报）、侦察、向导等组织。另外还建立了一个兵工厂，专门修理枪支、造手榴弹和地雷，做雷管并熬硝制炸药。

从1943年到1945年北撤，巢无地方抗日武装不仅发展壮大了自己，而且还为主力部队输送了1000多人。1945年10月我们离开巢无地区北上时，这支武装部队被整编成有3个营10个连以及团部、政治处、供给处、卫生队等17个单位共一千六七百人的正规团。

3年时间里，巢无地方抗日武装和民兵配合主力部队作战，立下了不少战功。如1943年3月间，日伪军分兵数路“扫荡”我皖中根据地，巢无地方武装和民兵分头袭击了敌人外围据点，不仅拖住了敌人的后腿，而且使敌人不敢久留，很快为根据地解了围。同年秋天，国民党桂系反动派分兵侵犯我皖中根据地，巢无地方武装奉师部命令阻击从笑泉口方向来犯之敌，前后激战了两个多小时，掩护了区党委和师部，使他们得以安全转移。以上两次战斗，均受到师部表扬。县大队长丁继哲率领县大队3个连(后5个连)常年坚守在从襄安到开城桥镇20多里的永安河一线，使驻庐江的广西顽固派军队不敢轻举妄动，守住了我皖中革命根据地的西南大门，对巩固皖江根据地也起到了重要作用，多次受到师部表扬。抗战胜利时，巢无地方武装的5个连和3个基干民兵爆破连，配合主力部队，在收降无为县城和巢县县城以及淮南路沿线敌伪据点之战中，立下了战功。特别是基干民兵爆破连，更是战功卓著，涌现出了不少民兵爆破英雄。

1943年秋，日军在从无为城到襄安镇之间的塔桥新建了一个据点。师部指出，该据点是我中心根据地到无南和皖南根据地交通线上的一大障碍，命令我巢无县总队乘敌立足未稳之际，千方百计拔掉这个据点。县总队将这次战斗任务交给了总队警卫连。警卫连首先侦察敌情,并和伪保长计谋好,将全连战士化装成民工,替敌人筑围墙、建碉堡,乘敌将枪架起吃饭之机,先打死敌两个哨兵,夺取其枪支,然后发起总攻,结果全歼日军1个小分队,缴获大盖枪20多支、歪把子机枪1挺,我方无一伤亡。不久,师部又命令巢无县总队拔除通往含和地区交通线上的钓鱼台日伪据点。县总队警卫连配合银屏区中队经过两个多小时的战斗,终于消灭了钓鱼台敌据点30多个日伪军,缴获长短枪30多支、机枪1挺。

此外,巢无地方抗日武装,在党的领导下,和地方密切配合,做敌伪工作也很出色。如巢县城、无为城、巢南散兵、高林桥以及芜湖县官陡门的伪军,在我巢无地方抗日武装的政治攻势下,携带长短枪60多支、机枪3挺先后投诚我巢无地方抗日武装。由于敌伪工作做得好,不少“维持会”不仅经常为我方送情报,掩护我干部,而且还为我购买枪支弹药和棉布、医药等军需物资。县总队还曾潜入无为黄雒河敌人据点,活捉了1个日本兵,并将他送到了军部。

总之,巢无地方抗日武装,在扩建部队,加强民兵工作,配合主力部队作战,以及巩固和扩大根据地等方面均立下了不朽战功,为我皖江根据地革命史写下了光辉的一页。

(三)广泛发动群众,组织抗日团体

抗日战争时期,县委的另一重要任务,就是广泛发动群众,组织抗日团体。当时,省、县、区分别成立了抗敌动员委员会,在同级党委领导下,动委会下辖若干工作团。另外,在省、县党委内还设有民运工作站,并成立民运工作队。党委内还设有青委、妇委。这些机构的工作人员经常深入农村,宣传动员群众,组织工、农、青、妇抗敌协会。各抗敌协会负责人均通过会员代表大会选举产生。

1939年,驻安徽的国民党桂系顽固派开始破坏抗日民族统一战线,在巢无地区经常与我进行武装摩擦。1940年1月间,桂系顽固派调集两三个团的兵力猖狂进攻我新四军江北游击纵队。与此同时,国民党省政府还宣布撤销各地抗日动委会和解散各抗日群众团体。因此,1941年后,在抗日根据地内就没有再设立动委会了。为精简机构,将原有的各级工、农、青、妇抗敌协会改成各级工、农、青、妇抗敌协会联合委员会(简称抗联)。当时,皖江地区成立了皖江抗敌协会联合会,李步新同志任抗联主任,我担任副主任,黄先任组织部长,许移山任农民委员,江文任青年委员,林轩任妇女委员。县、区也都相应成立了抗联。这些群众抗日团体,在抗战期间发挥了很大作用,做出了很大贡献。

农民抗敌协会在"保国卫家,不当亡国奴"的口号下,发动组织农民,做了大量的抗日工作,起到了极其重要的作用。当时,农民协会在农民群众中威信很高。在抗日民主政权未建立前,农民对国民党政权是仇视和不信任的。因此,农民什么事都要找农民协会帮助处理,虽然不是一切权利归农会,但是自然形成的农会权利确实不小。1940年以前,抗日民主政权未建立,民兵组织也未建立,农民抗敌协会就将思想好、身体好的青壮年组织起来,成立了农民抗敌自卫队(1942年后改为民兵组织),新四军抽调干部帮助训练。农民抗敌自卫队用缴获地、富、反的枪支,再配上大刀、长矛武装自己,配合主力部队打击日伪顽,捕捉汉奸特务,维护地方治安。另外,他们还站岗放哨、侦察敌情、送情报、当向导,为发展和巩固抗日根据地立下了汗马功劳。

农民协会在党的领导下,还发动农会会员同地主、富农进行减租减息斗争,维护农民利益。同时,农会还领导农民发展农业生产,保证军需民食，兴修水利，组织互助组、换工队，帮助农民订发家致富计划。当时延安广播电台还播发了巢无地区帮助农民订发家致富计划的消息。1943年发生洪涝灾害，农会又组织农民防汛救圩，排除内涝，结果不仅抗了灾，当年农作物还获得了好收成。同年秋天，农会利用圩董组织(后改称堤坝管理委员会)，找地主出钱、农民出工，扩建陈家闸、黄树闸、季家闸(统称“三闸圩”)。这“三闸”的扩建，对“三闸圩”内20多万亩高产田(占全县总耕地面积近半)的排除内涝和防止外水倒灌均起到了很大作用。特别是1944年秋，农会发动全县农民到巢南山区扑灭蝗虫灾害，更是得民心、顺人意，山区农民高兴地欢迎他们，事后放鞭炮，开庆祝会，祝贺灭蝗胜利。农民称赞说：“共产党是我们大救星，民主政府为人民，农民协会领导我们灭蝗虫，感谢全县农民来支援。”农民协会还开办夜校和识字班，进行扫盲工作。总之，农民协会在整个抗日战争中，做了大量工作，成绩显著。

妇女抗敌协会在抗日战争中也做了大量工作，贡献也很大。妇女抗敌协会会员动员丈夫和孩子参军打日寇。战时，妇抗会员自动到医院护理伤员。部队有时将伤病员分散到群众家里住，妇女会员都会精心护理，把好东西都留给伤员吃，照顾伤员就像照顾自己的亲人似的。环境紧张时，她们还将住在家里的伤员称为自己的丈夫或孩子，以掩护伤员安全脱险。妇女协会还动员妇女帮助军队缝军衣、做棉被和慰劳鞋。有的妇女会员还自告奋勇到敌占区去探听敌情，帮助我军购买军用物资。在环境恶劣时，妇女会员又掩护干部、抚养干部子女、照顾军烈属，真是样样工作都离不开妇协。妇协所做的这一切工作对发展和壮大人民抗日军队起到了极大作用。

工人抗敌协会的主要任务是将农村中的手工业者组织起来,发展生产,以解决军需民用方面的困难。如军队吃的植物油就是靠手工榨油坊加工的。巢无县委办的兵工厂,就是将原来铸造铁锅的工人组织起来的。他们翻铸手榴弹、地雷,制造炸药,有力地支援了抗日战争。纺织厂是将手工织布工人组织起来开办的。

城镇青年组织的抗敌协会,主要任务是深入农村,用各种形式宣传、动员、组织群众起来参加抗日斗争。他们还在农村办夜校、识字班,开展扫盲工作,并且演戏、唱歌,甚受群众欢迎。

儿童团不仅站岗放哨,而且还经常混入敌人据点,探听情况,取得不少重要情报。

总之,在整个抗日战争过程中,各抗日群众团体在党的领导下,做了大量的工作,为抗战作出了巨大贡献。

(四)没有民主政权,就没有人民自己的家

1939年以前,在王明(中共长江局书记)“一切服从统一战线”的右倾投降主义路线影响下,安徽没有建立抗日民主政权。1939年冬,刘少奇同志来路东(津浦路东)时就立即纠正了王明的错误路线,提出“没有人民民主政权,就是没有自己的家,自己没有家,在人家的地方工作(指在国民党政权下工作),受限制,不自主,不自由,工作被动”。他批评了华东地区没有建立抗日民主政权的错误。根据刘少奇同志指示精神,1941年初在华东地区,首先成立了定远县政府,接着在4月间成立了无为县政府。到1942年10月间,由于我抗日民主政权的发展,皖中区党委决定成立皖中行署,吕惠生同志任行署主任,陆学斌同志任无为县长。无为县政府所辖范围5个区有18万人口,是皖中根据地的中心区,政权较巩固。县政府的主要任务是:征粮收税,保证军需民食;扩大和巩固抗日民主政权,打击缩小伪政权，在敌我拉锯地区和敌占区建立两面派政权；动员群众参军，扩大主力部队；动员组织群众支援前线；做好军烈属代耕工作，发展工农业生产；兴办文化教育、卫生事业等。那时，民主政府的征粮收税工作做得很出色。征公粮是根据每亩单产定征粮标准，斤粮斤草，每亩二三十斤不等。地主出粮，农民出草，政府发串票。粮草均放在农民家里，部队、干部凭粮草票随时随地可取到粮草。在城镇设有货检处、货检所专管收税。本着有钱出钱、有人出人、有物出物的精神，无为和巢县城内的地主、商人向抗日民主政府捐献了不少抗日经费。根据地还成立了供销合作社，以减少商人的中间剥削。此外，还设有贸易公司，生意做得很活，他们经常将根据地的农副产品拿到上海、南京、芜湖等敌占区去交易，换回军需民用商品，并和日本商人建立贸易关系。这不仅保证了本地区的军需民食，还支援了军部和其他兄弟师，当时在新四军内有“七师钱多”的说法。实践证明，刘少奇同志的指示是正确的，没有民主政权，便没有人民自己的家，工作不方便，成立抗日群众团体还要向国民党政府报告备案，特别是经费困难，影响抗日工作的开展。1941 年以后我们建立了抗日民主政权，我们的行动就自由了，工作就主动了，特别是自己征粮征税，经费问题也随之解决了。另外，那时的统一战线工作也做得很出色，县参议会就是由被选出来的社会上的进步人士和民主党派的代表组成的，这不仅有利于开展统一战线工作，而且还把这些人团结在一起，同我们一道进行抗日工作，从而最大限度地孤立了敌人，壮大了我们的抗日统一阵线。

以上是我在巢无县委工作期间的片段回忆。总结那一段工作我得出一条主要经验，就是“军民团结一条心，抗日战争定胜利”。

五、巢南抗日武装的组建与发展

陈建吾

作者简介：陈建吾，1919年5月生，巢县人，1938年9月入伍，任巢抗二中队队长，1940年调任新四军江北指挥部宣教干事，二师学兵连指导员，后历任二师警卫营教导员、六旅十八团组织股长、三十四军三〇六团副政委、政委，1959年调至总参情报部任职。1960年出任驻印尼大使馆武官（大校军衔），1965年任驻朝使馆武官，1971年任总参情报部三局政委，1978年任中国人民解放军南京外国语学院副政委。1984年3月离休。

1938年5月，马忍言在带巢县难民西撤途中，接受了国民党省政府任职令，担任巢县县长，接下来就在难民中组建了“巢县抗日人民自卫军”，约200人。6月，马忍言带部队陆续回到巢北，正式恢复巢县县政府。

当时，巢南由于受巢湖的分割，县政府为了行政管辖及部队指挥方便，于同年8月，在巢南设立了一个办事处，舒政海任办事处主任，代表县政府主持巢南政务，罗明声任参谋主任，主持巢南军事工作。由于当时在金寨组建的部队陆续进军巢北，巢南的抗日武装只能靠重新组建。组建的主要办法：一是收编当地的“自卫”武装；二是招收志愿参加抗日的青年，这样很快组建成一个新的分队。我们首先收编了槐林咀的潘结巴、高林桥的江践之和郑家咀的徐某某三支地方自卫武装，并分别任命他们为分队长，统编为一个中队，中队长是陈建吾。随后，又在魏家坝建立了一支特务分队；在金家桥新建一个分队。相隔不久又扩编成一个二大队，下属一个特务分队和两个中队（一中队下辖两个分队,二中队下辖3个分队),整个部队约300余人,名称为"巢县人民抗日自卫军"。为了加强我党对这支部队的领导,新四军四支队派魏兆雨前来任一大队长,张克家为一中队队长,陈建吾改任二中队队长,潘结巴、江践之分别提升为一、二中队副中队长。同时防务也作了相应调整,槐林咀以西划归为一中队,以东至巢县城划归二中队。

巢南武装组建后,和巢北"巢抗"部队一样,积极开展武装斗争,消灭了敌伪蒋家河口的税务所,镇压了汉奸,开展打击资敌活动。特别是在保卫巢湖水面和陆地的交通安全和地方治安中,活捉并惩治了数名湖中的惯匪和陆地上的土匪,保障了我们的税收工作顺利进行,扩大了抗日经费的来源。

(一)项家山事件

项家山事件对巢南甚至全县的抗日武装力量来说,是一次极为严重的事件。1938年年底,大队长魏兆雨为了开展对敌斗争,布置了一次游击行动计划。他亲自率领二中队的两个分队和特务分队开赴巢城边缘地区活动。部队在高林桥集结后,即向东北方向出发。行至不远,得知情报称:"项家山大刀会要截击我们。"当时,魏兆雨决定由他率领特务分队和六分队沿村庄以北依山前进,令陈建吾率领四分队由村庄直穿而过,如无情况,在村外集合继续前进。不料,陈建吾等刚一进村庄,就听到村北面一阵激烈的枪声,几分钟后,通信员前来报告说,大队长遭伏击牺牲了。正在说话间,从村中冲出一群手持大刀和钢枪的家伙,为首的一人敞胸露背,犹如醉汉,手持"中正式"步枪向二中队长陈建吾连开3枪,陈建吾回击了3枪,但没打响,便带领四分队顺着村边急向回撤。此时,敌人更加逼近,二中队只好边打边撤。班长何友三举枪击毙了一个为首的家伙,迫使敌人溃退了。事后得知,那个被击毙的家伙就是当地赫赫有名的马武。战斗结束后,我们抬回了大队长和其他几位同志的遗体进行了安葬。一场经过周密计划,准备开展对敌游击斗争的行动,被这帮大刀会破坏了。这不但是一次破坏抗日的反动行为,而且牺牲了大队长魏兆雨和几位革命战士。事件发生后,在部队震动不小。当时,巢北特派了一位张参议前来调查处理这件事。但始终未能搞清事件发生的真实情况。后来是不了了之(至今,这件事件的背景仍是一个摸不透的谜)。

大队长魏兆雨牺牲后,部队情绪受到了影响,尤其是特务分队的部分不纯分子暗地里鼓动人员下巢湖,企图带枪逃跑当湖匪。发现这一情况后,我们当即采取果断措施,集合队伍,当场将不纯分子缴械遣散。随之将部队做了相应的调整:四分队随二中队部队转移到魏家坝,五分队原地不动,六分队调到沐家集一带剿匪。不久,办事处主任

魏兆雨烈士牺牲地——散兵楚歌岭

舒政海调到无为县工作,日常事务由罗明声兼管。

(二)巢南武装经历了一场生死存亡的斗争

1939 年年初,马伯山接替了马忍言的县长职务,这显然是国民党妄图摧毁进步政权,扩大反动势力的罪恶阴谋。但他们万万没有料到,新县长到任伊始,“巢抗”参谋长冯文华便率领巢北部队公开加入了新四军老八团。为此,马伯山十分恼火,发誓要夺取巢南武装领导,彻底清除巢县地区的进步力量。这样一来,一场保卫人民武装生死存亡的斗争,便十分严峻地摆到了巢南部队面前。

为粉碎国民党的反动阴谋,保存抗日武装,我们决定在部队中大造参加新四军的舆论,同时积极与附近新四军取得联系,争取早日加入新四军。然而,形势发展对我们愈加不利。马伯山又正式任命国民党蓝衣社分子鲁国藩为巢南部队新任大队长。他施展其封官许愿之能事,要我们放弃领导,交出武装,诱惑说“另有任用”。我们看出了马伯山的用心,对此婉言拒绝并尽力拖延时间。鲁国藩即窜到几个分队中进行策反活动。为对付敌人的策反,我们召开了分队长以上干部紧急会议。会上介绍了紧迫的形势,研究了加入新四军的行动计划,并通过了“宣誓单”。但是,由于我们当时缺乏斗争经验,对干部队伍的复杂性估计不足,对原从地主武装收编后担任中队副的潘结巴、江践之和担任六分队长的原投机分子单友发缺乏警惕(实际上他们已经投靠了马伯山和鲁国藩),致使会议内容全部泄露给鲁国藩。鲁得悉“密报”后,马上在魏家坝裕成大酒楼策划一个“里应外合”的武装突袭阴谋,企图一举捣毁巢南办事处,夺取武装领导权。

1939 年 3 月 19 日夜 12 点前后,鲁国藩率领一伙人紧急集合,准备行动,但是他们的行动被我地下党员陈克吾(时任二中队特务长)察觉。陈克吾急忙把情况报告给参谋主任罗明声和二中队长陈建吾。罗明声、陈克吾立即紧急集合部队准备惩罚鲁国藩。几分钟后,鲁国藩等人见阴谋暴露,便向坝镇东街方向逃去。罗明声率领部队随后追击。追了十几公里没有发现这伙人,便转往沐家集准备会同六分队返回魏家坝固守。到了沐家集,六分队已按照江践之的命令,全部持枪待命。见此情况,我们虽然产生了对分队长单友发的怀疑,但因时间紧迫,还是命令六分队为前卫向坝镇出发了。部队行至坝镇以北山口时,六分队便趁着天黑,叛逃了。我们连夜赶回魏家坝。待到拂晓,我们便查明鲁国藩、江践之指挥着被他们控制的几个分队包围了魏家坝,同时,在槐林咀还扣押了一中队长张克家,他们还向我们送来"劝降书"。但是我们决心死守、等待援兵。当时情况十分紧张,在摩擦加剧、战斗一触即发的形势下,国民党县党部书记长阮正渠亲自出面,会同商务会长郑玉成,邀请双方派代表谈判。谈判中,我们鉴于力量薄弱,便拖延时间,用缓兵之计,缓和当时的危难处境,口头答应了"3日后"交出武装。这时,我们的部队大部分已投靠了马伯山一伙。为尽快扭转局势,保存实力,我们一方面在坝镇加强防守,另一方面立即派二中队指导员彭尚定去无(为)庐(江)等地找新四军紧急求援。当时正遇新四军四支队九团副官王某某回家乡坝镇探亲,他答应尽快赶回部队报告首长,迅速派兵救援。

21日,形势更加危急。天刚微明,突然枪声大作,江践之带领叛军突然冲进街内,并抓走了我们的门哨。二中队长陈建吾刚冲到门口,也被叛军抓住,枪口顶住他的脑门。罗明声见势爬上房顶大声谴责江践之:"你们为什么背信弃义!"江践之却以"胜利者"的姿态坚持要罗明声下来"重新商量"。当罗明声从房顶下来后,一群叛军便威逼着罗明声、陈克吾缴械投降。罗明声、陈克吾义正词严地批驳他们，并要求一同去见阮正渠，江践之被迫答应，到了阮家后，罗明声、陈克吾被推进一间卧室里。随后进来了阮正渠、鲁国藩、江践之和沐育仁(沐为国民党区长)。他们以罗明声、陈克吾要把部队带到新四军去为罪名，再次逼着交出实际上没有那么多的武器和财物。正当辩论陷入僵局的时候，院子里突然传来乱哄哄的嘈杂声。原来，双方在进行辩论时，许多人都拥进了阮家大院。嘈杂声越来越大，阮正渠第一个匆匆离开卧室，随后鲁国藩、沐育仁也跟了出去，紧接着江践之也跑了出去，而且都是一去不返。罗明声、陈克吾意识到院内出事，走到窗前向外观看，发现看门的也不见了，只见乱糟糟喧嚣声中叛军拼命地向北溃逃。几分钟的工夫，叛军跑得精光，连阮正渠、鲁国藩等人也不见了，只剩下我们的人员。罗明声、陈克吾把队伍集合后才查明，原来是新四军四支队的那位九团副官急中生智，用了兵不厌诈的计谋。当他答应我们去请援兵时，认为3天时间还早，就在家里住下了。但他一早得知情况发展到如此地步后，深感误了大事，便采取“诈兵”的办法，走上街头，让哨兵通知阮正渠等人说：“新四军来了”“你们在闹什么，防止发生误会”。加之我们队伍中的地下党员向崇荣、王善堂等人见机配合，在士兵中大造“新四军从山上下来了”“新四军是来迎接我们的”舆论，顿时，造成全镇大乱，迷惑了敌人，吓跑了叛军，解了我们的困境。

在此情况下，继续固守坝镇已不可能了。于是，罗明声、陈克吾便带着部队向无为方向撤退。经过几十里路的急行军，到达无为县的襄安镇，找到了新四军九团，向团长詹化雨等汇报了情况，并请求援助，剿灭叛军，但由于当时王明右倾思想的影响，九团的领导对我们的请求感到为难，最后答应协助我们谈判解决。

22日清晨，新四军四支队九团团长詹化雨亲自带领所属一个营（二营），前往坝镇，主持了我们与鲁国藩的再次谈判，会谈结果：成立临时军事委员会，由主任阮正渠、副主任罗明声及郑玉成和几名委员组成。日常军事事务仍由罗明声负责；鲁国藩返回巢北；张克家、陈建吾分别调离，另行分配。至此，这场斗争方暂时平息。

（三）加入新四军

马伯山、鲁国藩等人并未就此罢休。对他们来说，建立军事委员会也只是一个缓兵之计，我们深知这一点。于是决定，一方面抓紧与新四军联系，另一方面在部队加紧秘密串联，选择可靠骨干对象，进行加入新四军的思想发动和组织准备工作。为扩大党的抗日武装力量，打击国民党反动势力，不久新四军江北游击纵队正式决定收编巢南这支部队，并商定了具体收编计划。我们为积极配合收编工作，即以剿匪有伤亡、部队极度疲劳、急需换防休整为借口，将六分队调回坝镇。1939年4月下旬的一天，我们的两个分队及一个特务班近百人，按预定计划集合在坝镇以东的旷野上。江北游击纵队由黄育贤主任、张学文大队长率领二大队全体同志按商定的时间、地点，及时赶到坝镇，两军会合，群情激昂。欢聚片刻，罗明声向部队庄重宣布："为壮大我党抗日队伍，我们全体参加新四军行列，和新四军老大哥一起并肩战斗，坚决打倒日本侵略者！"接着，黄主任作了简短的欢迎讲话。尔后，张学文大队长宣布了行军路线和行军序列。当日，部队便浩浩荡荡地出发，并顺利抵达新四军江北游击纵队所在地——无为县东乡开城桥一带。巢南这支地方武装被编为纵队下属第三大队第七连。

六、新四军挺进敌后第一仗——忆蒋家河口痛击日军

高志荣

作者简介：高志荣(1914—1984)，湖北麻城人。1930年参加中国工农红军，1932年加入中国共产主义青年团，1933年加入中国共产党。曾任红三十一军特务营教导员，1935年随红四方面军参加长征。后任新四军四支队九团政委、新四军第二师四旅政委、华东野战军第二纵队四师师长兼政委、第三野战军二十一军副军长。新中国成立后，任海军舟山基地司令员、华东军区海军副司令员、东海舰队副司令员。1955年被授予少将军衔。1984年逝世。

1938年1—2月，根据中央的命令，战斗在鄂豫皖地区的红二十八军和鄂豫边区桐柏山游击队改编为新四军第四支队，高敬亭任支队司令员。党中央又从延安和八路军中选派了一批红军干部到四支队加强工作，我就是那时由陕北到达四支队九团任团政治委员的。1938年3月，四支队的广大指战员离开战斗多年的游击根据地，开赴皖中。4月中旬展开于舒城、桐城、庐江、巢县和无为地区。七团沿金牛镇、盛家桥进至巢湖以南地区；八团在无为、庐江地区；我九团奉命到达庐江盛家桥和巢县槐林嘴一带。

当时的皖中一片混乱。日军占领南京后为打通南北战略联系，接应沿津浦路南下的华北日军，遂渡过长江，侵占了津浦路南段的滁县、明光、蚌埠等城镇，并分兵占领了巢县、合肥等地，控制了淮南铁路和淮南煤矿。日军所到之处，设据点，建炮楼，修工事，并不断下乡“扫荡”，烧杀抢掠，奸淫妇女，无恶不作。国民党军队在日军进攻面

前，纷纷溃逃，从津浦路沿线城镇退至大别山区，躲进了深山老林；国民党的地方政权也弃城不顾，竞相逃命；在敌后的广大地区，地主、流氓、土匪乘机而起，他们成帮结伙，打家劫舍，肆意作恶。广大人民群众在日伪及土匪的双重践踏蹂躏下，痛苦呻吟。我们所到之处，村村有哭声，处处是难民，山山水水一片凄凉。

为了狠狠打击侵略者，解救人民，我团进到盛家桥后，立即召开团党委扩大会议，与会同志一致认为在开展敌后抗日宣传的同时，一定要寻找战机，打一个胜仗，给疯狂的敌人以迎头痛击，以振奋江北民心。会议决定由我和团参谋长唐少田带侦察队和二营进入银屏山地区，寻找战机。团长顾士多、政治处主任高立中率团直和一营在盛家桥、槐林嘴一带就地发动群众，开展抗日宣传和剿匪安民活动。

为了宣传我军东进抗日的战略意义，摸清日军行动规律，我前往驻该地区的国民党军队了解情况。可是这些国民党军队都患有"恐日病"，缩守在山里，不敢与日军交手，也根本不了解日军方面的情况，只说前面一塌糊涂，乱得很，还为日军张目，说日军如何厉害，并表现出对新四军蔑视的态度。我气愤地说："你们往后退吧！我们倒要看看他们是不是长着三头六臂。"

我回团部后当即派团侦察队化装成农民，到巢县附近侦察敌情，深入群众进行调查。从当地老百姓中获悉，巢县沦陷后，日伪军经常派出少数兵力下乡"扫荡"抢掠，蒋家河口一带是敌人经常出没的地方。为了保证首战胜利，我们又派侦察参谋郭思进和团侦察队长率侦察人员化装到蒋家河口暗中侦察了 3 天，通过反复侦察发现，日军每天都要到蒋家河口一带骚扰，时间通常是上午八九点钟。他们从巢县出发，有时乘一两艘汽艇，有时坐一两只木船，人数多时 30 余、少时 10 余人。上岸后在周围一带抢劫糟蹋一番后于午饭前返回巢县。由于国民党军队胆小如鼠，一直不敢触犯日军，致使他们来去如入无人之境，十分狂妄，因而戒备也比较松懈。

蒋家河口位于巢县东南10里的运漕河(即裕溪河)西岸，河口一带杂草丛生，芦苇茂密，河道纵横，地形复杂，河堤便于设伏，是打伏击的理想地形。根据掌握的情况，我和参谋长唐少田召集二营营长、教导员、团侦察参谋开会研究，决定由团侦察队和二营四连在蒋家河口打一个伏击战，刹一刹日本侵略者的嚣张气焰，让他们尝尝我们中国人民的铁拳。

5月11日下午3时，我们将部队集合于银屏山下进行了简短动员。我首先向指战员讲清进行这一仗的重要意义，然后分析了打好这一仗的有利条件和不利因素，最后要求大家首战必胜，多杀几个日本兵，为死难的同胞报仇，让敌人有来无回。动员会后，大家忙开了，有的擦枪，有的磨刺刀，有的扎手榴弹，有的数子弹，经过一阵紧张准备后，部队翻山越岭，涉水渡河，像一把利剑直插蒋家河口。翌日拂晓前，按预定计划进入阵地，神不知鬼不觉地完成了埋伏任务。我们的部署是，团部侦察队隐蔽在河口西岸堤埂后面，从正面截击敌人；四连二排隐蔽在侦察队后面的小村里；四连连长率一、三排潜伏在离河口四五里远的北面小山包下，准备阻击由巢县增援的敌人。战士们个个摩拳擦掌，弹上膛，刀出鞘，严阵以待，决心给侵略者以迎头痛击。

上午8时许，日军两艘汽艇驶近，我们清楚地看到一个日本鬼子趾高气扬地站在船头，头上的钢盔和手中的刺刀在阳光下闪着寒光，十分刺目，钢盔下一双贼眼四处搜索，活像一只秃鹰翻动着血红的眼珠在贪婪地寻觅食物。我们的战士个个像守候多时的猎人，两眼紧盯着这群恶狼，只等他们一上岸，就叫他们束手待毙，有来无回。

敌船靠岸了，一些日军下船后毫无戒备，敞开衣胸，捧起运漕河的水向胸脯浇着,倒背着枪,哼哼呀呀地唱着歌,大摇大摆地上岸了。埋伏在河口西岸的新四军战士见此情景,个个牙齿咬得咯咯响。这时只听"叭"的一声,子弹带着尖利的呼啸,划破长空,穿进敌人的胸膛,一个日军惨叫一声倒了地。这是郭参谋发出的战斗信号。紧接着,埋伏在前沿的团侦察队的机枪、手榴弹一齐吼叫起来。日军被这突如其来的袭击搞得措手不及,晕头转向,见势不妙,不敢抵抗,企图逃命。我二排以猛烈火力封锁河口,阻敌退路,侦察队乘势一跃而起,集中手榴弹将船炸翻。我军居高临下,占绝对优势。敌人被逼下河后,困在水中,难以施展,处于被动挨打境地。结果大部分在水中被歼。有个日军企图潜游逃命,被我侦察队一战士发现,便猛力扑去,一把卡住敌人的脖子,死死按入水中,这个日军挣扎了几下便像死狗似的沉入河底。

这场战斗,出敌不意,动作迅速,整个战斗仅用了20分钟,就全歼了20余名来犯之敌,缴获枪10余支、日本军旗1面,我无一伤亡。

战斗胜利后,当地群众无不欢欣鼓舞,纷纷从四面八方跑来祝贺。一位老大爷从人群中挤出来,伸出大拇指说:"你们为咱中国人出了气,报了仇,是我们信得过的部队。"有的从家中扛来渔具,帮助我军打捞敌人掉在河里的三八式步枪、指挥刀等战利品。几个水性好的青年,将敌人的尸体绑上石头沉入河底,他们乐哈哈地笑着说"让鱼虾美餐一顿吧"。

蒋家河口战斗后,支队发战报表彰了参战部队。政治部还专门出了小册子,号召各部队学习。各地纷纷发来电报表示祝贺,连国民党政府也发来了嘉奖令。驻该地区的国民党军队的军官们事后无不佩服地说:"你们人没有我们多,枪没有我们好,一来就敢和鬼子拼,真了不起!"当地群众还将此次战斗编成歌演唱,歌颂蒋家河口伏击战的胜利。

1998 年，新建的蒋家河口战斗遗址纪念碑

这次战斗虽然规模很小，但它是新四军建军后东进抗日的第一仗。这一仗有力地打击了皖中敌人的嚣张气焰，震惊了患有“恐日病”的国民党军队，大大激发了敌后人民的热情，增强了新四军广大指战员坚持敌后抗战的胜利信心。

七、在巢南坚持敌后斗争的片段

作者简介：郑中一（1922—1985），安徽庐江人。1941 年 5 月参加革命，1942 年加入中国共产党，历任县财粮员、副区长、安庆专署土产公司经理、省商业厅副处长、铜官山市（今铜陵市）财贸部副部长、经委副主任、铜陵市副市长及市政协一、二届委员会副主席等职。

巢县是江淮之间皖中地区一个重要县城。巢城以南是个山区，山多田地少，最大的山是银屏山，海拔 508 米。过去山上有古庙一座，房屋100多间,号称江北的九华山圣地。山下有个仙人洞,洞口石壁缝里自生一棵白牡丹,据称年代久远。每年春间来银屏山朝圣观花的人络绎不绝。狭长的巢南山区,东西有100里,南北只有三四十里。山上树木成荫连片,山下尽是丘陵田冲。除产稻谷外,还盛产苎麻、茶叶、生漆、桐油、竹木、柴炭等经济作物,是个富饶的山区。但巢南人民多年来被国民党顽固派的苛捐杂税、地主的残酷剥削和土匪的胡作非为,弄得苦不堪言。七七事变后,日本帝国主义大举侵略中国。1938年年初,日军侵入巢城,并逐步占领淮南铁路沿线的乡村重镇。日伪军到处杀人放火,抢劫财物,强奸妇女,罪恶滔天。那时乡村集镇布满着敌伪据点,他们拉民夫建碉堡、筑炮楼,给人民带来了更加深重的灾难。人民渴望共产党、新四军组织人民、领导人民进行抗日,坚持敌后斗争。

(一)建立抗日民主政权

巢南地区,北靠巢湖,东接含山、和县,东南与无为、西南与庐江毗连,可谓是军事战略要地,是新四军第七师建立的皖江抗日根据地的中心。1941年皖南事变后,中央军委派曾希圣来皖中组建新四军第七师。曾希圣到达巢无地区不久,就以巢无两县为中心,发展扩大抗日根据地,在皖中地方党组织的支持配合下,将皖南事变中突出重围北渡长江的部队和分散在皖中境内的其他几支抗日武装汇合起来,于1941年5月1日,在巢南正式成立了新四军第七师。七师成立后,使抗日武装得到扩充与壮大,根据地、游击区抗日力量也不断增强。皖南、皖中大片地区都在七师武装部队控制下。因此,巢南敌后根据地就更加巩固。巢南银屏区政府于1941年5—6月间成立,区长有江干臣、杜少安等同志,区抗联主任由李德友担任。银屏区开始设4个乡:高林、佛岭、秀芙、南口,后划出高林乡归槐林区,增设钓鱼、怀秀、大岭、莲塘4个乡。区政府属无为县政府领导，主要任务是：团结抗日，坚持敌后斗争；组织农民，推动大生产运动，发展经济，保障供给；建立健全区乡民兵组织，加强基干民兵和普通民兵训练。打仗时，基干民兵带担架，运粮草，搞侦察，埋地雷，有时配合主力部队作战。普通民兵站岗放哨，递送情报，熬硝药，造炸弹，补充武器，民兵发挥很大的作用。

（二）发展经济，保障供给

七师成立后不久，部队发展到4000多人，县区乡干部和政府机关脱产的工作人员也有2000多人，吃饭、穿衣、打仗都得要花钱，全靠自己供给。经济来源，全靠税收、公粮田赋和对外贸易。在七师党委领导下，成立了一个财政经济委员会，简称财经会。财经会下设税管局、贸易局、大江银行、香烟厂、被服厂、妇女工艺社等机构和单位。工作人员都是多面手，既会打游击，又能做宣传、收税、搞商业贸易。由于当时税收法令严明，政策合理，不仅对根据地的工商业者给予支持，而且对过往客商也加以保护，有时派武装护送。如巢湖、白湖湖匪很多，为了保护客商过湖的安全，在魏家坝专设一支武装护商队。护商队对客商分文不取。有些客商对我们说，共产党新四军纪律严明，政策深得人心，我们到根据地，比在家里还安全。根据地里只要完过一次税，就畅通无阻。而到了大后方（国民党占领区），交了国税还有多种多样的地方捐。我们的对外贸易，都是采用“以物易物”公平交易。根据地内，农副产品等经济作物“出口”（系指出根据地之口），可换回棉布、日用品和兵工厂生产的机器设备等。

我于1942年离开魏家坝贸易分局，由财经会调到巢南银屏区政府任财粮区员。负责征收全区8个乡公粮田赋（即农业税）。征收的有稻米实物，也有折收的现金。货币流通统一以大江币（简称抗币）。

在游击区征收田赋税，根据各地情况灵活掌握政策。由于敌占区、游击区情况复杂，敌人干扰破坏征收田赋税的事经常发生，有些人就借口不交，有的乡长为了填自己的腰包也从中阻拦。我根据县政府陆学斌县长指示，在巢城游击区不仅要征收田赋税，而且还要开征“大烟捐”，以增加经济收入，保证部队供给。由于乡长金瑞生从中破坏，时常抗税不交。区政府向县政府请示报告，调县大队一个短枪班，12 名武装战士，由我亲自带领，当晚出发到三星圩。经过伪军碉堡下，直奔乡长金瑞生家。当时未抓到金本人，只带了其他两个人到区政府进行教育，讲明政策，并明确指出，干扰破坏抗日政府田赋税收，是罪上加罪，谁要破坏抗日，就要杀头问罪。经教育释放后，仅在 10 天左右，巢南边缘游击区的田赋税、大烟捐一齐交来。我区受到县政府的表扬，陆县长还奖励我一支德国造手枪。从此，银屏区经济工作更加活跃起来。

1943 年，在全区发动群众开展减租减息运动中，各乡成立了评租委员会，乡农会主任任主任委员，开明士绅代表 2 人，佃农和中小地主代表 2 人至 3 人，逐村逐保进行评议，登田察看，按年景好坏，结合固定租额，评出交租额，扣下 25%给农户。这就是当年的二五减租。如贫农、佃农有借地主、富农钱或粮的高利贷，也要实行二五减息。农村中的中、小地主多数是开明士绅或是地方实力派，他们占统治地位，大多数都拥护政府减租减息法令。他们也要求抗日，是抗日统一战线中间派，也是我们争取团结的对象。自实行减租减息运动后，广大农民生产积极性有了很大提高，农民的生活也有很多改善。当时，在中心区的秀芙乡和南口乡张家山、项家山两村 40 多户佃农中调查，在 1942 年以前没有一户佃农不欠地主的钱和粮，从 1942 年到 1944 年两三年时间内，都基本上还清借债，农民生活得到了提高。

1943年初春时，区政府广泛发动群众，学习南泥湾精神，推动大生产运动，号召农民开荒种地，并规定“谁开谁种，谁种谁收”。如烈军属劳力不足，以保甲组织互助组、换工队，实行互助换工的办法，予以解决。如大岭乡开垦荒山荒地200多亩，因地制宜种植经济作物，大岭山高多种茶，小岭地低多种麻。为了进一步推动大生产运动，政府经常对群众宣传“增加生产，支援抗日”“劳动光荣，懒惰可耻”，把生产劳动积极者评为“劳动模范”，对懒汉、二流子进行思想改造教育工作。

(三)攻克敌据点，为巢南人民除大害

在日本侵略军侵占巢城以后，驻巢城汉奸刘子清伪军到处布点设卡，残害人民，为虎作伥，作恶多端。望城岗在巢湖南边，距巢城5里，是巢县通往无为、庐江的交通咽喉，也是巢南人民出入巢城的一道关口。自日伪军在望城岗设立据点后，伪军就在望城岗附近抓人拆房、砍树木，在山冈上建碉堡、挖壕沟、筑土围，土墙外面还架铁丝网。在碉堡下面、大路旁边也设哨卡，对出入巢城的男女，进行盘问与搜查，敲诈勒索。有时还带日本鬼子到吕婆店附近村庄抓人、抢劫、放火。巢南人民深受其害，强烈要求我们打掉望城岗敌据点，为人民除大害。

就在这个时候，师长谭希林亲自带领主力部队来巢南银屏区，人民欢欣鼓舞，送粮、送草，支援部队。区、乡政府立即组织支前民兵、民工上前线。谭师长亲临前线指挥作战，先打掉了散兵、盛家湾两个据点，接着围攻望城岗。谭师长在前线观察地形地势后，采用“围点打援”的战术，消灭巢城之敌。

战斗是1945年8月10日早晨开始的。首先用部分兵力佯攻望城岗，引巢城敌人来增援。果然不出所料，两三天后，岗内敌人缺粮缺水,惊恐万状,只好向巢城求援。17日早晨,刘子清派其亲信、伪三营营长田德胜率领全营200余人,由陆路增援望城岗。刘子清自己带着伪军乘坐汽船在湖边游弋观察。我主力部队早就在水陆两侧埋伏就绪,待敌人进入到碉堡下面,进入据点,新四军才开炮,实施“关门打狗”的战术。18日,刘子清贼心不死,又调动“精锐”伪军一个重机枪连,还配合一个加强连,配9挺机枪及其他轻武器,二次增援望城岗。我主力部队不等增援之敌接近据点,就全线出击,激战两小时,一举歼敌150余人,余敌窜回巢城。谭师长在指挥所召集有关负责人开紧急会议,研究部署下一步作战计划。

19日拂晓,刘子清又调动伪军400余人,从巢城分两路,向望城岗推进,并向新四军阵地轮番冲击,妄图冲进碉堡,作最后决战。新四军采取先打增援,再围歼敌据点的打法。激战大半天,援敌被歼灭大部分,所剩残敌狼狈溃逃。当时刘子清虽据守于巢城,但已丧魂落魄,失去增援能力。谭师长根据敌情变化,一面命令各主力部队改变战斗部署,加强重火力围攻,防止碉堡里敌人突围窜逃,一面命令各乡保运送柴草支援攻打望城岗。各乡民兵和群众闻风即动,不分昼夜运送了大批柴草,堆在碉堡的周围。有的民兵抱送自己家棉絮,泡上水,堆在方桌上,让机枪射手在桌底下进行射击。当谭师长一声令下,碉堡周围柴草烧起,各主力部队遂以猛烈的炮火围攻碉堡。顿时,望城岗上大火猛起,硝烟弥漫,火势冲天,据守碉堡的敌人,插翅难飞,只得携械投降,顽固死守的敌人被全部歼灭。这次战斗共歼敌1300余人,其中俘虏千余人,缴获轻重机枪30余挺、各种长短枪700多支、各种弹药数万发。这次战斗,狠狠地打击了汉奸刘子清的嚣张气焰,为巢南人民除了一大害,为七师北上过巢湖扫清了障碍。

八、战斗岁月在巢南

作者简介：王世中，1941 年秋至 1943 年初夏，在巢南山区坚持游击斗争，负责巢南兵工枪械弹药研制及民兵训练等工作。新中国成立后，在铁道部太原机车车辆厂任党委书记。

我原在新四军军部教导团工作，皖南事变突围时受伤被俘，后设法买动看守才跑出来找到组织，便到了江北游击纵队教导队。1941 年夏天，我受皖中区党委的派遣，同张昌龙同志一道负责组建我们自己的修械所，即后来的兵工厂。到 1943 年 4 月份，当兵工厂已具规模，产量日趋上升的时候，党组织又决定调我到湖东县去训练民兵，研究地雷引爆术。在这期间，我还带领民兵配合部队参加过一些战斗，如磨盘山大战等。

（一）自力更生，办自己的兵工厂

1941 年夏天，当我同张昌龙同志开始组建修械所的时候，七师在江北就有 3 个厂了，一个是被服厂，一个是烟草厂，另一个就是我们搞的这个修械所——兵工厂。

皖南事变之后，我新四军在皖南虽遭到较大挫折，但国内总的对日战斗形势却正在形成高潮。从日军这边来看，他们则加紧对我们的新生力量——江北部队施加重重压力，在我们的周围建了许许多多碉堡。他们时时“出剿”，对我根据地实行烧光、杀光、抢光的“三光”政策，老百姓深受其害，纷纷要求参军参战，打击日本侵略势力，保卫皖中这块红色根据地。

当时，我们党也千方百计设法巩固、扩大这个地区。但部队很少，力量不足，尤其缺乏枪支弹药。那个时候打仗，我军有一条特殊规定，即不管打多大的仗，每个战士只准打 3 发子弹，而且，打仗之后，还必须交回子弹壳,多打一发子弹或少交一个子弹壳都要受到处分,这是铁的纪律,每个人都必须自觉遵守。可见当时弹药的奇缺。

要打开局面,变被动为主动,巩固扩大根据地,就必须首先解决枪支、弹药问题。这只有两个办法,一是组织力量打仗,夺取敌人的武器,以补我们的不足;一是自力更生,自己造,从根本上解决。如果枪支、弹药问题解决了,我们的兵源是不成问题的。那么,揍敌人,守阵地,巩固、扩大红色区域等问题,也就会随之迎刃而解了。

区党委交给我们兵工厂的具体任务很明确,首先是自造子弹、炸弹;其次是兼修枪支。此外,兼打刺刀之类的兵刃。

厂址选定在槐林区的笑泉口东北,即寿山一带的李家山洼、唐家山洼一溜沟几个小村子。张昌龙和我负责,支部书记先是总务科科长刘振华,后来是朱原。主要任务是既造子弹,又造炸弹。1942 年初,修械所扩大了,改为工厂。张昌龙是主任,我是副主任。不久,炸弹和子弹工厂又开始分开。炸弹工厂就从唐家山洼搬到李家山洼北边的一个山洼,那里只住着一家老百姓,我们自己去盖了不少房子。子弹厂还留在李家山洼,负责人先是张洪(后叛变),以后是樊刚和戴克。这时,我们厂里已有了修车组,由一个姓尹的具体搞,陈天福同志则担任材料采购和财务工作。

到 1942 年的春夏之交,生产已具备一定规模了,产量也日趋上升,子弹日产量从 10 来发发展到 200 来发;手榴弹则从一天生产一两枚发展到 10 来枚至 80 来枚,后来每天能制作 100 多枚。枪榴弹和单打一也开始研制了。工厂的人员也多了,从最初的 10 来人发展到了 100 多人。

区党委给制定的方针,是自力更生,一切靠自己。当地方政府给我们收铜板做子弹壳,收锅铁、铁砂做炸弹、手榴弹。没有炸药,我们就用做爆竹的土硝来代替。从林头请了一个姓林的老头来给我们用土硝配药。

既装子弹，又装炸弹。手榴弹的拉火用的是火柴皮上的磷和做子弹用的底火。炸弹拉线则用三种药，即磷、氯酸钾(又叫洋硝)和杏磺，这三种药都是从敌占区买的。地方党为我们买药也费了不少事。如老党员、无为县参议员万鹤龄不仅安排很多人到敌占区去搞药，而且，他也亲自走好多路出去为我们搞。他的弟弟万国齐就专门为我们办这个事。

1942 年下半年，上级党委为了扩大工厂，又从上海请来十多个技术工人(这些人现在也都是厅局长了)，又逐步添了一些手臂钻、做手榴弹的络砂机等等。在李家山洼，我们还把两节铁轨翻过来磨平，用锉子锉出齿，制造了第一台原车。有了原车以后，区党委又给我们提出了新的任务：实验做步枪、做掷弹筒，为今后正式生产打基础。

1942 年底，上级又调来两个人，一个姓乔，是个高中生，我们把新成立的实验室交给他负责；一个姓孙。这时厂又分成三部分：子弹工厂，炸弹、手榴弹工厂以及制造枪的工厂，而且各厂都扩大了。

1943 年 2 月份，有一天(农历正月初六)，我在七师师部参加了一天大会，天黑快散会时，师部通知大家，说无为、开城桥一带的敌人有动静，可能要开始大“扫荡”，要各单位迅速回去准备战斗。

我回厂以后，向支部书记和张昌龙同志作了汇报。因怕情况来不及，临时不好对付，所以，安排全体人员立即行动，分头埋藏机器和积存的许多大铜板。到了半夜，我们才得到通知，敌人要向任家大山进攻，叫我们做好参加反“扫荡”的准备。

我带头爬过了李家山洼，向笑泉口方向走。一出树林子，就被敌人发现了。我考虑如往回跑，就会暴露机关，而且后边还有一些女同志，因此，我就扔出一颗手榴弹，撒腿往开城桥方向跑了。跟在我后边的厂党支部书记朱原同志却被敌人打死了。

我向高林桥北又跑了一段路，遭遇到敌人被抓，跟着他们走了一天，经过曹家山口，到了大方家，我伺机跑出来，在龙虎山下的万家祠找到地方党万鹤林。他告诉我，先到的部队在关河，林维先就在那儿。我找到部队——十九旅。他们说兵工厂的人都住在魏家坝(今坝镇)以西一带，我便又出发到了魏家坝的小王家，才回到工厂。巢南的情况，当时还很不稳定，因此，区党委决定将兵工厂分散开。于是，我带了一部分人到了二十旅旅部所在地三官店，徐国秀带了一部分人到含山二十一旅旅部所在地，张昌龙和刚从二师过来的陈慕辉带了一部分人到银屏山里边。这时候，3 处人员加在一起已发展到 400 人。已开始做枪。

农历三月，开始试验制造小的六〇炮了。

1943 年 5 月份，师部有命令，调我到湖东去。我便离开二十旅又回到了巢南。随着工厂的发展，人员增加到 500 人左右。

(二)提高素质，抓民兵训练

巢南是革命的摇篮，对革命贡献很大。在风风雨雨的岁月里，巢南人民和我们的部队是鱼水相亲，因此，我对巢南也有着深厚的感情。

1939 年开始创建皖中根据地。党和新四军在这块土地上撒下了很多很多的革命种子，像杨杰、沐育满、王安琪、刘启珂、何继林以及夏冰流等等，大都是在那时参加革命的。

1943 年，日寇对我皖中根据地经常进行拉网式的“扫荡”，有的时候是戳一下就缩回的骚扰性“扫荡”，频繁而残酷。特别靠槐林、坝镇、关河一带，日寇“扫荡”得就更加残酷。当时，部队经常换地方，有时一个晚上要睡几个地方，从不敢在一个村子里睡一整夜。再加上

1942年以后，中央提出要精兵简政，部队里不到参军年龄的和年岁过大的战士都要动员回家，以克服财力物力不够的暂时困难。

特别是对巢南来说，兵源、兵力都不足。但白湖有支独立大队（团），队长蒋天然、政委桂林栖，带了何继民、刘启珂、沐育满、柯彬等在那里。不久，在独立大队的基础上成立了湖东县总队部（党组织称湖东县委，部队叫总队），各区成立了区大队。槐林区区大队长是刘启珂（后任江西上饶军分区司令）、关河区区大队长是何继民（何是当地人，现在浙江），其余像尚礼、林泉和五区等区也都设有区大队，每个区大队里，都设有脱产的警卫队，有的区叫警卫排或警卫中队、警卫连的，沐育满任槐林区警卫队队长。区大队的任务就是组织群众，发动群众抓武装，抓民兵建设。那时候，每个区都有一支基干民兵队伍，实际上就是不脱产的游击队。有战斗任务时，基干民兵一出区就是一、二个月，支援别的地区也是常事。当时民兵是一边战斗，一边生产，既是兵，又是民，既能生产，又能打仗。

民兵有几个任务：

1.负责站岗放哨，监视敌人，侦察敌情。我记得在高林桥敌伪据点附近，班天成的哥哥开了一个饭店，民兵就以他的饭店为掩护，进进出出，了解情况，侦察敌情。2.给部队或地方党送信，配合部队打仗，帮助抬担架，送弹药，送粮草。3.协助部队坚守阵地、碉堡。4.情况紧急时掩护群众转移，帮助军烈属和基本群众中的困难户代耕。5.打击敌特，维护地方治安。高林小唐山驻有8个日军，高林桥则住着伪军，我们的民兵经常想方设法打击他们。有一个基干民兵叫周光太，他扮着卖西瓜的小贩。一次，他到日军碉堡里卖西瓜，西瓜担子里边放着手榴弹，引线很巧妙地拴在西瓜上，日军一抱西瓜，就爆炸了，结果炸伤了几个日军，从此使敌人很恐慌，感到寝食不安。周光太后来做了我的警卫员。

湖东总队成立之后，很注意对民兵进行军政教育，经常训练。当时有一个教导队，属湖东县委领导，专抓民兵教育。教导队负责人是柯德昌，他是从二师过来的，1938 年参加革命的老同志。教导队负责训练民兵和民兵干部，也训练表现比较好的乡、保长。对民兵进行教育的内容有两个方面，一是政治教育，二是技术教育。随着形势的发展，教导队又帮助着训练部队的班、排长和副连长以及游击队、警卫连的班、排长和基干民兵的排长、队长、分队长。当时的口号是“一切为了打仗”。

后来，我们又继续搞普及训练基干民兵。这些基干民兵都是经过挑选的，一般在 18 岁至 25 岁，身体好、觉悟高，受训后充实部队或在边区组织游击小组。

基干民兵训练的内容，开始是讲军事知识和游击战术，后来，因为华北地区开展了地雷战，又增加了造地雷、埋地雷的训练内容。1943 年 5 月，组织调我到湖东县抓民兵训练，主要任务就是培训民兵造地雷、埋地雷。

民兵配合部队打仗、守阵地。我们曾带领民兵在关河到黄姑闸这一带的沿山、毛公山守过碉堡。这一带原先有日军驻扎，1943 年大“扫荡”后，日军撤了，国民党顽固派军队就来了，国民党特务经常到这一带来骚扰。我们就守住这儿的山头，堵住敌人。部队不够，守碉堡就靠民兵。当时，民兵既不拿薪金，又不供饭吃，吃自家的伙食，帮部队打仗，没有很高的觉悟是不行的。盛家桥这边是兆河，过去兆河是干涸的河，那边就是敌人。这一带就是以槐林民兵为主把守的。我们不光是守，也常到盛家桥那边去揍他们。我们还常到黄姑闸那边去。我们一出动，一造声势，敌人就害怕，群众的情绪也就更高了。民兵对巩固、扩大皖中抗日根据地发挥了积极作用。

我们带领民兵参加战斗，从没有经验到有经验。

1943 年 3 月，国民党顽固派和日军突然对皖中根据地进行“扫荡”，目的就是摧毁、消灭七师。他们调动了很强的兵力，分三路对我们进攻。西南边沿关河、沿山、毛公山、陈家村向严家桥推进，西北边向盛家桥方向推进，东北方向巢县、散兵的敌人向山里推进。这三路最后汇聚集中，都向银屏任家大山（就是任道济家所在的地方）里面“扫荡”。

这次战斗，因为我们事先情况不明，所以很被动。我们的一位供给部长在战斗中被敌人捉去了。当时，民兵虽然也阻击，但由于都是临时站岗，没有准备，因此，没有发挥好民兵应有的作用。

1943 年夏天发生的那次战斗，我们也比较被动。当时，顽固派向天井山进攻，由于我们组织得不够好，敌人力量又过大，战斗范围又小，民兵活动范围也小，施展不开，因此，也没有显示出民兵的威力。这两次战斗教育了我们，我们总结了经验教训，因此，第三次即 1943 年冬季的反顽战斗，我们充分发挥了民兵的作用，仗就打好了。

这一次，敌人从关河、黄姑闸向北推进，盛家桥的敌人也同时出动。我们组织民兵坚守磨盘山。巢南的民兵在磨盘山守了一天一夜。蒋天然、何启民、柯彬和我都去了。从关河等方向来的三路敌人，被民兵游击小组用诱敌深入的办法，把他们吸引到我们的中心区磨盘山。坚守了一天一夜的民兵配合主力部队拼命阻击敌人，给敌人以很大杀伤。民兵用的武器就是我们自制的石头滚雷。我们在大石滚中间穿线，放炸药，埋好后，把线放在较远处，拴好，敌人一来，只要一碰线，马上就爆炸，杀伤力很大。有的敌人窜到附近百姓家，推门门炸，开碗橱碗橱炸，处处都有石雷，搞得敌人慌里慌张，缩手缩脚。

在坚守磨盘山战斗中，还用过木炮。木炮是用檀树做的，里面放上锅铁、铁砂子和土，老早埋好，敌人一来，老远把绳子一拉，就炸了，杀伤面积也很大。这一仗，打得敌人节节败退，狼狈不堪，还俘虏了不少敌人。

打完这一仗后，我就离开了巢南，组织上调我到五区任区大队长，开辟根据地，搞部队工作。

不久，皖中成立民兵司令部，又把我调回来，到无为中队，同张世荣、丁继哲（当时叫丁大康）一道训练民兵。

不管在哪里，我都深深感到民兵很起作用。民兵既是兵源，又是战斗队，大家说是“钢铁长城”，我认为正规军加上民兵才是我们真正的“钢铁长城”。

九、争取巢南大刀会抗日

蒋天然

作者简介：蒋天然（1918—2002），无为严桥镇人，1935年入伍，1937年冬入党。曾任新四军第七师侦察科长、东北军区炮兵技术部部长、中央军委航空工程处处长、中央军委华东航空接管委员会主任、上海军管会空军部部长、华东军区航空处长、解放军争取中国和中央两航空公司起义首席代表、上海防空军参谋长、华东军区空军参谋长、中央军委高等军事学院航空系主任、中朝联合空军轰炸指挥部参谋长、军委空军领航总主任、领航处长、空军指挥自动化研究所所长、国防部轰炸机研究所所长等职。

1939年秋，新四军江北指挥部指挥张云逸在庐江东汤池传达了周恩来在皖南军部所作的要新四军向皖东、皖中发展的指示。张云逸说：巢南是皖中的战略要地，但已被大刀会所把持，如何把大刀会争取过来，这是创建皖中抗日根据地必须解决的一个重要问题。他还告诉我们，前不久，曾派魏兆雨大队长率两个连去做争取工作，但在楚歌岭却遭到国民党顽固派暗中操纵的姥坞嘴大刀会的突然袭击，新四军损失严重，魏兆雨光荣牺牲。目前形势比较紧张，国民党中的顽固分子正在准备掀起反共高潮，也在做大力会工作，我们一定要抓紧时间，走在他们前面，绝不能让大刀会变成反共势力。

巢南的大刀会原名黄旗会，因悬挂八卦杏黄旗，会员披黄飘带而得名。又因每人备一把长刀，也称大刀会。这种封建迷信组织，是从皖西逐步发展到巢南山区。由于它是靠宗族关系组织起来的，加之又以“练功防身，防匪保家”为口号，在一定程度上既抗击土匪对山区的骚扰抢劫，又抵制国民党抽丁、派税，所以在农村发展很快。

1939 年夏为鼎盛时期，巢南一带几乎村村设会堂，户户有会员。刀会形成了一股较强大的社会力量，引起了各种政治势力的重视，地主、豪绅、日伪和国民党都先后插手。因此，它的政治态度也变得十分复杂。以项举鼎为首的项、任、马、张四姓为一派，倾向新四军。项举鼎赞成抗日，但因受顽固派的反动宣传和挑拨，对新四军误解甚多。任家山的任绍堂，是巢南 5 县边界有名望的士绅，民族感较强，为人正直，他虽不是堂长，却能控制十几个堂口，是项举鼎信得过的人。最反动的是姥坞嘴的堂长郑旭初，此人不抗日，只反共，是国民党特务，表面上承认项举鼎为总堂长、总指挥，但暗中拆台，与项矛盾很深。

根据中共抗日民族统一战线政策和大刀会各派的不同政治态度，我们决定先做任绍堂的工作，再通过任争取、团结项举鼎，对郑旭初进行揭露、孤立,斗争的突破口确定在任家山。

(一)打开缺口,争取任绍堂

自魏兆雨牺牲后,巢南大刀会因受国民党挑拨,实行封闭政策,敌视新四军,在绵延百里的山区所有路口设卡、放哨,实行严密封锁。他们认为是可疑的人,进入这个地区,武装哨卡就格杀勿论。

经过反复调查研究,我们发现山区需要的粮食要靠从无为等地买进,就决定用经济渗透的办法派新四军特务连进驻严桥附近的柑子树村开设商店,廉价供应山区紧缺的粮食、布匹、食盐等,并大量收购土特产。在靠近封锁线边沿的东关到沐集一线,又开设了许多杂货店、粮行、麻行、柴草行、饭店和其他店铺,每个商店都是一个情报站。夏长庚、方裕久、任长宽等既是店老板,又是情报站站长。对待与新四军做买卖的商人,保证其人身安全和自由。这样,群众对新四军产生了好感,一些大刀会成员也主动与新四军接触了。

就在这时,项举鼎派去和新四军做生意的商人,被土匪抢去货物,并被打死2人,抓走3人。项举鼎大为恼火,要新四军救出商人,夺回货物。经请示上级,我们用调虎离山之计,一面散布“新四军有大批货物要从白湖运出去”的风声,把大股土匪引到白湖歼灭;一面率领部队乘虚攻进姥山匪穴,捣毁了匪巢,把被抓被抢的人及货物全都夺回,当面交给了项举鼎。项深受感动,连说新四军“讲信用”,开始改变对新四军的看法。

我们还通过严桥区青抗理事长、游击队长任醒凡,去做任绍堂工作。他是任绍堂的儿子任道济的同窗好友,又与任绍堂有家族关系。几经周折,任绍堂终于同意由任道济、任醒凡陪同新四军江北游击纵队统战科科长蒋天然,前往任家山会晤。

在会晤中,蒋天然耐心向任绍堂解释中国共产党抗日民族统一战线的方针、政策，还送他一本《抗日救国十大纲领》，并针对他身为大地主的内心顾虑，进一步诚恳地说："中国共产党向来以国家和民族利益为重。当前国难当头，炎黄子孙岂能同室操戈？团结一切力量，一致抗日，这就是中国共产党抗日民族统一战线的精神实质。我相信先生会以自己的观察判断，明辨是非，分清敌友的。"

我们和任绍堂的来往越来越频繁，尽管行动秘密，但还是被敌特发觉。他们蓄意制造事端，破坏新四军与大刀会的关系。一次，敌特在任家山大沈村打死一名大刀会会员、割掉另外两名会员的耳朵。这个特务被抓住后，一口咬定是"蒋科长派来干的"。正巧蒋天然带着两个人正从桃花岭下来，只听一声锣响，埋伏在四周的会员一拥而上，蒋就被五花大绑抓进大沈村祠堂，不由分说就要拿他开刀祭灵。蒋大声叫沈堂长出面，要和凶手对质。一见面，特务根本不认识蒋天然，这才化险为夷，揭穿了敌特阴谋，使任家山大刀会对我们更信任。

我们还寻找战机打击敌人，在曹家山口，我们利用有利地形，摆开口袋阵，待敌特一进山便从四面合围袭击，全歼敌人，并缴了十几条枪。这一胜利，大振了军威。任绍堂也高兴地说："新四军人虽少，打仗却有本事，处处保护老百姓。"同时主动派人送信请我们去见面。蒋天然应邀前往，在和任绍堂彻夜长谈中，分析了当时的形势，并指出摆在他面前有三条路：一是投靠国民党，但国民党势力离此尚远，根本无力保护你；二是投靠日本，这条身败名裂的路，对你这位有民族气节的正派人来说，根本不应考虑；三是跟共产党合作抗日，这是你想走而不敢走的唯一光明之路。任绍堂表示：愿意写信说服项举鼎与共产党合作抗日。至此，任家山向新四军敞开了大门，争取巢南大刀会的工作出现了转机。

（二）争取项举鼎，借路抗日

就要跟大刀会总指挥项举鼎对话了。事关重大,我们及时向上级作了汇报,并根据上级的指示,反复考虑了与项进行对话的方案和可能发生的情况,唯恐有一点疏忽而贻误大事。

在任绍堂派人持他的亲笔信护送蒋天然去见项举鼎的那天,项煞费苦心地安排了一次奇特的欢迎仪式。在我们会面的项家山走马岭上,刀枪林立地摆开了5里路长的"欢迎"场面,显然是想在气势上压我们一头。在一间陈设简单的客厅里,他屏退了手下众人,开门见山地问:"对魏兆雨大队长流血事件,新四军真的不归罪于我吗?"蒋天然当即回答:"这次事件是姥坞嘴郑堂长受顽固派特务的欺骗、挑拨所为,账要算在他们头上!请项指挥不要轻信谣言了。"

谁知,在这个节骨眼上,国民党第五战区联络官乘日伪军在东关筑碉堡之机,派人伪装成新四军去打了几枪,把日军引到大刀会堂口就跑了。那个堂口遭日军烧杀抢掠,还被抓走许多村民。我们当即向项举鼎说明真相,并答应帮助他们打开据点,从日军手里救出被抓走的村民。

这次夜袭东关,是江北游击纵队政委黄岩和参谋长桂逢洲亲自指挥的。新四军采用声东击西的战术,只用很短的时间,就消灭了驻东关的伪军,救出被抓去的村民。这件事,对项举鼎和整个大刀会的影响极大。

项举鼎对中国共产党的政策和新四军真心抗日已经深信不疑,但害怕顽固派报复,不敢公开打出抗日的旗帜和新四军合作。为促使项举鼎下决心摆脱日伪顽匪的纠缠,我们向他明确指出:和新四军联合抗日,是卫国保民的义举,不仅会得到巢南老百姓的拥戴,还能赢得巢、无、含、庐各县爱国人士支持。项终于下定决心,跟新四军一道抗日。为促进大刀会早日走上抗日之路,我们先后6次与项会谈,还带去无为、巢县、庐江等县抗敌协会印发的“大刀会总指挥项举鼎热爱祖国，同新四军合作，真心抗日！”“大刀会走马岭盛会欢迎新四军！”“大刀会与新四军联合作战，严惩东关日伪，救出被抓村民”等等传单。他看了更增强了民族自豪感，当即达成4条协议：新四军可借用从任家山至项家山、大司家、司家巷的一条通道，活动人数可在五六十人左右；与大刀会接触，须经项总指挥允许；山区所需粮食，由项总指挥提出计划，新四军如数供应。通道打开了，新四军接连向日军进攻，打了几个大胜仗。五打司家巷，三打巢县城，同时还袭击了裕溪口、东关和撮镇等日伪据点。项举鼎命令会众杀猪宰羊，设宴为我们庆功。

（三）排除干扰，建立巢南独立团

巢南大刀会和新四军关系密切，引起了日伪顽的极大恐慌。他们互相勾结，加剧了破坏活动。

分裂大刀会，实行分而治之，是顽固派特务的第一计。他们的目标是搞垮项举鼎，由郑旭初取而代之。他们指使姥坞嘴大刀会的反动骨干分子到处造谣：“新四军送给项举鼎200担大米，买通总指挥解除封锁线。”一时谣言四起，议论纷纷，大有倒戈项举鼎之势。就在项举鼎受到中伤，处境孤立、指挥失灵时，我们到各堂口说明真相。当群众得知大米是新四军为救济大刀会穷苦群众而不是送给项举鼎个人，向新四军开放封锁线既是为了抗日，也是为山区群众购粮方便等真实情况时，误会顿时冰释。项举鼎的威望提高了，新四军与大刀会的团结进一步增强了。

分裂不成，日本特务机关亲自出马，指令其特工科贾科长派巢城的李老板来拉拢、收买项举鼎本人，要他去参加伪政权。项深知李的为人，并几次受过其害，对打入内部的汉奸恨之入骨，早有警觉。这次，他采用“神堂审案”，迫使李老板供出了全部真情，并交出随身带来的信件和反动传单，项举鼎公开处决了李老板，又处决了大刀会内部的一些汉奸。接着又引蛇出洞，在一次伏击战中，将日军军官池田和贾科长及其12名爪牙一网打尽。大刀会与新四军合作抗日的信心更加坚定了。

不久，我们因势利导，建议项举鼎将有枪支的大刀会员集中编成联防队，下设9个支队，由项任总指挥，每个支队均有新四军派去两三个人担任政治、军事教官。联防队服从新四军指挥，配合新四军行动。此时，巢南大刀会完全解除对新四军封锁，何伟、黄岩也亲自走遍巢南山区作了具体指导，周新武、林岩、桂林栖、王峰、方裕久、周心抚、彭有完、夏长庚等又带一批干部，深入山区发动群众，秘密发展党员，加强政治领导。

经过艰苦的斗争，我们终于基本上争取了巢南大刀会。1940年2月，经张云逸、何伟、黄岩批准，蒋天然作为新四军代表，项举鼎、项举金、马守木等9人作为大刀会代表，签署了大刀会与新四军联合抗日的10条协议，将大刀会改编为新四军江北游击纵队巢南民众抗日自卫总队，项举鼎为总队长，蒋天然为新四军驻自卫总队代表。同时决定将大刀会拥有枪支的联防队4个营改编为新四军江北游击纵队巢南独立团，任道济任团长，蒋天然任团军政委员会书记兼政治部主任，郑子争任参谋长，陈定一任政治部副主任。

1940年4月，国民党军队向驻无为县的新四军江北游击纵队队部进攻。战后，江北游击纵队及舒无地委机关转移到和含地区，不久又转移到津浦路西地区。国民党军队乘机进入巢南，日军也不时进山“扫荡”，各种反动势力蠢蠢欲动，刀会的政治态度也随之逆转。姥坞嘴刀会投入国民党反动派的怀抱，敌占区的刀会向日伪和国民党两面靠，项家山刀会也发生动摇，巢南民众抗日自卫总队自行解体，刀会中的反动分子重新抬头。为彻底改造刀会，中共和含巢无中心县委书记林岩等，奉命于1940年秋季又深入巢南山区，进一步开展对大刀会的争取、改造工作。

（四）秘密建党，争取基本群众

林岩等进入巢南山区后，根据各刀会政治态度的变化，并吸取以往改造刀会的经验，确定了从阶级分析入手，坚持阶级路线和群众路线，在刀会内部秘密发展中共党员，建立党的组织，争取基本群众，团结大多数，孤立、打击极少数反动头目，彻底改造刀会。首先，提出了“抓住一个村子，深入一个堂口，解剖一只麻雀，摸清刀会内幕”及“发展一个党员，建立一个支部，改造一个堂口”的措施，要求党员分头开展工作。在中心县委的具体安排下，同志们分别以商人、私塾先生、账房先生、茶馆或澡堂老板等职业为掩护，在中心县委所在地的陈家山口物色对象，发展党员，建立支部，然后再指派党员分别向三圣圩、王家山、筲箕山、马营洼、应家墩、徐家湾、芦塘衖、张家山、后洞等方向发展。另外，在黄浦圩、青苔衖两地发展了上百名党员。到1941年秋冬之间，在巢南山区包括黄浦圩、青苔衖等地在内，共发展了新党员700多人。到1941年底，银屏山区沿巢湖南岸，西从槐林嘴、高林桥、散兵镇，东到钓鱼台，青苔衖、东关等地的大小刀会堂口中，都有中共党员，有的还建立了党支部。这些党员不断向会员进行无神论教育，从根本上解除了刀会的精神枷锁；大力开展抗日救亡宣传，把会员的思想逐步引导到抗日救国的轨道上来；启发会员把仇恨集中到日伪身上，分清敌友，不再为反动阶级卖命，不残害自己的阶级兄弟。

由于刀会成员涉及千家万户，我们还在刀会成员的家属中做工作,进行说服教育。经过不断地宣传教育,会内、会外群众觉悟大大提高,结果村村户户出现了母劝子、妻劝夫退会的情景。不少会员自动脱离刀会,有的实在脱离不掉,也不再为刀会卖力了,从而使不少地方的大刀会组织陷于解体。

(五)争取上层,控制刀会领导权

为了进一步加强对刀会的改造和控制,在重点抓好建立基层中共党组织的同时,我们还把党的发展工作深入刀会上层分子中去。1941年初,中心县委在岱山、龙门洞、汪家井等地举办党员训练班,除对党员加强党性等方面教育外,还布置每个党员在各个堂口的堂长、副堂长、指挥中选择合适的对象,做好工作,发展为特别党员。如应家墩的陈光权、应增广等人,都被吸收入党。同时,又通过在刀会内的中共党员在各堂口进行活动,使大部分刀会的副会长、副堂长等职都由共产党员担任,有的共产党员还担任了正职。

在改造刀会取得初步进展的情况下,通过基层党支部、党员团结广大群众,推选林岩担任以陈家山口为中心的总堂(除项家山、姥坞嘴两处会堂外)名誉会长。这样,中共党组织就由基层到上层秘密地插进了刀会,基本上掌握了大部分刀会的领导权,约束了一些坏头头的不轨行为,还利用刀会组织掩护了共产党、新四军的活动。

(六)因势利导,彻底改造刀会

在发展党的组织和改造大刀会的基础上,巢南开始建立区、乡抗日民主政权,并普遍组织农民抗敌协会,掀起了抗日救亡热潮。我们因势利导,广泛发动刀会会员加入农抗,并通过农抗向会员进行爱国主义教育,号召会员"打鬼子、保家乡,誓死不当亡国奴!"反对土豪劣绅和刀会中的坏头头对农民进行压迫和剥削,切实保护群众利益。这些做法,深受广大群众的拥护和支持。因此,有的地方大刀会完全被农抗会取代了。项家山以东一片,淮南铁路以南含山的部分地区就有1万多人的刀会解体,接着是项家山、任家山、白云乡、大沈村和散兵的刀会也跟着解体。后来,随着形势的发展,巢南区委根据中共和含巢无中心县委的指示,及时布置各支部,动员全体党员,发动群众主动撤堂子、缴大刀,在很短的时间内,巢南这个封建性的大刀会组织就全线崩溃了。

为了排除干扰,保证改造大刀会工作的顺利进行,我们还依靠自己的武装部队(含和独立连)和地方政权(区、乡政府)的力量,对刀会中极少数顽固不化的首领实行镇压,对那些能挽救的尽量挽救,化消极因素为积极因素。如项家山的项多好,是个极力反对改造刀会的头头,经我们逮捕教育有所转变后,给予释放。这对其他头头震动很大,他们再也不敢与我们为敌了。另外,对当地的一些流氓地痞武装,我们根据中共统战政策,在改造大刀会的同时,进行教育和争取。如拥

现项家山村墙壁上的宣传画

有近百人武装的巢南的潘泽之，常在巢南和含山的水网地带妨碍我们抗日。经孙仲德、林岩多次说服教育，终于同意我们派人去担任指导员、教导员和大队副职等，将其改编为巢南大队，成为一支抗日的地方武装力量。

随着抗日形势的发展，很多刀会成员踊跃参加抗日游击队，据不完全统计，全区先后入伍的达 200 余人，仅陈家山口一带，就有 30 多人。

又经过一年多的艰苦努力，终于将巢南山区根深蒂固的封建刀会组织彻底改造过来。尽管 1942 年秋，姥坞嘴刀会残余势力仍想死灰复燃，但我们很快就收缴了它的武器，瓦解了它的组织。至此，改造巢南大刀会的任务胜利完成。山区的面貌也发生了可喜的变化，昔日黄幡飘摇的封建刀会王国，完全变成红旗招展的抗日根据地！

十、党对巢南大刀会的改造和巢南独立团的建立

作者简介：任超(1917—1992)，原名任道济，安徽巢湖人，1939 年 10 月参加革命，同年 11 月入党，历任巢南独立团团长兼巢南区区长、支队参谋长、国防体育航空处处长、北京市体委副主任等职。

任　超

1938 年春末夏初的时候，日军占领了巢县。当时，日军驻军实际上只控制淮南线上的几个集镇(包括巢城)，而周围广大农村仍处于空隙状态。不久，巢北有了张恺帆、冯文华领导的黄山抗日游击队。接着，国民党安徽省政府又委任马忍言来巢县当县长。在巢南，偶尔也有一支新四军部队过来，只不过转个圈子就走了。这里旧的政权瘫痪了，村民也很乱，在这

种情况下,大刀会组织便乘虚而入。大刀会组织是从巢北引进来的,由巢北派师傅来传授。这个组织发展很快,不到一年,几乎整个巢南山区,上从土豪劣绅地主,下至平民百姓都参加了大刀会组织,所谓“家家有、户户在”。大刀会组织在巢南分为两支:银屏项家山是一支,散兵、巢湖沿、高林桥又是一支。

1939年初,江北游纵从无为严桥活动到巢南山区,党在这里宣传抗日,发动群众参军打日军,保家乡。开始工作不大顺利,因为村村户户都有大刀会组织,宣传工作没法做,这样江北游纵就派统战科长蒋天然来做大刀会的改造工作。蒋到项家山后,找到我父亲和项举鼎。项举鼎是项山大刀会的总头目,在当时还是比较开明的。在党的教育和争取下,他很快接受了团结抗日的主张。接着,他们又配合蒋科长做基层堂口的头目工作。做了一段时间的工作后,大小头目都同意与我党合作。江北游纵司令部便决定,将项山大刀会组织改为新四军江北游纵巢南独立团。组织上要我当团长,周新武代表上级组织在团里工作,实际上是独立团的政委,郑子铮为参谋长,蒋天然为政治部主任,陈定一为政治部副主任。独立团是1939年春节批准的,春节后团部正式办公,地点在大沈村的祠堂里。

对散兵姥坞嘴那支大刀会的改造工作是与项山这边同时进行的。但由于散兵那边的大刀会在国民党顽固派的插手下比较反动,它的总头目(会长)是谢有朋,后台老板是国民党特务郑旭初,两人与国民党顽固派长期勾结在一起,因此,对他们的教育、争取、改造工作做不好,我们的人也打不进去。

到了1939年年底,形势开始紧张了起来,巢南独立团处于日、伪、顽的三面包围之中。这时,我们即与散兵大刀会举行谈判,目的是争取他们不反对我们,保持中立。那时,他们中除上层的领导之外，中小会长还没有全部投靠国民党顽固派，做做工作，争取一下仍有可能性。于是我们便与他们联系，双方开始谈判了。第一次谈判是我们带人到他们那边去的。他们的总堂口设在散兵姥坞嘴，我们一到达，就发现对方有诈，暗中布置会众包围我们，我们当时仅带了一个排，发现这个情况后便将队伍往散兵后面的山上撤。我们刚上山，他们的会众就疯疯癫癫地向山边围来，双方相持了几个小时，他们也没敢往山上攻。挨到傍晚，我们才沿山路回到了项家山。此事发生以后，地方上的一些人议论说：这一下两派动了干戈，可能要闹出纰漏。他们考虑到山里山外的安宁，愿意充当调停人，做两方面的和解工作。但是和解工作做不好，谢、郑两头目非但不与我们谈判，相反还串联沿湖各个堂口的会众，联合向我们进攻，形势就更紧张了。

这时，江北游击纵队司令部将顾鸿一个营调来支援我们。他们来得非常及时，一夜急行军，天亮便赶到了任家山。那天，我们正准备开早饭，对方就围了上来。战士们迅速占领了山头，分散在大沈家东、西山上。大刀会会众从北面、西面分两路向我们进攻，我们处于守势。他们想往上攻，又怕死，口中虽然念着咒语，可是连自己也不相信真的会刀枪不入。我们在山上喊话，要他们回去，并警告他们说上来是要吃亏的。但有的冒失鬼不相信，不要命地向上冲，我们只好自卫还击。那天从早到晚双方相持了 9 个多小时，他们人死的不多，主要是我们不愿去杀伤他们，因为杀伤的都是老百姓，而且，今后双方终究是要和解的，人死愈多，工作愈难做。傍晚，他们主动撤了，我们也不再去追他们。

发生这次摩擦以后，我们考虑到顾鸿这个主力部队不可能长期留在这里，而独立团本身的威信又尚未树立起来，群众有点看不起，于是，我们便乘机对他们来了一次反击。就在他们进攻我们的第二天，顾营配合我们，用3个连的兵力从高林桥开始，分三路进攻，一路从山上，一路从湖边，一路从中间，齐头并进，来一个平推。这一天姥坞嘴的大刀会会众及村里的老百姓几乎都跑光了。我们从清晨搞到下午四五点钟，行进了30余里。虽然对他们伤害不大，但在政治上影响却很大，我们在山外群众中的威信陡增，他们信奉的所谓“刀枪不入”的神话，也被我们戳穿了。大刀会的威风扫地以后，就愿意派代表来和我们谈判了。

我们从实力地位出发，取得了谈判的主动权。谈判中，我们要求对方必须做到几条：一不准再反对我们；二要拥护抗日；三要惩办几个坏头头（指郑旭初、谢有朋）；四要交出所有的枪支弹药等。谈判进行了一段时间，他们对我们提出的一、二、四条大体上都答应了下来。但就在这时，“牌楼事件”（指照明山战斗）发生，我们的谈判未收尾，对方的枪还没有交，便中断了下来。不久，我们便撤到了巢北。

我们巢南独立团开始只搭起两个连的架子，每个连约六七十人，总共100多人。离开巢南后，独立团的番号改了，经过整顿编入新四军江北游击纵队新九团二营，郑子铮当营长，我当副营长，这个营到下半年又由新九团改名称为二团，以后又变为二师六旅十七团。

1940年7月，顾鸿同志带主力向西活动，和含地区只留下了我们一个营（当时只有两个连），势单力薄，敌伪军又重兵压境，我们被逼退到东关后面的山上，白天守山，夜晚出来活动搞点吃的，形势十分险恶。当时出路只有一条——到巢南去。但我们对那里的情况又不十分了解，能不能过去搞不准。于是，我就派人到巢南找地下党员，了解到国民党顽军并没有进银屏山，只到了严桥就停了下来。这样我便决定先过去一个连，另一个连暂留东关一带，以便两边相互策应。

7月末，我先带一个连的武装到了巢南的张家山。我们来后不久,留下的一个连也过来了,顾鸿也来了。再以后,巢湖地委的领导同志周新武也回到巢南。周新武具体领导我们搞扩军并建立地方游击武装。10月,舒无地委(由巢湖地委改称)和江北游纵决定在巢南成立区级政权机构——巢南区。领导找上我谈话,要我兼区长,军队副营长职务不变。同时,还指出巢南区的范围不限制,发展到哪里就管到哪里,上属关系归游纵司令部垂直领导。

巢南区成立后,办事机构就设在任家山,当时司令部也住在这里。巢南区下面有乡政权,如:山外的高林、散兵,一直到巢城南门外;山里的钓鱼、岱山、秀芙、银屏等乡均建立了乡政权,原来旧的伪乡、保长来不及改造,便又继续留任,为我们服务。

我当了4个多月的区长以后,这时皖南事变爆发了,曾希圣在这之前来到巢南,我们将这块根据地移交给他们,以后这里成为皖中抗日根据地的中心区。我走后,区长由江干臣接任。

十一、抗战中后期银屏区政权建设情况

作者简介:任华(1924—2018),原名任俊广、任寿庭,安徽省无为市严桥人。先后任巢县银屏区白云乡保长、副乡长,秀芙乡、钓鱼乡乡长,鲁南铁路局报务训练班区队长,南京铁路办事处镇江段军事代表,上海铁路局杭州机务段党总支书记,上海铁路分局副书记、书记,上海铁路局政治部副主任,1984年离休(行政14级)。

任　华

从1941年下半年到1945年北撤前的这段时间里,巢南银屏区机构主要有区政府、党委会和农抗理事会。

1941 年下半年，我参加了银屏区区政府举办的保长训练班，区长是杜少安，我在保训班上，听过他的报告。区委书记是柳英，对外称教导员。区农抗理事会理事长是陈其典同志。1942 年，区长是张克东同志。同年上半年，区委书记还是柳英同志，区农抗理事长仍是陈其典同志。

1943 年，区长调来了彭醒梦同志，区委书记由李茂柏（即李德友）担任，区农抗理事长仍是陈其典同志。

1944 年 4—5 月份的时候，调何杰之同志来任区长，区委书记李德友，区农抗理事长换了李际权同志。

1944 年下半年到 1945 年春天，何杰之到县里当副县长去了，王树声同志来当区长，他任职时间不长，我对他的印象不深，区委书记、区农抗理事长仍是李德友同志和李际权同志担任。

从 1941 年起，我银屏区下辖白云、伏岭、秀芙、大岭、钓鱼、岱山和南口 7 个乡。

白云乡是根据任家山的白云庵而得名的，它是在 1942 年 8 月 1 日成立的，是中心乡。乡政府是根据“三三制”原则组成的，乡长是任成章，非党群众，是任家山任姓的一个小绅士，副乡长是我，乡民兵指导员是程后雨。当时的乡民兵指导员对内来讲就是乡党支部书记。程后雨同志未北撤，后来被敌人抓去杀害了。白云乡的范围包括散兵乡的大沈保、任家山保、邵家山保和高林乡的凤凰保。高林乡当时划到湖东去了。白云乡乡政府先是在大沈家，以后搬到任家山的任家小村去了。

伏岭乡的范围是从董家山到后洞，从楚歌岭、陶家山、散兵到巢湖边。乡长叫李世农，无为东乡人，年纪很轻，只有十八九岁。

大岭乡包括大岭周、小岭邵一带地方，乡长叫周俊如。新中国成立后，在巢县当银行行长。乡支部书记是谁，我记不得了。

秀芜乡下属4个保，即管箕山保、马营洼保、张家山保和周家店保。乡长是陈辉同志。我在1943年1月1日调到秀芜乡接任乡长，秀芜乡支部书记是王德保同志，他以后到军队里去工作，牺牲了。

钓鱼乡包括募基墩保、钓鱼保、刘家湾保和张家湾保，共4个保，是敌占区。当时，乡政府是流亡政府，住在秀芜乡的马营洼保的山边上。乡长是胡泉同志，他是六安地委书记。我于1944年9月调到钓鱼乡当乡长，接替他的工作。乡支部书记是本地陆家埂人，姓陆，叫什么名字记不清了，因为钓鱼乡是个敌占区，为了安全起见，陆同志化名为辛斌。岱山乡下属几个保记不清了，乡长是陈晓峰，乡支部书记记不清了。南口乡我只记得一个人，叫王德宏，他到底是乡长还是乡支部书记，我记不清了。

那时，乡政权的形式还是实行保甲制，乡下面是保，保下面是甲。乡的机构设乡政府、党支部、民兵大队部、农抗理事会、妇抗会。

乡政府的编制是5人，即乡长、副乡长和财粮办事员、助理员和通讯员。1943年后，根据中央当时提出的精兵简政原则，设副乡长的就比较少了，即使设置了，那也多由乡财粮办事员兼任。1943年，我所在的秀芜乡政府的编制就是4个人：一个乡长，一个副乡长兼财粮办事员，一个助理员。助理员在乡政府里是搞内勤的，开开证明，管管图章，做一些收发公文工作的。还有一个是通讯员兼炊事员。

乡党支部设脱产支部书记1人。那时，如果乡长、乡民兵副大队长和乡农抗理事长是党员，一般都是党支部委员。

乡民兵大队部设1个脱产的副大队长，乡民兵大队长由乡长兼任。

乡农抗会设1个脱产农抗理事长。妇抗会会长是不脱产的。

另外，钓鱼乡是敌占区，保长既是日军伪政权的保长，又是我们民主政权的保长。

抗战时期，对根据地的人民来讲，有一个自然的、自觉的、大家一致共同行动的口号，即“发展生产、支援抗日”，因此，当时乡政府首要任务就是宣传抗日，民主政府还提出“有钱出钱，无钱出力”的口号要求根据地人民一致抗日，共同对外。乡政府主要抓了五项工作。

第一项工作，就是开展减租减息，那时候叫“二五”减租。什么叫二五减租？二五减租是怎么个减法呢？比如说1亩田收4担稻，按二五减租计算，地主得2担，农民得2担，然后在地主所得的2担里再二五减(25%)。这样，农民就得2担5斗，地主只得1担5斗。而且，土地是地主的，田亩税(即田赋)要地主交。不但如此，地主还得和农民一样各交一半公粮。如果不是二五减租，而是按照当时地主的规定，即按三七开来计算租的话，1亩田收4担稻，地主要得2担8斗，农民只能得1担2斗，而且农民还要交田亩税，可见二五减租大大增加了农民的实际收入。这里我统计一个粗略的数字，当时白云乡跳头村9户人家种地主土地22亩，如以每亩产量4石计算，即4石×22亩=88石，减租前交地主租额按三七分成，地主收88石×70%=61.6石，佃户应收88石×30%=26.4石。二五减租后，地主应收88石÷2×(1−75%)=33石，户应收88石÷2×(1+25%)=55石。这里公粮和地亩税都未算。从以上可看出农民从二五减租中确实得到了很大好处，因此他们生产积极性更高，对民主政府推行这样的政策是欢迎的。

同时，实行二五减租后，还废除了不少旧规陋习。在二五减租实行之前，每年到了快收稻子的时候，佃农总要请地主来吃青，也就是看租。实际上，请地主看租是假，请地主大吃大喝一顿才是真的，这一顿饭不但要吃得好，而且走的时候还要送他几只鸡。农民请地主吃青，主要是要求地主在估地租的时候能够估得少一点，而事实上，却加重了农民的负担。以我家为例,我父亲租种姥山怀徐姓地主的田,每年到稻子快成熟时,都要请这个地主来吃青。开始,我家用轿子把地主抬来,按照当地的风俗招待地主,先是吃糕点茶、五香蛋,然后再吃酒。在酒醉饭饱以后,地主才到田里去看一看,估个租价就走。走的时候还要送他几只鸡,用轿子把他送回去。实行二五减租以后,乡里成立了评租委员会,评租委员会一般是由保长和有经验的老农组成。评租委员会评租根据年成的好坏,基本上是公平合理的,既不让地主吃亏,也不让农民吃亏。二五减租减去了吃请这个陋习,每到评租时,地主都不坐轿子了,有时,也不来了,只是派家里年轻的儿子或别人来,这样,大大减轻了农民的负担。

当然,当时实行二五减租也不是一帆风顺的,我们也做了不少艰苦的工作。既要做地主的工作,也要做农民的工作。有的地方,特别是在边区,曾发生过明减暗不减的现象,有些农民怕地主将来报复,就把减掉的租又悄悄地给地主送回去。不过,我们白云乡的二五减租工作开展得还是比较顺利的。因为当时在进行二五减租时,小地主一般都看大地主怎么减就跟着怎么减。我们白云乡比较大一点的地主是任绍堂,任绍堂比较开明,他的儿子任道济又参加了新四军,是新四军里的指挥员,他家的工作比较好做,任绍堂家的工作做好了,做其他地主的工作就容易得多。

旧社会,广大农民深受国民党的苛捐杂税和地主的残酷剥削,生活在衣不蔽体、食不果腹的水深火热之中。党的二五减租政策反映了广大贫苦农民的强烈愿望和迫切要求,既调动了广大农民的生产积极性,又提高了广大农民抗日救国的积极性。

第二项工作是征收公粮、公草和田亩税,即田赋。当时,为了搞好财粮工作,乡里成立了财粮委员会。财粮委员会一般由财粮办事员和地方上比较有名望的绅士参加。在一般情况下,有名望的绅士参加得比较多一些,主要是通过他们可以多做些工作。在征收公粮的时候,政府发给公粮券和田赋税单,用现在的话来讲就是粮票,那时叫公粮券。在征收公粮的时候,一般都收粮食,有些边区收不到粮食的话,就收钱。

第三项工作是民兵建设。首先是抓基干民兵建设。基干民兵由18岁到35岁的青壮年农民组成。其任务主要有三条:一条是维持地方治安,比如抓小偷、抓汉奸等。第二条是发动群众、空室清野。当时,中心区基干民兵一般都有枪,遇到鬼子前来"扫荡",基干民兵就发动群众,空室清野,组织群众撤退。空室清野就是把房子里的主要东西都隐藏起来,把粮食坚壁起来,只剩下一座空房子。如果遇到小股敌人,就抓住战机消灭他。同时,基干民兵还埋设地雷,骚扰敌人。第三条是带领民夫或担架队上前线。一般基干民兵都参加,上前线的主要任务是押运粮食、弹药等。我记得白云乡有一个民兵叫汤先林,他在皖江地区民兵中是比较有名的,那时皖江地区的民兵小册子上就刊登过他的事迹,说他是民兵英雄。

其次是普通民兵的建设。从三十五岁到五六十岁的壮、老年农民,只要身体健康,能干活的,一般都提倡参加普通民兵组织。

普通民兵的任务主要有三项:一是组织担架队帮助运送粮草、弹药和部队需要的物资到前线去,在中心区,一个保有一个担架队,每个担架队都有1名担架队长和一定数量的担架员,并备有很多副担架,只要前方需要,民兵大队部发个通知,下面就派担架队去执行任务。

二是参加递步哨。递步哨的主要工作就是递送信件、情报。每个行政村或保、每一个甲都安排人员担任递步哨,能时传送敌人活动消息。比如在1944年,钓鱼乡乡政府先住在秀芙乡马营洼,后来搬到钓鱼乡和秀芙乡搭界的一个庙里,那里离钓鱼台比较近,日军用望远镜可以看到乡政府的人的活动情况。有一次,日军突然奔袭乡政府,递步哨来不及送信,就在山头上大叫:“鬼子来了!鬼子来了!”我们得到消息,迅速组织撤退,结果,鬼子从庙前门进去,我们从庙后门跑出去,庙里的老和尚被日寇打了一顿。那次,如果不是递步哨发挥作用,我们就被敌人抓去了。

三是参加代耕队。代耕就是帮助军属代耕田地。军属那时也称抗属,家里有人参加新四军去了,缺少劳力,土地就有代耕队代耕,普通民兵一般都参加代耕队,根据生产需要,随时出工。代耕队在有的地方叫代耕组,它是根据一个村子里军属人数的多少来决定的。

第四项工作是拥军优属。当时乡政府对拥军优属工作是重视的,因为优属工作的好坏,与扩军工作的关系极大,如果拥军优属工作搞得好, 那扩军工作就一定能搞得好。拥军优属工作主要体现在优抗上。优抗,就是优待抗日军人家属。为了搞好优抗这一项工作,乡政府成立了一个优抗委员会,由乡长兼任优抗会主任委员,同时吸收地方上比较有名望的绅士参加。

在优抗方面,一是每到逢年过节,对抗属进行慰问。有时还召开座谈会,请一些有代表性的抗属,发动他们给前方写信,报告家中生产、生活情况,勉励亲人奋勇杀敌。二是在农忙季节,检查代耕队帮助抗属代耕情况。三是对抗日军人家属进行不定期的慰问。如遇到抗属家里有人生病或遇到办红白喜事时,优抗会就进行慰问,帮助他们解决实际困难。

抗战期间,在解放区,特别是在中心区,拥军优属工作已成为群众性的自觉行动。比如,在农忙的时候,军队都到各村帮助农民播种或收割。甲长或村干部和老农就主动把军队战士带到抗日军人家属的田里,帮助抗属割稻、插秧。

第五项工作是民主建政。民主建政，主要是贯彻党中央提出的“三三制”原则,根据“三三制”原则选举参议员和乡长等。乡里选举参议员的时间是在1944年上半年,我对选举乡参议员时间的印象是很深的。1942年,我在自己家乡白云乡当副乡长,1943年调到秀芙乡当乡长,1944年上半年被汉奸告密,姥山头的日军和伪军突然袭击,抓我家里人未抓到,结果把我家的房子全部烧光。组织为了照顾我,把我调回家乡白云乡负责搞选举参议员工作，因此选举参议员的时间我是记得很准的。白云乡只选了一个参议员,是邵家山的。参议员选举结束后,接着就选乡长,选行政村和自然村村长。整个选举工作刚刚结束,我又调到钓鱼乡去了。

1944年9月我调到钓鱼乡。选举了两个参议员,一个是陆家埂人,姓陆,名字记不清了,这个人当时年纪已不小了,还有一个就是钓鱼台的王凤仪,是王家喜的弟弟。王家喜当时是日军的东管区区长,他们兄弟俩都是地主,王家喜比较开明,常给我们送点情报或者帮助买点军用物资等,当时医药有困难,他也帮助我们解决,所以北撤时我们打下钓鱼台以后,保护了他。王凤仪也比较开明,当时还出席了县参议会。

选举的办法是采用丢蚕豆的土办法。一个人发几颗蚕豆,每个参选的人员把它丢到你要选举的那个人的罐子里。白云乡是中心乡,是解放比较早的老根据地,老百姓觉悟比较高,选举时很认真。

当然,除了政权建设工作,还有许多其他工作,如文化教育方面对私塾教育的改造,农闲时搞成人识字班等等。为了解决民事纠纷,乡政府还成立了调解委员会。那时,为了做好以上工作,我们没昼没夜地干,从不提苦和累。

十二、磨盘山反顽战斗

桂俊亭

作者简介：桂俊亭(1911—1971)，安徽肥西人。1933年3月参加革命，同年加入中国共产党，历任舒六合抗日游击支队司令、新四军七师巢县独立营营长、团长，淮南路东分区六合支队副司令，淮南四地委城工部、联络部副部长兼监委书记、胶东军区后勤贸易总店总支书记、海军教导队政委、华东野战医院副院长。新中国成立后，历任皖北淮南矿务局警备司令部司令员、皖北公安局副局长兼公安总队总队长、省公安厅副厅长、省交通厅副厅长、省委政法部副部长兼省民政厅厅长和党组书记等职。

抗日战争时期，我皖中根据地，包括淮南线东西两侧的含山、和县、无为、合肥、庐江、桐城以及长江两岸的繁昌、当涂、南陵、泾县、宣城、贵池、芜湖、望江、怀宁、宿松等地区，巢南山区是其中心区。新四军第七师和皖中区党委、皖中行政公署等首脑机关驻在无为县西北约40里的巢南三水涧村。

1943年的夏天，是抗日战争最艰苦的岁月。我们部队在巢无地区活动，在战略上是声东击西，一面抗击日本侵略者和伪军，一面反击国民党顽固派的投降活动。同年6月，日军迫于我广大军民的压力，有计划地从庐江县盛家桥撤退。自日军撤退后，国民党顽固派的广西顽军和安徽地方的反动武装，便扬言要占领庐江的盛桥和巢县的沐集，企图以这两个地方为据点，步步为营，向巢南磨盘山伸展，进而占领磨盘山，摧毁我皖中抗日民主根据地首脑机关。为粉碎敌人的阴谋，打击敌人的野心，根据地的广大军民在我党的领导下，于磨盘山反击来犯之敌，消灭了敌人大量有生力量，书写了皖中根据地抗战史上辉煌的一页。磨盘山的名字一时响彻大江南北。直到今天，只要一提起磨盘山，皖中地区的广大军民莫不为之赞叹，称赞它是钢铁的“磨盘”、英雄的阵地。

磨盘山的战略地位非常重要。山东边30里的严家桥附近便是三水涧和团山李村，这一带当时驻有我七师司令部和皖中区党委、皖中行政公署等首脑机关。山北面是磨盘山的支脉——丁字山，它连绵不断，一直延伸至巢湖边；山南面有黄泥山，也是磨盘山支脉，与山垄、周家大山相连；山西边是盛家桥，原驻有日、伪军队，自日伪军撤退后，这个地方便成为我军和顽军拉锯式的争夺点，我们军队经常到这里，顽军的便衣队也经常在这里活动。磨盘山离沐集10里，沐集离盛家桥也是10里。沐集是我抗日民主政权的乡政府所在地，有一支七八十人和枪支的抗日游击队在这里活动。

磨盘山在白湖和巢湖之间，形势险要，是我皖中根据地首脑机关的前哨阵地。守住磨盘山就能保障我皖中根据地的政治、经济、文化活动的正常开展，保障我皖中抗日民主根据地和广大人民群众生命财产的安全。因此，司令部几次召开紧急会议，决定以磨盘山为防守重点，要求坚决守住师部西北大门，并决定我营守卫磨盘山主阵地。我当时担任新四军第七师白湖独立团第二营营长。接受坚守皖中首脑机关的门户——磨盘山这个光荣而艰巨的任务后，全营指战员一致表示：誓与磨盘山共存亡，坚决守住磨盘山。当时，上级命令我营经常派出一个连或一个排的兵力在沐集和盛家桥一带活动，一面骚扰敌人，分散敌人注意力，一面与孙、翟两支游击队密切配合，并指挥他们对顽敌统一行动。因此，我营的防地，就成了反顽斗争的第一道防线。

接受这个光荣任务后，我一面派出小部队到沭集和盛家桥一带活动，密切监视顽军动向，以防御敌人的突然进攻；一面每天发动数千名与我们血肉相连的槐林区（即磨盘山地区）广大群众，在磨盘山、丁字山、黄泥山一带筑碉堡、挖战壕、修筑木围墙、铁丝网等防御工事。

1943年10月15日，曾政委（曾希圣）和谭代师长（谭希林）第一次来到磨盘山阵地视察。在我的陪同下，首长们检查了山上所筑的碉堡和交通壕后，又和广大军民一起筑碉堡、挖战壕，从而大大鼓舞了军民坚守阵地的信心和决心。曾政委还问群众："你们替我们筑碉堡、修围墙累不累呀？"群众纷纷说："不累，部队为了保卫家乡，保卫我们生命财产的安全，保卫我们的秋收，都不怕流血牺牲，我们为了自己的安全，筑碉堡、挖战壕流点汗算什么？我们一定要和部队共同战斗。顽固派来一个，我们就捉他一个；来一双，我们就捉他一对，保证不让他回去一个，把他们彻底消灭在磨盘山下。"首长们的关怀和鼓励给广大群众增添了无穷的力量。虽然当时是较冷的10月天气，但群众筑碉堡、挖战壕干得挺有劲，穿着单衣，仍然满身是汗。

由于首长亲自和军民在一起修筑工事，不仅鼓舞了军民的干劲，更重要的是使群众深深体会到，共产党和新四军真正和人民心连心，的确是人民的军队，人民的救星。要想求解放，要想推翻三大敌人在中国的血腥统治，就必须跟着共产党走，只有跟着共产党，才是我们唯一的出路。群众有了这样明确的认识，就能发挥出冲天的干劲。因此，在不到两星期的时间里，我们就把碉堡、木围墙、铁丝网、交通壕全部修好了。

10月30日，我们在山上又布置了各种障碍物，在山腰和交通要道上布满了"铁地雷"。这种"铁地雷"是曾政委亲自指示我们的修械厂制造的,爆炸力在周围 25 米的范围内都有效。曾政委还指示我们在围墙外面的草从里密布毛竹钉和铁三拐钉,以刺伤落荒而逃或跌下山沟的敌人。

10 月 30 日上午 9 时,曾政委和谭代师长又到我们守备的阵地进行视察,检查障碍物的布置情况。当他们发现半山腰有很多稻箩、笆斗大的石头时,就决定利用石头做石雷,增加守备力量。曾政委亲自带着石匠在石头上开凿洞眼,装上炸药,安上导火线做成石雷。我们把石雷从木围墙边一直布置到交通壕,再由交通壕布置到指挥所附近。导火索都用细麻绳连在一起,只要一拉,从山上到山下全都开花,因此大大增强了我们的守备力量。当天下午,曾政委、谭代师长亲自带领我们去做实验,实验结果很理想,只要在交通壕里一拉麻绳,石雷便爆炸,炸得拳头大、茶杯大的石块到处飞滚,很有杀伤力。

首长们身先士卒,带头参加具体的战斗准备工作,更加鼓舞了战士们的斗志,增强了大家克服困难、战胜敌人的信心。当时,我们的装备是:每个战士 4 颗手榴弹,50 发长枪子弹,都是我军自造的。每挺机枪有 100 发子弹,平均每两个战士一把大刀,都擦得锋快雪亮。为了支援战争,广大群众把担架也准备好了,每副担架都有 4 个人负责,从 10 月 20 日到 10 月 30 日这 10 天当中,山上各碉堡都准备好了五天到一星期的水、干粮和烧草。党、团员和积极分子都纷纷写决心书和血书,向党小组和党支部保证,表示保卫家乡、保卫秋收的决心。当时正在后方医院治病的党员潘班长,听说敌人要进攻磨盘山,便带病连夜赶到磨盘山阵地,写决心书、血书向党宣誓:“不消灭掉敌人,不去治病!”我营副营长林金芳同志,伤口未愈便要求出院,与我共同指挥磨盘山战斗。

11月5日,我们又进行了实弹演习。曾政委和谭代师长第三次来到阵地,亲自参加指挥。就在同一天,国民党顽固派的第八挺进纵队第三支队支队长郑其昌率部进驻三河、白石山、徐家桥一带地区。徐家桥距离盛家桥只有15里。11月10日,为了粉碎敌人进攻的阴谋,我们率领两个连和两个游击队由磨盘山出发,同时动员了2000多民工,把从沐集到盛家桥一带的道路、桥梁彻底破坏。当百余敌人由徐家桥开来抢劫群众财物时,我们当即给它一个迎头痛击,迫使敌人溃逃回去。

11月15日,顽军支队长郑其昌率部占领盛家桥,企图进一步进攻磨盘山。16日,我接到顽军第八挺进纵队第三支队副支队长祖慕良派人送来的情报,得知郑其昌率领的顽军的具体情况。顽军第三支队是安徽较老的地方部队,排以上的军官多数是广西人,部队士兵大都是皖东北定远、寿县、凤台人,顽军内部存在安徽派和广西派之间的尖锐矛盾,因此,敌人相互猜疑,互相嫉妒,很不团结。同时,大队长以上的军官,大部分都抽鸦片,赌博、吃喝玩乐成风,生活极端腐化。顽敌军官一般都是在军官学校受过训的,在皖东北常驻,和我们地方武装独立营、独立团、新四军二师、四师作过战。他们的装备是,大队6挺轻机枪,一个支队2挺重机枪,士兵的步枪一般都是七九式和日本大盖;每根长枪有30至50发子弹,轻机枪有200至500发子弹,重机枪有1000至7000发子弹;每个士兵有2至4个手榴弹,排以上的军官都有驳壳枪;士兵都是草绿色的老粗布军衣,连以上的军官都是草绿色的平布军衣,是一支装备比较齐全、作战力较强的顽军。

送情报的人是地方上的流氓商人,姓孙,胆子较大。我们接到情报以后,便给他一些奖赏,在他临走时,我们又买了一些香烟、大烟土和化妆品送给他作为礼物,并写了信给他带回去,同时向他讲明:我们都是中国人,应该枪口对外,一致抗日,中国人不打中国人,不能为顽固派广西佬所利用,应该帮助我们,和我们团结一致,赶走日本帝国主义,打倒国民党顽固派,挽救民族危亡。我们还要求他随时给我们送情报,替我们买子弹。果真,11 月 19 日晚上,姓孙的商人又由盛桥雇了一只小船,用稻箩装了 200 发驳壳枪子弹和 2000 发机枪子弹,从巢湖水路送来给我们。同时,他还带来了敌人的作战计划。顽敌作战计划是:顽军第八挺进纵队司令龙炎武率领其二、三支队由盛家桥出发,经过沐集,主攻丁字山、黄泥山,于磨盘山与其他顽军会师后,再进攻严桥。其余敌军分兵两路,顽军第一支队五二六团、五二八团,从盛家桥出发,占领魏家坝、关河,会师周家大山;另一路由黄姑闸出发,与龙炎武部会师周家大山后,再经过尚礼岗到严家桥与郑其昌部会师。

另外,情报还告诉我们:敌人也了解我军的情况,知道我沿江支队司令部驻在关河、魏家坝一带地区,也知道我营负责守卫磨盘山。

11 月 22 日天刚拂晓,郑其昌率领 2000 余人马,由盛家桥出发大摇大摆地向我沐集、丁字山、黄泥山、磨盘山方向进犯。上午 8 时,顽敌便到了沐集。他们沿途烧杀、抢掠,无所不为。由于害怕我军打击,敌人就像乌龟爬山一样,一路踉踉跄跄,行动迟缓,直到上午 10 时才来到磨盘山脚下,集中火力攻我军左、右两侧的丁字山和黄泥山。我军为了集中力量,分散敌人,诱敌深入,一举歼灭之。在上午 11 时至 12 时,我营及五、六营奉命先后有计划地由丁字山、黄泥山转移阵地,全部集中到磨盘山。12 时以后,敌进攻磨盘山,反复冲锋 18 次,皆被我们打退。直到下午 2 点钟,筋疲力尽的敌人才接近我阵地第二道防线。这时,我们的石地雷开始发挥威力,炸得敌人血肉横飞,东奔西窜。溃退的敌人到处挨炸，吓得慌不择路，因此，布设的毛竹钉和三拐钉又有了用武之地，戳得敌人鲜血淋淋，到处乱滚。顽军狼狈不堪，乱成一团糟，谁也不听谁的指挥，很快便被我军杀伤百余人。我们的四连长李祖香和四排长叶传和同志，英勇顽强，沉着镇定，胆大机智，在敌人进攻第一道防线时，他们在战壕里每人连扔 30 多颗手榴弹，接连打退敌人 10 多次冲锋。

激烈的战斗继续到下午 4 时左右。这时敌人已逼近我阵地第三道防线，战斗最紧张的时候到了。我们集中了 13 挺机枪，在交通壕里连打两个钟头，敌人接连发起 10 次攻势，都被我们打下去。我当时亲自指挥两挺机枪，自己用一挺勃兰林机枪，连打四五梭子弹，杀伤很多敌人。我们的副营长林金芳同志指挥一挺捷克式机枪杀敌。我们在交通壕里一面指挥作战，一面扔手榴弹，同时鼓励战士们，要坚决保卫皖中地区老百姓的安全，坚决保卫我们的家乡，保卫秋收，坚决与磨盘山共存亡！我们扔出的手榴弹，又杀伤百余敌人。这时曾政委和谭代师长也在磨盘山后面约四五里的笑泉口亲自指挥作战。消息传来，大大鼓舞了我们全营干部和战士的斗志，大家越战越勇，敌人屡冲屡败，溃不成军，他们惊呼："天帮人助，石头开花，新四军打不垮。"

磨盘山自卫反击战的旧址

晚 6 点，天色已黑，我军总攻的时间已到，我们的主力部队"巢大"(原二师十六团)周参谋长和一个作战参谋、两个营长来到我营指挥所,只开了5分钟的紧急会议,便迅速决定了总攻具体打法。6点40分,我们的突击部队到了,三支冲锋号齐响,战士们把枪一握,挥着大刀,一冲而上,像猛虎下山一样,吓得敌人连枪也来不及放就夹着尾巴逃跑了。

战斗从晚6点40分到7点30分,经过不到一个小时的反击作战,磨盘山战斗便胜利结束了。我营生擒敌支队长郑其昌,俘敌大队长、中队长、排长等大小军官百余人;打死打伤和俘获敌人共1000多人;缴获迫击炮1门,重机枪2挺,轻机枪3挺,步枪220余支,驳壳手枪10余支,手枪5支,子弹数百发及大批物资。我们的主力老大哥——"巢大"部队缴获重机枪2挺,长、短枪500余支,轻机枪10余挺。当时顽军司令龙炎武听说郑其昌被活捉,吓得连夜率领五二六、五二八团逃到庐江去了。

战斗结束后,《皖江日报》很快以特号标题刊登了《磨盘山大捷》一文,报道:"磨盘山大捷,桂(俊亭)营英勇杀敌,胜利地守住了阵地。该部队政治思想工作强,政治工作鼓舞了战士们的斗志。在战术上,集中有生力量,分散敌人,诱敌深入,及时与兄弟部队取得密切配合,因此一举歼灭了顽敌。"

磨盘山大捷不仅狠狠地打击了顽敌,使敌人再不敢轻举妄动,再也不敢轻易进攻我们皖中根据地了,同时它还进一步提高了皖中广大军民抗战必胜的信心和战斗士气,它对于巩固抗日民族统一战线、保卫老百姓秋收等工作的胜利进行,都起到极其重大的作用。它还巩固和扩大了皖中地区抗日民主根据地,开辟了磨盘山以西盛家桥和徐家桥一带地区,保证了皖中地区与大别山革命根据地交通要道的畅通,在政治上、经济上都具有重大意义。

十三、曾山、曾希圣避险仙人洞

李德友

作者简介：李德友(1920—1996)，含山张曈乡人，1939年10月参加革命，1940年加入中国共产党，曾任乡中心支部书记、区委组织委员、区农会理事长、区委书记兼巢南独立营教导员、区抗联主任。新中国成立后，任江西省铅山县委书记、江西省水利局副局长及省农业厅厅长、党组书记等职。

1943年3月17日夜，地处巢县、无为两县交界的银屏山区南部狂风怒吼，大雨滂沱，天空雷鸣电闪，还夹着阵阵的枪炮声。新四军第七师独立团经过4个多小时的前突后阻，浴血奋战，终于将日军的“铁壁合围”撕开一个裂口，护卫着师部和中共皖鄂赣边区党委成员艰难地行进在崎岖的山路上，安全地进入银屏山里。

日军这次进攻突发于当天下午。事先，日军抽调南京、江浦、铜陵的一一六师团为主力，配合十五师团一部，合计6000余兵力，在芜湖荻港秘密结集，然后突然出动，采取远途奔袭、分进合击的战术，经一夜的工夫，蜂拥至皖中抗日根据地巢无中心区周围。17日，日军趁山区晨雾未散之际，悄然进入中心区，在离新四军七师驻地牌楼、大余家岗仅30公里的时候发起闪电式攻击。七师虽早有防范，已将大部主力分散于沿江、皖南、和含等地并实行地方化，中心区仅留下师直独立团这支唯一的主力。但由于事先没有掌握敌之较大范围的军事动向，从而造成一时的被动。事发当天，师部所在地团山李礼堂正在召开皖鄂赣边区党委扩大会议，师部和部分地委、中心县委及中心区区委负责人参加了会议。上午，会议听取了中共中央华中局党委委员、组织部长曾山专程来皖中视察后的重要讲话。下午，陪同曾山视察的七师政委曾希圣作工作部署。就在曾希圣讲话时，几份十万火急的情报直送会场。会议立即终止，师部在万分危急的情况下组织突围战斗。

师部进山后，于次日晨曾山、曾希圣(以下称两曾)在任家山祠堂召开独立团负责人会议。团长熊应堂、政委罗保廉、参谋长徐绍荣、副团长陈仁洪等与会。会上，师参谋部综合有关情报，汇报日军进入巢无中心区后的态势，除了北面日军被我冲破后即尾随我部进入山区外围，南和西南两路日军在牌楼等地未寻到我军主力，旋即向银屏山区扑来，目前敌已形成围攻山区之势，估计敌兵力达三四千人之多。作为七师后方战略基地的银屏山区位于巢无中心区的北部，方圆近50平方公里，境内群山起伏，山高林密，山路曲折复杂，多悬崖沟壑，在军事上易于隐蔽埋伏。山区外围，东靠裕溪河，过河是我含南游击区，并连接七师和含根据地；西临巢湖，由巢北游击区通往新四军第二师淮南根据地。从总体上看，山区的斗争条件较好。但是，眼下敌人正以数倍于我的兵力围攻山区，显然使这里开展游击战的优势受到削弱。

会上，两曾首长分析形势认为，凭借实力和地理优势我军完全可以歼敌一大部，但我主力亦将损失严重。而师直独立团是全师的精锐部队，它的连以上干部大多是红军时期老战士，政治、军事素质好，同时装备也较好，拥有全师唯一的机炮连。保护这支主力团无疑对全师是至关重要的。据此，首长提出保存实力，跳出敌包围圈，从外线袭敌的行动方案，得到独立团负责人的理解和支持。独立团的同志也建议必须抓紧在敌尚未进入山区前运动下山。为了避免与敌进山部队在途中发生遭遇，应利用山区的地形优势实行分路穿插。同时要吸取进山前突围时受机关后勤人员行动迟缓影响部队前进的教训。两曾同意这些意见，当即决定，临时解除独立团保卫师部和区党委的职责，他俩与其他党政人员及师部后勤人员一律就地作分散隐蔽，身边负责警卫的特务连也与独立团一并突出去。对首长的决定，独立团负责人既表示崇敬又深感不安。熊应堂等直言：日军“扫荡”我根据地，除想消灭我主力外，同时妄图破坏我首脑机关。首长留下来，安全没有保障，十分危险！再者，首长随部队行动不仅不是负担而是力量，我全团指战员将更加谨慎，更加勇猛顽强……然而，两曾的决定无丝毫动摇的余地。

会后，两曾亲自指挥中心县委和银屏区委做好留下人员的安插隐蔽工作，确定分批转移至山外的地点和护送人员。山区的党员、民兵勇敢地担负起这光荣而艰巨的任务。独立团进行临时整编，撤掉机炮连，将两门迫击炮和3挺重机枪装进棺材埋入地下。全团兵分两路，熊应堂带一营、三营和特务连向西北方向出山区(途中又分成两路，熊应堂带一路，徐绍荣和陈仁洪另带一路)；罗保廉带二营向西南方向出山区。傍晚，山区周围狼烟四起，日军开始攻山。独立团立即起程，区委派出向导带路下山。后来的情况表明，按拟定的方针下山突围，除熊应堂所带部队在姥山怀受敌阻击经激战胜利渡湖外，其余两路均未发生大的战斗。全团的战略转移比预计要顺利得多。

独立团出发后，两曾带警卫和机要工作负责人李务本、段洛夫、王是桥等进入八仙山下的仙人洞。仙人洞是银屏山区最大的古溶洞，洞深数里，遍布的钟乳岩上挂下连，犬牙交错，其狭窄处仅能匍匐进入，封闭性较强，是隐蔽人员的好处所。

19日晨，日军分数路进入山区，占领了项家山、大小岭、任家山、董家山、邵家山等十几个主要村庄，将靠山边的民房统统焚烧，明媚的山村一刹那间变成人间地狱。就在此时，担任银屏区委书记的我从

银屏山仙人洞

留下人员口中得知两曾首长未随部队离开山区，而是进了仙人洞，心好像一下子跳到喉头似的，处于无以言状的焦急中。想到日军必然在村里村外、山上山下翻个底朝天。仙人洞远近闻名，必然是其重点搜索之处，安全系数反而更小。敌人一旦进入此洞，首长将处于孤立无援的地步。想到此，我恨不得马上赶到仙人洞，说服首长立即撤离。我装扮成拾粪的村民，一路串村了解敌人驻扎情况，最后在董家山村找到基干民兵董兆福、董兆松、董兆城三兄弟，与其商议立即营救首长下山。黄昏时，我们分头带着绳索衣物偷偷地躲进山林，待到夜深再到仙人洞的洞口会合。

找到两曾首长后，我汇报了日军进山情况，估计明天日军将搜山，恳求首长随他们撤出。两曾同意撤离山洞，并换上了董家兄弟带来的村民服装。

出洞后，为了尽可能地避开村庄和敌人，董氏兄弟按计划带他们走人迹罕至的丛林小道，翻悬崖越天涧，悄然前行。但由于敌人在所有山口、路口都进行了布防，有时他们在敌哨兵眼皮底下摸黑越过山冲，敌我距离不过百米，险象环生，却是有惊无险。

整整走了大半夜，天亮时到达了山区最南面的柿子树村，突出了敌包围圈。我事先安排的区委委员季学道在这里接应。他们稍事休整后，曾希圣就指派李务本、季学道继续护送曾山部长到和含地区，自己则留在山外指挥反“扫荡”斗争。不久，日军的这次大“扫荡”被我军彻底粉碎。

十四、皖江抗日斗争

曾希圣

作者简介：曾希圣(1904—1968)，曾名曾勉。湖南兴宁(今资兴市)人，1920年考入湖南省立第三师范学校，1922年参加中国社会主义青年团，1924年考入黄埔军校，参加过北伐战争，后赴苏联学习，1927年回国，同年转为中国共产党。曾在河南、山东从事秘密工作和兵运活动，先后任中共中央长江局军委秘书长、中共中央军委谍报科科长、红军总司令部侦察科长、中共中央军委二局(情报局)局长等职。参加中央苏区反"围剿"和长征。抗日战争期间，先后到中共中央社会部、中共中央南方局、新四军军部等处工作。皖南事变后，任新四军第七师政委兼十九旅政委，中共皖江区委书记。解放战争时期，先后任晋冀鲁豫野战军副参谋长、山东野战军第七师政委，中共中央华东局国民党统治区工作部部长，第二野战军副参谋长兼豫西军区司令员，中共皖北区委书记兼第三野战军皖北军区司令员、政委等职。中华人民共和国成立后，任中共皖北区委书记，中共安徽省委书记、第一书记，安徽省人民政府主席，中共山东省委第一书记，中共中央华东局第二书记，中共中央西南局书记处书记。中共第八届中央委员。"文化大革命"中遭迫害，于1968年7月15日在北京逝世。1978年，中共中央为其恢复名誉。

坚持在安徽境内、大江两岸进行抗日斗争的新四军第七师，是在皖南事变的血泊中诞生的。

抗日斗争进入相持阶段后，日军对蒋介石加紧进行诱降。为了准备投降，蒋介石发动了第二次反共高潮，制造了震惊世界的皖南事变。事变中,新四军皖南部队除一部分突出重围外,大部分遭受损失。军长叶挺不幸身陷囹圄,副军长项英牺牲,抗日武装力量受到了一次重大的损失。1月17日,蒋介石又悍然宣布“解散”新四军。国民党当局的滔天罪行,激起了全国人民的无比愤慨。我党严厉驳斥了蒋介石取消新四军的命令,任命陈毅代理新四军军长,刘少奇为政委,将华中各地新四军部队9万多人编成7个师,继续在华中敌后广大战场坚持抗日斗争。由于党中央和毛泽东的正确领导,我们有力地打退了国民党顽固派发动的第二次反共高潮,使日本的诱降诡计和蒋介石的分裂、内战、投降阴谋全部破产。

(一)

“野火烧不尽,春风吹又生。”安徽境内大江两岸的抗日力量并没有被顽固派扑灭。在皖南事变中英勇突围的健儿,一部分去了苏南,大部分从繁昌、铜陵一带突围渡江到了无为。其中有一团、新一团、三团、新三团、五团、军特务团等各部分的干部、战士,分别由黄火星、刘别生、马长炎、谢忠良、张闯初等同志率领过江。最多的一批是五团营长巫希权同志带领的两个整连(200人左右)。其余有百余人一批过江的,有三五十人、一二十人一批过江的,有三两人零散过江的,有江南群众护送过江的负伤同志,也有后来从反共集中营中暴动和逃跑出来的。共约700人,其中大部分是干部。另外,还有一部分同志在突围后没有北渡,继续在皖南山区和绩溪、铜陵、繁昌敌后坚持抗日斗争。这些英勇突围出来的同志,都是皖南事变血泊中留下来的宝贵的革命种子。

当时,我正在无为,准备赴津浦路东到我军江北指挥部工作,因交通关系还未过巢湖。皖南事变发生后,我就负责到江北收容和整编皖南突围部队。不久,中央军委和军部命令,将皖南突围部队与原先在江北分散独立活动的几支部队会合，组成新四军第七师，任命张鼎丞同志为师长（当时他在延安党校学习，未到职），我被任命为政治委员。

七师活动区域主要在巢南山区和无东一块。巢南山区以董家山为中心，东到石涧埠，西到任家山，长约30里；南到簸箕场，北到巢湖边，宽10多里。无东是白茆洲、神河塘、临江坝、三官殿、汤家沟、后包、田家桥附近等一块。另外，在皖南繁昌以铁虎嘴为中心，在铜陵以朱村、洲上为中心及宁国、绩溪一些地区，在桐东以三官山为中心和在宿松、望江、太湖间的泊湖区，各有小块游击区。

七师初创时，由于有一部分同志对就地坚持斗争、就地开辟抗日根据地的意义认识不足，对当时斗争形势缺乏全面深刻的分析，因而对于七师在皖江（包括皖中、皖南）地区能不能站住脚、能不能发展以及怎样才能站住脚、怎样才能发展等一系列问题，认识上有模糊，方针上有分歧。认真地在党内，首先在领导干部中解决这些问题，提高认识，统一步调，是当时工作的关键。

1941年3—4月间，我们在无为三官殿附近长坝坞和巢南山区先后召开了干部会议，传达了中央和军部的指示，进行了深入的讨论和说服教育，使大家认识到，在皖江地区坚持和发展抗日斗争，是革命的需要。第一是对敌斗争的需要。皖江地区是华中敌后我军的一个战略要地。它处于日军在华中的心脏地带，扼制着长江下游和淮南路两侧，迫近南京、芜湖。在这里坚持斗争不仅对日军的打击、威胁极大，而且使华中我军向西、向南敌后发展和反攻日军有了一块重要的前进基地。第二是对顽斗争的需要。国民党顽固派企图消灭英勇抗战的新四军，我军则针锋相对，给以坚决有力的反击。在这里坚持斗争，就是“长自己的志气，灭敌人的威风”，就是证明抗日革命力量是永远消灭不了的,蒋介石的阴谋诡计则会遭到彻底粉碎。第三是人民的需要。皖江地区广大群众与我军休戚相关,生死与共。他们切齿痛恨敌顽串通一气制造皖南事变的血腥暴行,许多父老兄妹闻讯后曾痛哭失声,一致要求我军早日重回皖南。我们在这里坚持斗争,就可以保护广大人民免受敌伪顽的黑暗统治的暴虐蹂躏。第四是我们本身的需要。皖江地区及周边大别山、黄山等地区,原有广泛的革命影响。我们在这里坚持斗争,不但向四周发展有广阔前途,而且还可能成为沟通苏北军部、淮南二师与鄂东五师、苏南六师的枢纽。这些事实表明,在皖江地区坚持和发展抗日斗争,意义十分重大。

通过会议的分析,大家认识到,坚持和发展皖江地区抗日斗争具有充分有利条件:一是干部和骨干好。七师部队虽然是新建,但各级领导干部和骨干,大部分在革命烽火中久经锻炼,基础比较坚实。二是地方党基础好。皖江地区地方党的组织,自1927年大革命以来就有相当基础,在抗日战争中,又得到进一步锻炼。三是群众条件好。皖江地区广大群众与我军情同鱼水,抗战以来,在人力、物力上对我军源源进行支援,并在做向导、抬担架、送情报等方面,给我军以极大帮助。四是经济条件好。皖江地区不但人口稠密,而且物产丰富,为华中著名的鱼米之乡,有利于抗日力量的生长和发展。

通过会议的分析,大家还进一步认识到,坚持和发展皖江地区抗日斗争也存在不少困难。七师地区与其他老根据地相比,有着显著的不同特点:首先,七师根据地建立晚,部队力量小。七师建立在抗日战争的中期,国民党在大溃退时,失散在群众中的武器已经被收缴光。因此,像抗日战争初期那样大发展的黄金时代已经过去。七师初建时力量较小,部队不足2000人,装备较差,弹药也不足。其次,根据地不大而又比较孤立。七师的发轫地和中心区巢无地区,地域狭小,南有大江，北有巢湖，西有白湖，四周敌伪据点星罗棋布，密如蛛网，使部队活动难有回旋余地。犬牙交错的斗争形势，更使七师与军部及其他兄弟师中间都夹有一大块敌占区和国民党统治区，阻隔重重，比较孤立。再次，遭受敌顽夹击，部队需要迅速站稳脚跟和休整，皖南突围部队刚到江北，敌顽就疯狂夹攻，我们必须彻底粉碎敌顽的“扫荡”进攻，巩固立足点，并获得休整和恢复力量的时间。但是，当时有的同志对这种特点认识不足，不能具体分析敌我力量，却机械地搬用其他建立较久的根据地经验，主张马上铺开摊子，自上而下地搭起大架子。如果按照这个方针去做，对当前的斗争是有害无益的。我们根据七师初建时的主客观情况，反对大吹大擂，坚决主张采取隐蔽发展的方针。首先整顿思想，编好队伍，集中力量粉碎敌顽夹攻和堵击计划，求得先站稳脚跟，而后通过加强和发展党的组织，积极发动群众，加紧积蓄力量，在普遍建立隐蔽据点后，稳步向四周发展，同时积极打通与军部及各兄弟师的联系，改变七师地区比较孤立的局面。只有采取这个方针，才能迅速站稳脚跟并求得发展。

通过会议，各级干部进行了深入讨论，统一了认识，明确了方针，并在此基础上顺利编好了部队。1941 年 5 月 1 日，七师在无为白茆洲大胡家正式组成。当时，编入七师的部队共有 1900 多人。除了皖南突围的部队外，还有原在江北活动的无为游击纵队及原新四军三支队挺进团。七师首先成立十九旅(师部与旅部合并办公)。旅长孙仲德，旅政治委员由我兼任，下辖五十五团(团长谢忠良、政委黄火星)、五十六团(副团长徐绍荣、政治处主任高立忠)，保留挺进团建制(团长林维先、政委李丰平)。此外，还成立了独一营、独三营、特务营。不久，又建立五十七团(团长梁金华、政委马长炎)，后又将挺进团与桐西独立团合并为五十八团。这样，七师各方面的工作逐步走上了轨道，皖江地区的抗日斗争局面也一步步打开了。

（二）

从1942年到1944年，是七师的巩固和发展时期。这一时期的特点是战争频繁，日军和国民党反动派轮番不断地向皖江根据地进攻，我们经常处于两面作战状态。在艰苦频繁的战争锻炼中，七师部队越打越壮大，创建了正规兵团；皖江地区越战越辽阔，建立了正规根据地。经过这一时期的艰苦斗争，我们在巩固中求发展，在发展中求巩固，完成了最艰苦的战斗任务，度过了最困难的相持阶段，各方面的工作都获得了蓬蓬勃勃的发展。

1942年，七师部队发展到4000人，1943年则发展到6000人。随着我师力量的壮大、斗争形势的发展，我们的战略部署相应展开。1943年3月，根据中央关于各抗日根据地实行党的一元化领导的决定，区党委领导成员作了调整，由我任书记。同时，在巢无中心区周围的北面、南面、西面3个地区，成立了和含、皖南、沿江3个地委。部队进行了统一整编，成立了含和支队、皖南支队、沿江支队、巢湖支队和独立团，师的领导也相应加强。1942年3月，军部任命傅秋涛同志任副师长，1943年8月，傅秋涛去延安。1943年9月，军部任命谭希林同志任代师长，并由他率领二师六旅十六团到达无为，编入七师建制，番号为“巢大”(团长兰祥，政委余明)，七师主力部队更加充实和加强。

七师初建时期，我们采取隐蔽发展方针：第一步是向南、向西发展，第二步是向东、向北发展。这时，我们还积极向四面八方发展，一方面加强打击敌伪，拔除了许多可以拔除的敌伪据点，如土桥、临江坝、三官殿、汤家沟、黄山寺、螺蛳滩、南义等处；一方面派出大批精悍的武工队深入敌后，开辟了广阔的新游击区。

皖江抗日力量的蓬勃发展，引起了敌顽的仇视和痛恨，他们就加紧向我进行“扫荡”。特别是1943年起,日军和驻大别山桂顽(“广西反共军”)一唱一和、一呼一应先后向我巢无中心区轮流进行大规模进攻。先是日军调兵遣将,从南京、江浦、芜湖、铜陵等处抽调一一六师团、十五师团等部兵力6000多人,作远距离的突然增兵,于3月17日,分别由巢县、东关、襄安、开城桥、横步桥、盛家桥、黄姑闸、散兵等地出动,从东、西、南三个方向,分成八路,对我巢无中心区进行奔袭“扫荡”。企图把七师首脑机关和在巢无地区的主力部队完全压缩在背靠巢湖方圆不大的巢南银屏山区,使我跳不出包围圈。我巢无地区主力部队当即在大王家、银屏山、石涧埠等地与日军展开猛烈激战,给敌人以重大杀伤。黄昏时分,银屏山周围山头狼烟四起,这是日军在放火,发出联络信号。我师指挥机关当机立断,把退入山区的部队、机关、群众组织起来,分路进行突围。当夜,狂风暴雨,天空漆黑,但突围部队不畏雨淋风吹、山路陡窄,个个精神抖擞,翻山越岭,克服了重重困难,终于完全冲出了包围圈,使日军围歼我主力的计划完全落空。

18日起,日军在银屏山区进行搜山,大肆烧杀奸掳,对根据地进行疯狂破坏。我主力部队在敌人侧背不断袭击,地方武装与民兵也广泛开展“麻雀战”。我含和、沿江、皖南各个支队趁敌后方空虚,纷纷向东关、开城桥等敌伪据点进行猛袭,有力地配合了巢无中心区的反“扫荡”战斗。经过两周激战,杀伤敌伪300多人,终将日军的第一次大“扫荡”全部粉碎。日军死不甘心,于4月30日又集中2000兵力,向我巢无中心区进行第二次“扫荡”,前后历时6天。在我根据地军民奋力反击下,第二次“扫荡”也被粉碎了。最后,日军不得不退回乌龟壳。

日军两次“扫荡”失败后,于1943年7月上旬,突然从白湖南北两端的黄姑闸、盛家桥两个据点撤退,有计划地放开缺口,使我巢无中心区暴露在大别山国民党反动派的面前，让桂顽向我巢无中心区进攻。不久，桂顽即向我巢无中心区进行大规模的侵犯。11月2日，桂顽一七六师五二八团由盛家桥出动，经笑泉口，突然侵入我中心区严家桥、牌楼等地。顽军所到之处，即大肆烧杀奸掳，对根据地疯狂破坏。我根据地军民奋起抗击，顽军不敢久留，于4日仓皇溃退。11月20日，桂顽变本加厉再次纠集更多部队，以一七六师主力龙炎武的第八游击纵队等约5个团兵力，分三路向我槐林嘴、笑泉口、魏家坝一线进攻。桂顽还带了自上而下的一套党政机构人员，企图在搞垮我巢无中心根据地后实行长期占领。我主力部队当即在磨盘山一带，凭借根据地数万军民日夜赶筑的强固阵地与顽军展开猛烈激战，三天两夜之间，打退顽军10多次进攻。22日傍晚，我主力部队一部以猛虎下山之势，突然向磨盘山以西前后垄一带出击。经过数小时的搏斗，给这一路顽军以歼灭性打击，生俘顽军第八游击纵队第二支队长郑其昌，歼灭顽军900多人，并缴获迫击炮1门及许多机枪、步枪、弹药。顽军在我沉重打击下，手忙脚乱，全线崩溃。根据地军民获得了反顽自卫斗争的空前大捷。

1943年，这一年是皖江地区反“扫荡”、反“摩擦”斗争空前紧张艰苦的一年。在七师健儿的打击下，日军、桂顽士气消沉，我军民士气则日益旺盛，广大群众斗争情绪更加高涨，根据地也得到了巩固和壮大。

同一时期，我皖南、和含、沿江地区的力量也得到了巩固和发展。皖南地区部队在无东取得了反伪化斗争的胜利。1942年，我军相继攻克临江坝、三官殿、汤家沟等伪军据点，全歼伪军刘子清部一个连，粉碎了日军蚕食、分割、伪化政策；并在皖南铜陵、繁昌、芜湖一带对敌伪不断进行袭击，攻克凤凰山等据点；在含和地区，我军主力迅速打开局面，在短短的日子内，连续不断地攻克了黄山寺、娘娘庙、螺蛳滩、百旺市、南义等伪军据点，打了许多歼灭战，使含和地区获得了很大发展，并进一步开辟了江（浦）全（椒）地区，建立了与兄弟部队二师的交通线，沟通了我师与军部、二师的联络。我沿江地区部队则恢复了桐东的游击战争，并在大别山潜（山）宿（松）望（江）地区与兄弟部队五师胜利会师。

在加强对敌斗争的同时，我们抓紧开展敌伪军工作。在皖江地区开展敌伪军工作的特点是发动党政军民一起动手来做。对日军，主要是进行政治瓦解，经常编印各种小型的日文传单、画片，加强反法西斯斗争形势的宣传，激发日军下层士兵的厌战、反战情绪。有些群众与日军士兵混熟了，经常以手提小篮送鸡蛋给“太君”吃为名，篮底就垫着传单随处分发。通过这些工作，我们曾在无东、铜陵等处，争取少数日军士兵与朝鲜籍士兵拖枪向我投诚。对伪军，工作的重点是争取中下层。通过各种社会关系、伪军亲属关系，晓之以民族大义，采取政治瓦解与军事打击并用。但对那些死心塌地投敌和坚决反共反人民的伪军，则坚决打击，歼灭他们主力。这样，就更有利于争取、瓦解、分化其他伪军。在对伪军工作做得较好的地方，当时机和条件成熟时，就争取伪军三三两两或成班成排地起义。有的地方，则利用伪军关系替我们搞情报、买枪支和子弹，或掩护我们在日军统治区采购布匹、机器、纸张、医药等用品。由于我们的群众工作一直深入敌伪据点内，因此，不仅能够及时、准确地掌握敌伪各种情况，而且还可以在反“扫荡”战斗中，在敌伪军据点附近地区甚至敌伪军据点内，由群众掩护，安置一部分病、弱、妇、幼人员。

为了有利于瓦解敌伪军，我们正确地执行了党的俘虏政策。对于在战斗中已经放下武器的敌伪军，不杀、不打、不骂、不搜个人财物，愿留者留，不留者发给路费回家。有的伪军士兵连续被我们俘虏三四次，他们经教育释放后，常常在伪军中宣传我军内部生活如何民主平等，如何优待俘虏。这样，在下次战斗中，他们就又乖乖地放下武器。另外，对于个别拖枪投诚或成批起义的伪军，我们还按情况给予奖励。这对瓦解伪军起了很大作用。

总之，我们开展敌伪军工作的成绩是很显著的。在当时敌强我弱、地区被分割、活动范围不大、斗争环境较紧张的情况下，我们之所以能够站稳脚跟，并不断发展壮大，把分化瓦解敌伪军工作做得好，是一个重要因素。

七师从成立起，就武器弹药不足。以后几年，部队发展很快。虽然在战斗中不断有所缴获，成为补充装备的一个重要来源，但武器弹药仍然感到不够充裕。除了通过各种关系向伪军购买一些外，我们根据上级的指示，自己动手，解决困难，千方百计进行兵工生产。在原有小型修械所的基础上，从敌占区不断设法买来一些机器、材料自己熬硝搞火药，逐步建起一个初具规模的兵工厂，制造了一大批手榴弹、枪榴弹、地雷、石雷、掷弹筒等。我们的兵工生产是在异常困难的条件下进行的，不仅设备简陋，材料也不足，而且由于战争频繁，生产难以持续进行，环境紧张时，人员转移，环境较稳定时，就加紧进行生产。在制造技术上，经过不断试验、摸索，并在应用中不断加以改进，技术不断提高，像地雷、石雷等都做得很好，不仅威力很大，并且使用简便，地方民兵都能很快学会使用。

我们一面打仗，一面利用战斗空隙抓紧进行军队建设。我们的部队分为主力部队、地方部队和民兵三部分。在巢无中心区与含和、皖南、沿江等地区，都有主力部队做骨干，以主力部队带动地方部队的发展，以地方部队充实主力部队，以主力部队和地方部队协助政府组训民兵，而民兵又逐步上升为地方和主力部队。主力部队的军事素质主要从战斗中锻炼、提高。地方部队和民兵也经常配合主力作战,在战斗中不断得到锻炼。部队利用战斗空隙,抓紧学习军事技术,休整时间较长时,就掀起大练兵热潮。军事训练的内容,除学习基本动作外,主要学习三大技术——射击、投弹、刺杀。每逢大的练兵运动,到处都是课堂和操场,干部、战士起早摸黑进行练习。通讯员在送信时,干部在出差时,炊事员在挑水、淘米时,也经常利用空隙,进行投弹和瞄准练习。部队中广泛推行群众性的练兵方法,官教兵、兵教官、兵教兵,大家当先生,大家当学生。同时,战士与战士、班与班、排与排、连与连,掀起热烈的竞赛。通过练兵运动,部队军事技术水平大大提高,如独立团四连全连投弹平均达 41 米, 白湖团战士刘玉宝投弹达 59 米,成为"优秀投弹手"。由于频繁的战斗锻炼与平时的训练,七师主力部队战斗力一步步得到提高。

皖江地区地方武装和民兵活动也极为活跃。地方武装每个区都有警卫队,经常在战斗中配合主力作战,钳制敌人,广泛地破坏敌前敌后交通和供应线,阻击敌人行动和补给,并不断袭击敌人据点。1943 年第二次反"扫荡"中,无为县新民区警卫队与敌人进行了一整天的战斗。巢县、盛家桥及襄安、无为之间的公路、电线,几乎每夜都被我地方部队破坏。槐林、高林、分路口、横步桥等地敌伪据点,不断遭我槐林、南苏、新民各区警卫队袭击。民兵组织分为基干民兵与一般自卫队。基干民兵由原来各个乡的青年队、模范队组成。每乡三五十人,不脱离生产,每月训练三天。平时维持社会秩序,捕捉汉奸、特务、土匪,战时配合部队作战,就地游击,打"麻雀战",并掩护群众转移,帮助群众坚壁清野。一般自卫队的任务是担负侦察、向导、送信、放哨、打更、捉奸细及帮助部队抬担架、运输、打扫战场。地方武装和民兵,无论在战时或平时,对巩固和发展皖江解放区都发挥了重大作用。

随着军事斗争的不断胜利,解放区的不断发展,皖江地区的抗日民主政权也不断巩固和扩大。七师刚成立时,区域不大,仅设有和含巢无行政办事处。以后,分设无为县政府、含和行政办事处和桐东行政办事处。随着政权逐步发展,1942年成立了皖中行政公署,由吕惠生任主任,唐晓光、张恺帆、魏文伯先后任副主任。1944年以后,铜陵、繁昌、南陵、宣城、青阳地区成立了皖南专员公署;和县、含山、巢县、江浦、全椒地区成立了含和专员公署;贵池、东流、桐城、安庆地区成立了沿江行政办事处。巢无庐地区专署则由皖中行政公署兼顾。在各专员公署下面,又按行政区域划分,设县政府或行政办事处。皖江地区的抗日民主政权,遵照党的政策实行“三三制”,共产党员在政权机关中占三分之一。我们广泛地吸收了党外的抗日民主进步人士、小资产阶级、民族资产阶级和开明绅士的代表参加政权工作。在县级以上的行政地区内,普遍成立了参议会,各个地区普遍开展了选举参议员工作。皖中参议会和各县(行政区)参议会的成立,使党的统一战线工作进一步展开,广泛地团结了皖江地区各阶层人士参加抗战建设事业,通过统一战线工作,许多党外人士受到抗日、民主、进步、团结的深刻教育。有不少民主人士在抗战中表现很进步,他们积极拥护和执行抗日民主政府的各项政策和法令,帮助扩军、搞教育,进行对外宣传等等。有的民主进步人士,如无为的陈可亭、叶玑珩先生,因公被日军俘虏时,不向敌人屈服,表现了民族气节,以致遭受敌人杀害。

1945年我师北撤时,有不少民主人士随我们一起到山东,有的已成了共产党员。广大根据地内的中小知识分子,在党的抗日民主政府的影响下,积极地参加了根据地内各种建设工作。资产阶级对我们的护商也很满意。由于根据地内交通安全,很多商人从上海、南京、芜湖购买商品运往大别山时,都愿意从我们地区过境。这样,我们既扩大了政治影响，又增加了税收。为了进一步巩固政权，我们在根据地内开展了坦白运动。一方面发动群众对反革命特务分子进行检举，一方面号召反革命特务分子向党坦白自首。我们坚决执行“坦白从宽，抗拒从严，立功受奖”的政策，从而清除了许多暗藏的反革命分子。同时，我们对根据地内的土匪实行清剿，对受敌伪顽操纵利用的大刀会和其他封建会道门组织，分别进行争取和瓦解工作。这样，就使根据地内社会秩序比较安宁，匪盗和小偷几乎绝迹，群众都可以安心生产，出现了“夜不闭户，路不拾遗”的景象。在抗日民主政权的阳光下，广大群众过着自由幸福的日子。

为了深入发动群众参加抗日斗争与巩固根据地的民主政权，皖江解放区普遍建立了各级抗联组织，如农抗、妇抗、青抗等，并设立了盘查哨、递步哨，组织老人、妇女、儿童积极参加这些工作，不少人还在盘查中捉到奸细特务分子。我们在根据地布下了天罗地网，使特务奸细寸步难行。为了切实改善根据地人民的生活，进一步激发广大群众的抗敌热情，我们坚决实行了党的减租减息政策。1942 年 7 月，在皖中参议会上通过了实行“二五减租”的法令，成立了各级专门工作委员会。军队也派出大批工作队，协助地方党、政府和群众团体，领导群众进行减租减息斗争。广大群众轰轰烈烈地投入“双减”运动。在“二五减租”斗争中，广大农民，特别是贫雇农，在经济上得益很大。据 1943 年临江行政办事处 5 个区的统计，执行减租佃田共 32.5 万多亩，减下租稻 25.1 万多公担，受益佃农约 9 万户，计约 38 万人，平均每人增加收入 6 斗 7 升。白茆区的 593 家佃户，在减租中，每户受益稻谷 5 担。实行“二五减租”后，人民生活发生了显著变化。临江六洲乡六洲村 100 多户农民，减租后 3 年中有十分之四的佃农生活达到了贫农生活水准，十分之三的贫农生活达到中农生活水准。巢湖南岸皂角树村40多户中，减租前仅一户不缺粮,22户每年缺两三个月粮,15户粮荒讨饭,3户经常讨饭。减租后都有饭吃,有的还有余粮。

为了进一步改善和提高人民的生活，皖江地区在战争频繁的情况下,仍然不断发动和组织军民开展大生产运动。党和政府及区乡、村各级都组织了生产委员会或生产小组，发动并帮助家家户户订立生产计划。各个地区广泛组织换工队（又称变工队，具有互助组性质)、短工队,实行劳动互助。如湖东县槐林区的蒋家冲,尚礼区的后陈家、小蒲草凹等处的劳动互助组,都办得非常出色。在大生产中,我们大力推行深耕施肥，并积极提倡种植经济作物，搞好各种副业。1944年,全皖江地区增加种植棉花数万亩,植树1000多万株,养鱼1000多万条。我们还发动群众大力开垦沿江洲地,在圩地山区也组织开荒。如湖东一地,1944年1年内就开荒6000多亩。同时,普遍发展供销合作事业,由政府贷给各地“大江币”(大江银行发行)200多万元,帮助建立供销社。各个地区在生产运动中掀起了热烈竞赛,并培养和推选了许多生产模范和劳动英雄。经过减租减息与开荒生产运动,解放区内广大群众生活有了很大提高。如临江白茆区五号村,以往只有纸烟店3家,肉铺、豆腐店各1家。“双减”和大生产后,肉铺、豆腐店增加为两家,并有饭店6家,杂货店10多家,合作盐行、米行各1家,每天营业额“大江币”二三万元以上。

在部队中，同样掀起了生产热潮。部队生产主要是大量种植杂粮、蔬菜及养猪、养鸡。干部、战士起早摸黑,投入开荒生产。独立团三营,一个营就开荒种菜90亩,各个部队种的蔬菜常能做到自给。这不仅改善了部队生活,减轻了群众负担,并且加强了军民关系,提高了干部战士——特别是知识分子出身的干部参加体力劳动的自觉性。

皖江地区的党政组织带领群众大力兴修水利。最大的水利工程是兴修无为东乡江边黄丝滩新堤，这是皖中江北7个县100多万人民生命财产屏障。我们集中全地区人力，先后动员民工21万人，完成土方40多万立方米。费时3个月，于1944年5月全部建成。此堤全长约13里，高1丈9尺，顶宽2丈4尺，底宽12丈。在战争情况下修建这样浩大的工程，只有在共产党和抗日民主政权领导下才能做到。在修建中，皖江各县人民打破了地域观念，发扬互助协作精神，共同兴修了这座大堤。这对江南及江北山区群众虽没有什么大的直接利益，但在党和政府的教育和号召下，他们也积极从人力、物力、财力上进行支援。修建期间，日伪军不断进行骚扰，企图破坏黄丝滩大堤的建设工程。我师提出了“武装保卫修堤”的战斗口号，不仅派出大批部队参加修堤，并且屡次打退了敌伪的武装扰乱，保证了修堤工程的胜利完成。除此以外，皖江地区还重建了无为境内的三闸(季家闸、黄树闸、陈家闸)，受益田达30多万亩，并开辟了黄泥岗河道，湖东开凿了大新圩、山河，受益田7万多亩。在湖东境内修筑大小圩堤30多段，在临江境内修塘1002处，坝埂90多道，在和含境内兴修了白渡河水利工程。这些水利工程的兴修，保障了大部分良田，对皖江解放区的农业丰收起了重大的作用。

七师是皖江人民的子弟兵，七师与皖江人民在艰苦的抗日战争中结成了血肉关系。为了进一步密切军政、军民关系，从1942年起，我们普遍开展拥政爱民与拥军优抗运动。特别在每年春节期间，更注意加强这项工作。首先由军队掀起拥政爱民热潮，所有干部战士都要做到服从与执行政府法令，爱护根据地的一切财富，不浪费公粮公草，坚决执行三大纪律八项注意，保护和帮助群众团体，帮助群众进行生产，武装保护群众耕作收割，实行“满缸”运动等。部队住在群众家里，经常把群众房子打扫得干干净净，水缸挑得满满的，帮助收割、打场、推磨、割牛草、兴菜园、抬畜粪、积大小便、医治疾病……凡是对群众有利的事，战士都抢着去做。许多老大娘出门看女儿，大嫂子走娘家，常把钥匙交给我们战士，把战士看成比自己的亲人还亲。拥政爱民中涌现出许多生动事例。在政府和群众方面，普遍实行优待抗日军人家属（组织代耕、慰劳），帮助军队做鞋，组织慰问伤病员及战后慰劳军队等。由于“拥军”活动的大力开展，军政和军民之间的团结更为加强，军民之间的关系亲似鱼水。

为了进一步壮大抗日力量，准备对日军进行大反攻，1944 年皖江地区掀起了参军热潮。在“抗日保家，参军光荣”的号召下，解放区内广大青年积极参军，模范事迹登上了“参军光荣榜”。许多父亲、母亲送儿子参军，妻子送丈夫参军，有的兄弟两人争着参军，有的宗族大开祠堂宗门，动员与欢送宗族子弟参军，掀起了参军比赛热潮。湖东南尚礼区有 14 姓组织了“宗族参军委员会”，推动各姓子弟的参军工作。在参军运动中，送贺匾，送光荣捷报，披红戴花，锣鼓喧天。广大人民把参加我军视为无上光荣。参军运动中的另一个特色是干部带头。槐林区 4 个乡在 40 名干部的带动下，有 700 多名青年参军。皖江根据地人民在平时积极从人力、物力上支持我们抗日，在战时踊跃支援前线，到处实行坚壁清野，协助老弱妇幼往安全地带转移。青壮年则组织起来肩负担架、运输任务。在反顽自卫斗争中，巢无地区广大群众积极参加构筑防御工事。1943 年 11 月，湖东地区在半个月时间内，动员了 20 多万民工，捐献了无数木材，协助军队修建了绵延三四十里的磨盘山防御阵地，使我师在抗击桂顽侵犯时，取得了自卫战斗的大捷。

皖江地区的党政机关和军队利用战斗空隙，进行整风运动。七师成立初期，我们即以干部为重点，展开了加强党性锻炼的学习，并在这一学习基础上，进行审查干部工作。自毛主席《改造我们的学习》

《整顿党的作风》等文章发表后，皖江地区即掀起了整风学习热潮。1943年以前,着重学习文件,领会整风精神,团以上干部集中学习两期;1943年后,整风运动进一步深入,区党委举行了整风班,抽调营、团(区、县)级干部集中学习了三期。全体干部在弄通整风文件、提高认识的基础上,普遍进行了思想检查和历史反省,并写了整风自传。通过整风，全体干部的政治觉悟大大提高，思想作风有了显著地改进。接着,我们在部队中全面展开整风学习,目的是提高老战士认识,教育与培养大批新战士。结果,大大提高了部队政治素质,加强了上下级之间、官兵之间、军民之间的团结。皖江地区整风运动的特点,是在战斗环境下进行的,是波浪式前进的,是密切结合了各个阶段的中心任务来进行的,因而保证了当时各项工作的胜利完成。通过整风,全军面貌焕然一新,部队生气蓬勃,为战胜相持阶段的困难和准备对日大反攻奠定了巩固的思想基础。

抗日战争时期,皖江地区的政治、文化教育工作也相当活跃。七师成立时,创办了《战斗报》。地方出版了《新无为报》,1942年3月合办《大江报》。《大江报》是区党委的机关报。七师政治部则出版《武装报》。各个地区、支队、独立团也都有小报。1943年前,这些报都是油印的。根据地内油印技术颇高,像《大江报》每张蜡纸可印2000份。1944年皖江地区设立了印刷厂,《大江报》和《武装报》都改为铅印,并用铅印出版了《论联合政府》等书刊。处在敌人重重封锁下的敌后广大军民,通过这些报纸,能及时了解国内外政治形势、党的各项政策及全国各敌后解放区和本地区的斗争、发展情况，大大提高了觉悟,鼓舞了斗志,坚定了胜利信心。

部队的政治教育,主要是进行革命传统教育、时事政策教育、各种节日教育,并利用战斗空隙开展文化学习,进行扫盲工作。部队文娱工作也开展得很好。除师、支队有文工团、队，经常到各团、队演出外，连队也经常根据真人真事自编自唱，举办小型文娱晚会，广泛开展“兵演兵”。每年5月，只要没有战斗任务，各部队都开展军政文娱体育大竞赛。我们所处的环境虽然很紧张，物质生活也很艰苦，布衣素食，津贴费很少，但部队政治情绪始终十分高涨，生活十分活跃，充满着欢乐和进步的气氛。“团结、紧张、严肃、活泼”，这就是我们当时生活的生动写照。

皖江地区地方文化教育也有很大发展。全区创办无为中学一所，学生有300人。各个区、乡普遍建立小学，都采用新课本上课。各个乡及大的自然村普遍建立了农民识字班和夜校，大力进行扫盲工作。

由于我们认真贯彻了党中央抗日十大政策，因而使皖江地区不断巩固，不断发展，越战越大，为胜利进行反攻准备了充分条件。

1945年初，正当我师准备反攻之时，桂顽一七六师主力及土顽一部共3个团，由桂顽师长李本一率领，再次向巢无中心区大举进犯。我们为保存反攻日军的有生力量，先将主力隐蔽，并在根据地内实行坚壁清野，以武工队在顽军侧后展开广泛游击战争，骚扰、袭击、困饿敌人，最后以主力猛烈出击。桂顽孤军深入，四处受敌，不得不狼狈逃跑，我根据地更趋巩固。

为了执行党中央关于“扩大解放区、缩小敌占区”的号召，于1944年冬起，我们即向敌伪薄弱部分广泛出击，先后攻克了张家疃、塔桥等10多处敌伪据点，缴获了许多武器弹药。1945年4月间，三师独立旅由旅长覃健同志率领，奉命开抵皖江地区。他们在行军途中，首战无为县黄龙岗，给日军以重大打击。独立旅到达后，皖江地区反攻日军的实力更为雄厚。

1945年8月8日，苏联对日宣战，加速了日军投降。全国敌后解放区军民奉毛主席、朱总司令命令,对日军举行大反攻。我七师各部先后解放了无为城、凤凰颈、襄安、运漕、望城岗、雍家镇、陶厂、白渡桥等敌伪重要据点40多处。我皖南部队在解放了铜陵、繁昌境内沿江各据点后,曾攻入芜湖,歼敌一部,并一度占领了芜湖部分市区。在大反攻后的10多天时间内,歼灭日军和伪警卫三师、护国救民独立师等近万名,俘虏5000多人,缴获各种炮和轻、重机枪数百挺,步枪数千支,大大改善了我师装备。我师的胜利大反攻,使皖江解放区全体军民欢欣鼓舞。

日军投降后,我党为了国内的和平、民主、团结,为了顾全大局,毛主席亲赴重庆与蒋介石进行和平谈判,国民党被迫签订了“双十协定”。我党素以全国和平、民主、团结利益为重,忠实地履行了与国民党谈判时所允诺的让步。我师与所有驻江南的部队——苏南、浙东、浙西等各解放区的部队,自1945年9月起分批北撤,与解放区父老兄弟姐妹挥泪忍痛告别。为了继续领导皖江人民的民主斗争,我们北撤时对地方党组织作了安排。在皖中,留下桂林栖同志领导党的组织;在皖南,留下胡明、杨明同志领导党的组织,与皖中、皖南广大人民紧密地站在一起,继续进行争取和平、民主、团结的斗争。

(三)

新四军七师在皖江地区的抗日斗争,对全国人民的革命事业作出了应有的贡献,这主要表现在以下方面。

第一,在华中杀伤与牵制了大批伪军。自1941年七师成立到1945年撤离皖江地区约5年的时间中,七师健儿与敌伪进行了千百次的英勇战斗,杀伤了大批敌伪军的有生力量,缴获了各种炮、轻重机枪、步枪和很多弹药,取得了辉煌胜利。同时,又牵制了敌人大批军事力量。日军为了维持其傀儡统治中心南京的安全,为了防守长江、淮南路、津浦路这些交通要道，不得不在皖中、皖南布下重兵，其中有日军一一六师团的三十三联队(分布于铜陵、黄姑闸、襄安、刘家渡一线)、十五师团的高田联队(分布于巢县、烔炀河、盛家桥、无为城、裕溪口、和县、含山一线)、仓桥联队(分布于芜湖荻港一线)、十三混成旅团(分布在淮南铁路由合肥至烔炀河一线)、伪军"护国救民独立师"刘子清部(驻无为城、三官殿、汤家沟、新沟、姚王庙、新板桥一线)、"第一方面军第一师"沈席儒部(驻巢县、含山、和县、烔炀河、盛家桥等地)、"皖中清乡司令"吴道南部(驻撮镇、桥头集、下塘集、店埠、中庙等地)、"和县反共自卫团"曹良文部(驻和县城、西埠、孙元堡、后港桥一带)，另有"安庆保安团""含山反共自卫团""巢北清乡队"等杂牌伪军，都经常处于我军打击之下。

第二，在皖中开辟了广大解放区。七师刚成立时，只有巢无、铜陵等小块根据地和游击区。经过几年的艰苦斗争，到抗日战争胜利前夜，已逐步发展、扩大为沿江两岸从东(江浦)到西(安庆附近)长500多里，由南(南陵、青阳)到北(合肥)宽300多里的广大游击区。包括无为、巢县、庐江、和县、含山、江浦、全椒、繁昌、铜陵、芜湖、宣城、当涂、南陵、贵池、青阳、东流、至德、绩溪、宁国、桐城、潜山、舒城、望江、怀宁、宿松、太湖等约30个县的地区。解放国土面积约15万平方里，解放人口300万。其中巢无、和含、皖南(铜陵、无东、无南)、沿江(白湖乡东南、桐东)等处是较为完整和巩固的根据地。皖江解放区是全国19个解放区之一。它的存在和发展，解放区军民英勇奋斗的模范事迹，解放区内的民主、先进设施及其政治影响，向西扩大到整个大别山，远及鄂豫皖边区；向南扩大到整个黄山地区，远及浙赣线后方，周围敌占区人民都把希望与前途寄托在解放区身上。

第三，配合了全党全军打退了国民党第二次反共高潮，并与全国解放区军民一起,对日军进行了胜利大反攻。七师的成立和发展,首先配合全党全军打退了国民党第二次反共高潮,粉碎了亲日派一手挑起的分裂、内战、投降危机,稳定了全国团结抗战局面,大大地坚定和鼓舞了全国人民抗日斗争的信心。经过五年来的斗争,我们积极打通了与兄弟师的联系,与军部和华中以及华北广大解放区也取得了密切的联系,使皖江地区成为华中我军反攻日军的一块重要前进基地和跳板。五年来,我们发展、锻炼、积蓄了反攻力量,为配合全国各路大军对日军进行大反攻、大进军,为夺取抗日战争的完全胜利作出了贡献。

第四,创造了一支强大的抗日革命队伍。七师建立时不足2000人,到抗战胜利前夜,已是一支近3万人(不包括独立旅)的强大人民武装。这支武装,后来成为解放战争中的一支重要军事力量,它保存与培养了大批干部,新中国成立后散布在全国各个地区、各个部门,大都成了各项工作中的骨干。皖中、皖南抗日烽火的熊熊燃烧,抗日力量的飞跃发展,再一次证明了毛主席指出的“星火燎原”这一真理的正确。

现在回忆起来,这些胜利是怎样取得的呢?

首先,应该归功于党中央和毛主席的英明领导,归功于华中局和军部的直接领导。依靠党中央和毛主席的指示,我们增强了信心,取得了办法,度过了像皖南事变后那样艰难的局面。依靠党中央和毛主席规定的“十大政策”,我们胜利地度过了最艰苦的相持阶段,巩固和发展了解放区,壮大了抗日力量。华中局和军首长同时给了我们许多具体指示,调配了许多干部,调拨了一部分主力,使七师部队变得更加坚强。此外,各兄弟部队也给了我们许多帮助,不仅在调剂干部、建军经验、战斗经验等方面给了我们巨大帮助,而且在对敌顽作战中,我们还常常得到兄弟师的直接支援。

其次，应该归功于解放区广大群众的支持。在艰苦的抗日斗争中，皖江人民在人力、物力、财力上给了我师极大支援，使我师获得了不断的胜利和发展。在反“扫荡”、反伪化、反顽自卫斗争中，皖江人民与七师相依为命，与敌伪顽进行了不屈不挠的斗争。七师和皖江地区抗日斗争的胜利，与皖江人民的巨大帮助是完全分不开的。敌伪顽每次侵犯，都在根据地内大肆进行破坏。日军实行烧光、抢光、杀光的“三光政策”，而顽军的残暴比日军有过之而无不及，奸淫掳掠，无所不为。顽军一七六师的团长周雄杀人不眨眼，比野兽还凶恶。敌伪顽的暴行，激起了根据地人民的极大仇恨，大大提高了人民的阶级觉悟和斗争决心。皖江人民懂得，只有依靠七师、壮大七师，他们的生命财产和幸福生活才有确切保障。解放战争时期，皖江人民痛恨国民党反共反人民的内战，在国民党反动派统治区内，自动地组织起来广泛开展游击战争，这为我军正面作战提供了有力的配合和支持。当解放大军南下时，在伟大的渡江战役中，皖江地区是我百万雄师渡江作战的重要战线之一，皖江老解放区人民表现出了无比的革命热情，帮助我军挖河、搜集船只，做船工、做侦察做向导，运弹药、运粮食、送伤病员，从各方面给我军极大支援，对我军顺利南渡作出了巨大贡献。

最后，应该归功于皖江地区党政军民全体干部和广大战士的英勇奋斗。皖江地区的广大干部、战士，在对敌伪顽斗争中无比英勇顽强，表现了大无畏的革命牺牲精神。在最艰苦、最紧张的情况下，绝不畏缩退却。如1944年反顽自卫战中，坚持在周家大山的独立团四连的一个排，在张柏排长率领下，与数十倍于我的顽军激战一天，给顽军以重大的打击。终因寡不敌众，弹尽粮绝，全排23名勇士无一动摇，全部壮烈牺牲。又如在桐东斗争中，沿江中心县委书记叶明同志(女)不幸被顽军俘虏，受尽鞭笞摧残。在审讯中叶明同志义正词严地

新四军第七师北撤时主要渡口之一散兵湾

申斥顽固派反共反人民的滔天罪恶，在血腥的刺刀下，威武不屈，从容就义，表现了无产阶级的英雄气概。还有不少同志在过江时与日军遭遇，战斗到子弹打完，宁投江殉难，决不让敌生俘。

在5年艰苦的斗争中，皖江解放区的广大土地洒遍了我们烈士的鲜血，涌现了无数可歌可泣的英勇事迹。可以说，皖江解放区的每一寸土地，都是用革命先烈、革命战士的鲜血换来的。在抗战中，皖江地区仅团县级以上干部英勇牺牲的，就有桂逢洲、胡继亭、刘全、熊梦辉、萧辉锡、张学文、江河流、郑行福、兰样、罗保濂、袁大鹏、吕惠生、郭义鸿、黄彬、顾士多、曾宪忠、胡金龙、鲁生、苏拓夫、叶明(女)、宏超等同志。其他营区以下干部和战士以及根据地内广大人民群众英勇牺牲的就更多。“吃水不忘掘井人”，对于在伟大抗日战争中壮烈牺牲的革命先烈，我们应当以崇敬的心情，永远纪念他们！

下　篇

今日新农村

第七章　地理概况

巢湖市银屏镇依据传说和文字考古已有万年文化史，历经数千年沧桑变迁，地理环境、地形地貌、气候条件都发生了重大变化。直至1949年新中国成立，银屏镇地形地貌、气候状况等都发生了新的改变。

一、地形地貌、气候状况

银屏镇位于安徽省中部合肥市巢湖市东南部，地处巢湖之滨南岸，与市区一河(裕溪河)之隔，东北与马鞍山市含山县隔河相望，东南与芜湖市无为市相邻，西与巢湖市散兵镇相连。东西横距6.5公里，南北纵距15公里，面积88平方公里。耕地面积3.8万亩，林地面积6.4万亩，水域面积约1万亩。镇政府所在地距巢湖市中心区5公里，北临裕溪河，三面环山，一面临水。境内重峦叠嶂，丘陵起伏，岗冲相间，山圩交错,渠网交织，沃野平畴。巢(湖)无(为)、汤(银屏镇汤王)散(散兵镇)公路南北和东西穿境，交通便捷。银屏岱山海拔458.2米，是境内第一高峰，登临绝顶，一览无限风光，达到“南看长江飘玉带，北观巢湖数点舟”。裕溪河宛如一条银色的缎带，紧系在银屏镇青山绿水之间，形成了南山北畈的明显地势。

银屏镇属亚热带季风气候区，气候温和，四季分明，光照充足，雨量充沛，温暖湿润，无霜期长。冬夏温差大，寒暑明显，年平均气温

银屏山

16.3 摄氏度，极端高温 42.3 摄氏度（出现在 2004 年 8 月 9 日至 11 日），极端低温-14 摄氏度(1954 年元月)。年平均降水量 970 毫米，降水量主要集中于夏季，夏季大暴雨是洪水产生的重要原因之一。年平均日照总时数 2038 小时，平均年日照率 46%，日平均日照时数 5.61 小时，农作物生长有充足的光热能量。常年主导风向为北风和西北风，春季多偏东风，夏季多偏南风，冬季多偏北风，春秋两季南风与偏东风相互轮换。平均风速 3.2 米/秒。平均相对湿度 79%。

二、镇域人口数量、分布、民族等情况

至 2023 年末，全镇共有九个行政村，总人口 36610 人。其中少数民族 16 个(有回族、满族、壮族、彝族、布依族等)，共 159 人。居民人均年收入 2.6 万元，农民收入主要来源有农业收入、外出务工、种养殖业等。

三、工业农业生产特点

银屏镇境内现已形成建材工业、水泥工业、新材料制造、水产养

殖、家禽养殖、农产品加工等六大产业支柱,旅游产业正异军突起。银屏工业集中区始建于 2006 年,是原居巢区规划的三个重点工业园区之一,规划总面积 22 平方公里,截至 2023 年 12 月,全镇企业达 187 家(法人单位),实际辖区经营 65 家,投资千万元以上的企业 28 家,其中有 1 家亿元以上龙头企业。工业集中区以资源为依托,着力打造矿产、建材、化工、石灰石等资源经济,用资源优势带动产业优势,拉动产业集群,对接巢湖沿江工业带。

四、农作物、矿产等分布

银屏镇区域内山场面积大,宜茶叶、花木和林下养殖业的发展,银屏山茶品质优良,现有茶叶品牌有"芙蓉叠翠""岱岫晴云"等,拥有安徽省无公害品牌 1 个。全境水资源丰富,盛产小龙虾、河蟹、河虾等水产品。农业以种植水稻、小麦、油菜、棉花、玉米为主。果树有石榴、花红、黄桃、梨、板栗等干果类。

沿裕溪河圩区农作物畈区以种植水稻、小麦、油菜为主,丘陵地带以种植棉花、芝麻、玉米、山芋、花生为主,水域以养殖鱼、虾、蟹、河蚌为主。

银屏生态资源丰富,名优特产珍奇,山川生长名贵中草药杜仲、野红参、贝母、三七等。优越的自然环境繁衍生活着珍禽异兽,如野猪、野鸡、香獐、菜瓜蟒、穿山甲、画眉、百灵鸟等。茂林修竹的山区,植物多达 1000 多种。

银屏镇境内有丰富的石灰石资源, 石灰石矿面积约 30 平方公里,资源储存量 100 亿吨以上,品质优、杂质少,是烧制石灰、水泥上佳材料。矿产以石灰石、煤炭为主,分布在大秀山、望湖山和白牡山等。

第八章　机构沿革和辖区变迁

银屏镇历史源远流长，“银山智人”记录了远古时代就有先人居此生活，有文字记载的历史就有几千年。

商时地属南疆（南巢）。

西周初年，自淮南一带建立舒、舒庸、巢等国，银屏属于巢（伯）国。春秋时为楚国，巢国多次被吴国吞并。周元王四年（公元前472年）越灭吴，巢国还楚。

秦灭六国后，银屏归居巢县，也作居鄛。

汉高祖四年（公元前203年）设淮南国领居巢；汉景帝四年（公元前153年）居巢改庐江郡，银屏隶之。

东汉为刘般封国，称居巢侯国。东汉末年，袁术占据淮南，重立居巢县。建安三年（公元198年）居巢属吴。公元212年曹操占居巢，此后一直属魏。

隋朝统一后，改合州为庐州。开皇元年（公元581年）襄安改属庐江郡，银屏属庐江郡。

唐武德三年（公元620年），庐江郡改为庐州，七年州废改为巢县，银屏属巢县。五代属后唐，天祐五年（公元908年），归吴。

北宋太平兴国期间，设镇巢府，银屏隶之。

明清时期，银屏称为新安乡。

1914年6月至1928年8月，银屏隶属于安庆道。

1927年,巢县划分为6个自治区,1933年改自治区为自卫区,银屏属第六区,下设98个保,1030个甲,107525人。

1932年10月至1938年7月,银屏属第二专区。

1939年元月,银屏改属第五专区。

1941年5月,新四军第七师和无为县政府成立,随后巢南银屏区抗日民主政府逐步建立,辖秀芙、高林、大岭、南口、佛岭、钓鱼、莲塘、岭南等乡,是抗日根据地中心区的一部分。

1948年春,银屏区人民政府成立,机关先后驻陈家山口、东岳庙(原岱山小学)等地,辖钓鱼、佛岭、大岭、南口、秀芙5个乡。

1949年2月后,银屏区增设白云乡,并将南口乡拆分为河南、莲塘、盛湾、望城4个乡,共辖9个乡。6月,银屏区由无为县划归巢县领导。

1950年5月后,先后增设黄周、天灯、散兵、项山、岱山、箕山、白牡、辉勇等8个乡,加上由中苔区划入的亚父、落成两个乡,共辖19个乡。

1952年,安徽省撤销巢湖专区,巢县隶属于芜湖专区。

1955年2月,根据并乡撤区的需要,先后撤销了箕山、天灯、望城、白牡、钓鱼、河南乡。

1956年1月,银屏区辖秀芙、大岭、项山、盛湾、岱山、散兵、莲塘、佛岭、白云、亚父、落成、黄周12个乡。2月,银屏区人民政府撤销,成立银屏区公所,机关驻东岳庙,区公所下辖秀芙、大岭、项山、黄周、佛岭、莲塘、散兵、白云、盛湾、岱山、亚父、落成12个乡。6月,设银屏区,辖银屏、岱山、散兵、秀芙、钓鱼、望城6个公社管理委员会。

1957年2月,银屏区撤销,秀芙、大岭、项山合并成银屏乡,散兵、白云两乡合并成散兵乡,岱山、盛湾两乡合并成岱山乡。9月,银屏区恢复,机关迁至吕婆店,辖银屏、散兵、黄周、亚父 4 个乡。

1958 年 8 月,黄周乡改为钓鱼乡;9 月,银屏区撤销,银屏、散兵、钓鱼乡合并成银屏公社,亚父乡改为亚父公社。

1961 年,银屏区恢复,辖银屏、岱山、散兵、秀芙、钓鱼、望城人民公社。

1968 年 9 月,成立银屏区革命委员会,机关驻吕婆店,下辖银屏、岱山、散兵、秀芙、钓鱼、望城 6 个公社革命委员会。

1971 年 3 月,亚父公社划归银屏区。

1982 年 1 月,银屏区革命委员会改为银屏区公所,各公社改为管理委员会。2 月,望城、亚父两公社划城关镇,同年 12 月望城公社划归银屏区,1983 年 6 月又改属城郊区。

1984 年 4 月,银屏所属各公社更名为乡镇,大队改为行政村。

1985 年 6 月,散兵乡改为散兵镇,银屏区辖银屏、秀芙、岱山、钓鱼 4 个乡及散兵镇。

1992 年 2 月,撤区并乡,原岱山、秀芙、钓鱼三乡合并为银屏镇,银屏乡并入散兵镇。

1995 年 3 月,成立钓鱼乡,增加原秀英乡箕山村、芦塘村。

2000 年,巢湖地区行署撤销,成立地级巢湖市,原县级巢湖市改为居巢区,银屏镇隶属居巢区,辖区未变。

2004 年 4 月,钓鱼乡撤销,归银屏镇所辖。

2011 年撤销地级巢湖市,居巢区改为县级巢湖市,银屏镇隶属关系、辖区未变。

第九章 党建工作

一、党建引领乡村网格治理工作

银屏镇以“四定”为抓手,依托三胜村红色美丽村庄试点建设,围绕如何将基层网格治理做细做实,真正发挥作用,开展了镇村干部“包组联户”,做实党建引领乡村网格治理工作。

(一)定网格架构,解决“为什么”的问题

对脱贫攻坚等网格进行“多网合一”。依据村党组织架构,形成村“党委(党总支)—党支部—党小组(村民小组)—微网格”的四级网格管理模式。坚持“1+4+1”工作思路,即 1 个党组织+4 级党建网格+1 个社会综合治理调度平台,形成“一格一长、一格多员、一网多能、一网统筹”的网格管理模式。以三胜村为例,村党委作为一级网格,4 个党支部作为二级网格,15 个党小组(对应 15 个村民小组)作为三级网格;将 15 个村民小组划分为 78 个“微网格”(遴选 78 名网格员,覆盖农户 1152 户 3863 人),形成 4 级网格,推动基层治理网格化、规范化、精细化、责任化,确保各项重点工作压实责任、责任到人。

(二)定网格队伍,解决“谁来干”的问题

一级总网格长由村党组织书记、镇分工村负责人担任,负责联系各党支部书记、村民代表。二级网格指导员由村“两委”干部(党支部书记)、镇分工干部担任,负责联系各支部党小组长、区域内村民组长。三级网格长由党小组长担任,负责联系区域内网格员。四级网格

员由所在网格的党小组长、村民小组长、村民代表以及热心公益、群众公认的退休党员、无职党员或入党积极分子担任，负责结对联系1个“微网格”。

在网格员的配备上，突出发挥2类人员作用。一是镇机关干部。镇机关干部下沉到二级网格中，与村“两委”干部结对开展工作，对网格内信访、人居环境整治等工作实施一包到底，促进机关干部“去机关化”，进一步推深做实“一线工作法”，压实工作责任，改变以往机关干部“只分村，不入户”现象。二是四级网格员。总体按照“就近就亲就便”原则，推选出日常工作中积极支持配合村级工作，有责任心、有办事热情、有干事能力的“三有型”党员或入党积极分子担任网格员，引导党员群众向“朝阳群众”“西城大妈”主动看齐，积极融入基层治理工作。

（三）定职责内容，解决“怎么干”的问题

亮身份。按照巢湖市委组织部要求，在各党小组（村民小组）公开网格分布图、网格架构图、网格管理团队名单和网格员联系户名单，为每名网格员配备红色帽子、马甲，统一印发走访日志。在此基础上，村党组织组织召开网格员聘任仪式，集中为每名网格员颁发任职聘书、制作名片卡，在网格员家门口悬挂“幸福笑脸门牌”，引导网格员主动“亮身份、树形象”。

明职责。组织召开业务培训会，明确网格员承担乡村基层治理中“党建联络员、民事代办员、矛盾调解员、安全巡查员、环境管理员、文明宣传员、乡村振兴监督员、疫情防控信息员”的“八大员”职责，日常开展政策宣传、民意收集、矛盾调处、公共基础设施管护、信用信息采集等工作，并将工作职责在各党小组（村民小组）内公开，形成“我是网格员我帮你”“有困难找网格员”的浓厚氛围。

进网格。网格员每周至少入户 1 次，日常可采用入户走访、召开“屋场会”等多种形式开展工作。村“两委”干部轮流陪同各网格员走访入户，通过两周实践证明，周走访在走村串巷、房前屋后就可以完成，每次仅需 0.5 至 1 个小时，破解了“进门难”的问题，进一步消除网格员害怕“花费时间多”“群众不支持工作”等畏难心理。

解难题。网格员在开展工作中，对于能现场解释和解决的问题，做到当场解决。需要镇级协调解决的问题，由网格责任人逐级上报。依托银屏镇社会综合治理调度平台，由调度中心按照《银屏镇镇村社会综合治理指挥调度中心运行管理办法》调度相关职能部门协调解决，将交通、环保、卫健、乡村振兴等力量有机链接融入综合网格，做到“网格吹哨，部门报到”，切实发挥网格管理“精细化”和“全覆盖”的优势，实现“小事不出格、大事不出村、难题不出镇”。

网格员上户宣传

(四)定考核机制，解决“如何管”的问题

积分制量化。从网格活跃度、工作完成度、群众满意度、附加分项 4 个方面，制定量化考核细则。根据得分情况，每年评出 2 名优秀一级总网格长(村党组织书记、镇分工村负责人)，每个村评出 2 名优秀二级网格指导员(村“两委”干部、分工干部)。三级网格长、四级网格员按年终考核结果，分优秀(85 分及以上，不超过 10%)、合格(60 至 85 分，不含 85 分)、不合格等次(60 分以下，不含 60 分)。

分类式奖励。网格化管理工作被评为优秀的，机关干部年度考核直接确定为“优秀”等次，兑现相关待遇；村干部年度绩效报酬上浮 20%。在各党支部活动中心建立网格积分超市，为三级、四级网格员制定积分卡，每月积分评定后，由村党组织统一“打卡发放”至各积分账户。在每周六“积分兑换日”时，网格员可以根据所获积分就近在各积分超市内兑换生产生活有关用品。

荣誉式激励。对表现突出、群众一致认可、符合党员条件的入党积极分子网格员，优先吸收其为中共预备党员。每季度在“屋场会”会上，对“优秀”等次的三级网格长、四级网格员进行通报表扬，由镇领导班子成员、分工村负责人上门颁发证书。在镇“银屏山人”微信公众号开设“最美网格员”专栏，大力挖掘、深入宣传网格员典型事迹，形成学习先进、争当先锋的浓厚氛围。

2023 年 7 月，银屏镇举行“七一”大会为网格员颁奖

二、星级党支部创评工作

银屏镇根据中央、省委、合肥市委及巢湖市委有关要求，认真谋

划、全面部署，扎实开展星级党支部创评工作。

2023 年度共有 48 个党组织完成星级党支部创评，其中 5 星级党组织 12 个，4 星级党组织 12 个，3 星级党组织 11 个，2 星级党组织 11 个，1 星级党组织 2 个。各党组织均已完成摸底自查和复评工作。镇里选定钓鱼村为示范典型，开展星级党支部创评工作推进会暨现场观摩会，通过“三会一课”、公开栏、村集体经济发展、网格治理和为群众办实事等方面，明确目标任务，详细说明创评要点，并现场答疑解惑。党建引领推进网格化基层治理不断深入，将 172 个村民小组划分为 351 个“微网格”，遴选 351 名网格员，持续发挥党建引领网格化治理作用，为党建引领网格化管理提质增效，实现以党建引领“小网格”构筑基层治理“大格局”。重集体经济发展，积极壮大村集体经济实力，对闲置土地、空置厂房等资源进行盘活利用，大力推进“村企联建”项目，因地制宜，整合资源，积极与企业对接，深化共建模式。

2022 年 5 月，银屏镇“星级党支部”创评工作动员部署会

三、党建引领信用村建设工作

全面推进党建引领信用村工作，上户采集信息，“线上”建立市级党建引领信用村服务平台，运用大数据技术，全方位归集农户住房、土地承包、涉农补贴等数据信息，推动信用数据实时更新、信用主体画像精准。将农户、村集体经济组织、新型农业经营主体划分为AAA、AA、A三个等级，分别给予不同额度授信，实现“信用”换“信贷”。

各村联合镇司法所、信访办、综治办、农商行继续开展主题宣传月活动，为村民宣讲信用村福利政策，针对不同群体着重介绍相关方面，如医疗、交通、创业等，提高村民使用信用积分的主动性、积极性。构建“村级党组织+农户+产业”发展模式，将农户信用积分与产业结构调整、高标准农田整治、农舍经济等工作进行挂钩，充分调动农户自我发展产业、参与村集体经济发展的积极性，形成村民致富与集体经济发展齐头并进、“大河有水小河满”的生动景象。

岱山村作为2022年试点村，因地制宜开辟融资绿色通道，对村内10多家经营主体授信近200多万元用于农业产业发展，推动巢湖市春明果蔬种植专业合作社等10多家经营主体扩大生产经营规模、提高产业发展效益。

四、镇村干部“一线工作法”工作

为及时在网格中收集和解决群众急难愁盼的问题，银屏镇积极推行村干部“一线工作法”工作。划分民生事项、公共安全、矛盾纠纷、打非控违、生态保护、人居环境、便民服务、其他事项等8类项目，制定《银屏镇村干部“一线工作法”工作清单》。工作日，村党群服务中心留1至2名村干部值班，其他村干部下沉网格开展巡查，各村干部每周下沉一线不少于3天，对照为民服务清单，及时在网格中收集和解决群众急难愁盼的问题,提供相关服务,方便群众办事,进一步提升便民服务水平。村党群服务中心进一步整合服务窗口,对外设置综合服务窗口,实行一岗通办。日常工作采用入户走访、召开“屋场会”等多种形式,对于在一线能解释和解决的问题,立即当场解决,做到回答咨询一次说清、证件材料一次收齐、能办事项一次办结。对于需要镇级协调解决的问题,由网格责任人带回,及时上报镇社会治理调度中心,由调度中心按照《银屏镇镇村社会综合治理指挥调度中心运行管理办法》调度相关职能部门协调解决,并予回复,最终实现“小事不出村、大事不出镇,基层群众不出门或在‘家门口’享受服务”的新时代“枫桥经验”。

五、发展党员工作

在巢湖市委组织部的指导下,认真贯彻执行“坚持标准、保证质量、改善结构、慎重发展”的方针,扎实做好新形势下发展党员工作。2012年以来银屏镇共发展党员210余名,其中女性90余名,35岁以下党员180余人,大专及以上学历党员150余人。全镇党员队伍不断壮大,党员队伍的年龄和文化结构得到进一步优化,整体素质逐步提高,为全镇的改革和发展提供了坚实的组织保证。

从严把关,慎重发展。各党支部从审看入党申请书开始,严格把关谈话、考察、培养、公示、培训、政审等各环节,认真严肃组织召开支委会、支部大会讨论发展党员工作,确保发展对象能够达到党员标准,从源头上把好党员质量关。镇党委按照要求与发展对象进行谈话,安排专人全程介入跟踪监管发展党员工作,对全过程进行翔实记录,并负责审核各党支部递交的发展党员工作档案和资料,最后报镇党委会议审批。

巢湖市党员发展对象和入党积极分子示范培训班：银屏分会场

狠抓培养，保证质量。镇党委定期组织党务工作培训会议，使负责发展党员的党务工作者掌握吃透发展党员工作规程。并建立健全入党积极分子培养制度，在时间、材料、手续完备的情况下，镇组织干事负责审查，注重党员的个人品德和政治素养，确保新发展党员始终能保持党的纯洁性和先进性，做到德才兼备。

六、学习党的二十大精神

2022 年 10 月 16 日上午 10 时，中国共产党第二十次全国代表大会在北京人民大会堂隆重召开，习近平总书记代表中国共产党第十九届中央委员会向大会作报告。银屏镇统筹安排，宣传动员各党组织通过党员活动室、远教广场、移动客户端等多种观看形式，组织广大党员学习观看。全镇共有 7537 名党员群众聆听了习近平总书记所作的报告，开幕式直播结束后，积极踊跃地发表了自己聆听党的二十大报告后的感受与思考，更加坚定了对国家和银屏镇发展的必胜信心和行动自觉。

各基层党组织和广大党员通过线上自学、微信讨论学习、座谈会等形式谈体会、忆初心、话使命，学习氛围浓厚。党员干部一致认为，

2022 年 10 月，银屏镇组织收看党的二十大开幕式

学习宣传贯彻党的二十大精神是当前一个时期的头等大事，要充分领悟，发挥自身优势，不断加强自身建设，把工作干好、干实，优质高效为人民服务。

七、党建引领其他工作

芙蓉村扶贫茶叶产业制茶车间

近年来，银屏镇党委强化党建引领，结合各村土地规模和产业发展实际，召开推进会，扎实开展产业项目。扎实做好“一村一品”。芙蓉村茶叶生产历史悠久，为促进产业融合发展，银屏镇扩大投资，扩建

茶叶产业园并引进适用良种和绿茶加工机械设备,并于 2019 年在芙蓉村建设扶贫茶叶加工车间,实现“种茶—采茶—制茶”一体化生产模式,延伸茶产业链,扩大生产规模。已注册茶叶品牌“虎岭云香”,通过村集体合作社经营,进而壮大村集体经济,帮助村民增收。

盘活土地资源,推进集体经济。岱山村党委联合巢湖市春明果蔬种植专业合作社,协调流转土地在北口河组建岱山村大棚蔬菜种植产业园,总面积 600 余亩,包含多个项目,可提供家庭休闲采摘。岱山产业园不仅能促进村集体经济发展,美化乡村环境,同时还能带动村民零散就业,实现村集体、农户互利双赢。

春明果蔬产业园

培育特色产业,承接服务项目。银屏镇有着丰富的旅游资源和红色资源,三胜村充分发挥东进抗日第一枪纪念馆、蒋家河口战斗遗址广场、银屏革命老区展示馆、东斗党支部活动中心等红色资源作用,根据参观者需求制定个性化学习路线。银屏镇拥有大量鱼塘、稻田、茶山、草莓生产基地,串联研学和垂钓、采摘、农家乐等活动,编制红色美丽村庄研学游路线。三胜等 9 个村通过承接美丽乡村管护、自然生态修复、银屏奇石公园管护等服务项目,2023 年全年共获得村集体收入 147.36 万元。

2022 年 8 月，银屏镇召开村集体经济发展工作推进会

银屏镇高度重视“村企联建”工作，在辖区积极向企业开展党建引领信用村建设、党建惠企、乡村产业发展项目衔接资金等政策宣传，鼓励参与村企联建，助力乡村振兴，帮助群众增收致富。

党建引领构建村企紧密联合，以企业富民为目标，不断健全完善村企共建活动体制机制，村党组织把企业、广大党员群众紧紧凝聚在党的周围。

第十章　工业发展

一、境内大型企业

（一）巢湖海螺

巢湖海螺

巢湖海螺水泥有限责任公司（简称巢湖海螺），于2015年9月18日成立，位于安徽省巢湖市银屏镇。巢湖海螺前身是安徽巢东水泥股份有限公司（简称巢东股份），由原安徽省内两家大型水泥企业巢湖水泥厂和东关水泥厂共同发起设立，2000年12月在上海证交所上市。2007年6月，在安徽省委、省政府的领导下，巢东股份完成改制重组。2015年10月，巢湖海螺与巢东股份正式签署《资产转让协议》，巢湖海螺以现金方式收购了巢东股份的水泥业务相关资产、负债、权益及人员。2016年3月，巢湖海螺与巢东股份正式进行资产交割。

巢湖海螺是安徽海螺水泥股份有限公司全资子公司，有2条日产4000吨和1条日产4500吨新型干法水泥熟料生产线，年产220万

巢湖海螺生产区外貌

吨水泥粉磨并配套27MW余热发电系统和年吞吐量450万吨的专用码头，水泥产能为240万吨，熟料产能为540万吨，年发电量2亿度。

巢湖海螺水泥熟料生产线采用当今国际最先进的旋风预分解窑新型干法生产工业技术，采用集散式自动化控制系统及一流的质量检测设备，生产现场实现无人操作，采用中央控制室集中控制，生产现场环保设备配置先进，粉尘排放浓度低，生产冷却水循环使用，污水“零排放”，环保指标、生产技术指标均达到国际先进水平。

（二）巢湖明天种业科技有限公司

巢湖明天种业科技有限公司成立于2004年，注册资金5000万元整。主要经营范围为种子加工销售，农药，肥料供销一体化。公司现销售网络覆盖巢湖市所有镇街以及周边县市部分区域。以“高产、优质、好种”的服务理念为巢湖地区的农民与包田大户提供优良产品和全套农技服务。至今未发生一例市场消费投诉情况。经过多年经营与

巢湖明天种业科技有限公司

服务，积累了丰富的实践经验和技术沉淀，积极探索与研发适合本土化的粮食作物新品种。

公司本着为农业全方位服务的宗旨，严格把控质量关，守法诚信经营。近年来，在巢湖市委、市政府涉农政策的指引下，有关部门的指导下，生产和经营规模不断扩大，经济效益稳步提升。在市委、市政府和银屏镇政府的大力支持下，已建成3000亩优质常规小麦，水稻繁育基地；建成占地面积约28亩共计18000平方米，集质检、烘干、加工、包装、存储、运输于一体的综合性良种繁育中心。公司先后获得合肥市“安全生产标准化三级企业”“合肥市农业产业化龙头

巢湖明天种业科技有限公司生产车间

企业”等荣誉。年收储能力达到1000万千克。另外,公司还引进全国领先的10吨/小时种子加工生产线一条，进口30吨/次烘干线两条,以满足周边县市的用种需求。自2015年以来,巢湖明天种业科技有限公司一直致力于研发拥有自主知识产权的品种服务本地农户。累计新申请26项实用新技术专利。

(三)安徽省广兴粮油贸易有限公司

安徽省广兴粮油贸易有限公司

安徽省广兴粮油贸易有限公司是安徽省粮食产业化龙头企业、合肥市农业产业化龙头企业、巢湖市农业产业化龙头企业。公司成立于2003年7月,是一个集粮食收储、加工、销售和贸易于一体的综合型加工企业,注册资金800万元,占地面积60余亩,拥有仓房、加工及烘干附属设施等,建筑面积2.56万平方米,固定资产投资近3000万元。

公司地处风景秀美的巢湖南岸银屏镇,紧依218省道,距离巢湖港口8公里,交通十分便利。企业现有员工20人。库区拥有标准化仓房 11 幢，简易仓 2 幢，总仓容量 7 万吨；标准化油罐 2 座，罐容量 1 万吨。仓储设施配套，机械化作业程度高，出入库能力强。现建有粮食烘干清理中心两座，日处理粮食能力 1000 吨。大米生产线一条，日产 200 吨，年产能 5 万吨。公司全年粮食收购量 5 万吨左右，稻、米销售贸易量 4 万吨左右，年销售收入突破 1.5 亿元以上，年创利润 200 万元以上。公司拥有“金巢湖”和“中巢广兴”两个注册商标，“金巢湖”商标是“安徽省著名商标”“巢湖市知名商标”。

公司大米产品主要立足安徽省内市场销售，还远销江苏、浙江、广东、广西、山东、云南及海南等省，产品质量稳定，市场占有率较高。公司已通过 ISO9001 质量管理体系认证和 HACCP 体系认证，已取得出口食品加工企业备案资质。是“全国放心粮油示范工程示范加工企业”“安徽省放心粮油示范工程示范加工企业”，是巢湖市“粮食应急加工企业”和“粮食应急供应网点”，也是巢湖市粮食价格监测点之一。公司还是“合肥市放心消费示范单位”“巢湖市放心消费示范单位”和“合肥市食品生产加工示范企业”。近年来，在粮食生产经营中，公司诚信守法，分别取得农发行 AA 级信用企业、巢湖市“2011–2012 年度守合同重信用单位”、合肥市“2013–2014 年度守合同重信用企业”、安徽省“2015–2016 年度守合同重信用企业”，在 2014 年至 2018 年度，连续被评定为“安徽省粮食经营活动守法诚信 A 级企业”，已通

安徽省广兴粮油贸易有限公司

过合肥市“安全生产标准化三级企业”认定。

公司坚持“以市场为导向、以顾客为中心、以质量求生存、以诚信求发展”的经营宗旨，树立“为耕者谋利，为食者造福”的行业服务理念，稳步求发展。主动发挥龙头企业的引领作用，强化和培育种植基地，引导推广优质品种，落实优质稻谷农业订单，实现“企业+基地+农户”的双赢机制。不断提升产品质量，牢固树立品牌意识。强化企业内部管理，提高员工安全意识，营造生产安全的良好氛围。在开展生产经营的同时，不忘乡村振兴工作，积极参与帮扶救困工作中，推动巢湖市“百企帮百村”行动纵深开展，解决脱贫户就业，带动脱贫户增收，促进地方经济发展。

（四）巢湖市鸿达混凝土有限公司

巢湖市鸿达混凝土有限公司是一家专业预拌混凝土生产的私营企业。位于巢湖市银屏镇岱山行政村，距巢湖市中心仅 10 公里。公司始建于 2011 年 5 月，占地面积 20 亩，建筑面积 8200 平方米，总投资

巢湖市鸿达混凝土有限公司

2800 万元。

公司先有山东博硕 1.5 方混凝土生产线一条，又于 2013 年 5 月 1 日新建三一重工 3 方混凝土生产线一条，自有 9 方搅拌车 3 台，12 方搅拌车 7 台，14 方搅拌车 4 台，混凝土泵车 2 台。2 条生产线每小时可生产约 600 立方商品混凝土。公司具有预拌混凝土专业承包不分等级资质证，具备一整套实验室设备，混凝土严格按照 GB/T14902（预拌混凝土）标准生产及检测。生产通过全面的计算机管理，整个生产经营过程处于严格受控状态，确保混凝土生产的准确性及有效避免工作中人为的失误。

公司现有员工 70 余人，其中高级技术人员 2 人，中级技术人员 4 人。主要销售市场区域在巢湖市区及周边镇街，服务对象主要有房建工程、市政工程、交通工程的建筑建设单位。公司秉承“管理创品牌，品牌促发展，诚信赢顾客”的工作思路和“质量求生存，信誉求发展”的经营方针。

二、工业园区企业

银屏镇箕山工业园区码头

巢湖市宏鑫混凝土有限公司

(一)巢湖市宏鑫混凝土有限公司

巢湖市宏鑫混凝土有限公司成立于2009年9月,注册资本2580万元。公司地处银屏镇箕山工业集中区,占地面积50余亩,建筑面积20000平方米。专业生产C10-C60强度等级的商品混凝土,具有预拌混凝土专业承包不分等级资质证。目前拥有中联重科全自动生产线两条,配置46米泵车一台、52米泵车两台、拖泵两台、搅拌运输车20辆。经过多年的发展,现已形成一个年生产50万立方以上的预拌混凝土生产基地,现

巢湖市宏鑫混凝土有限公司生产区

有员工 50 多人。主要销售市场在巢湖市区范围内,客户为大型的房地产开发公司。公司秉承“以人为本、以质求存、以誉久远,追求自我超越、科技创新”的理念服务客户、报效社会。

(二)巢湖市宏基商品混凝土有限责任公司

巢湖市宏基商品混凝土有限责任公司成立于 2006 年 5 月,是一家生产 C60 以下预拌混凝土三级资质的企业,位于巢湖市银屏镇箕山工业园区,环境优美,水陆交通便利。公司始终把质量作为企业的生命,实行全面质量管理(TQC),建立了较为完善的质量管理体系和质量保证体系。检测设备齐全,检测人员技术力量雄厚,检测能力较强。据统计,公司混凝土强度标准差为 1.5~4.0N/MM2,产品质量水平控制在较好的水平上。现拥有搅拌楼两座,采用全自动电脑控制,数控程序,计量精确,日产量达 3000 多方。各类混凝土运输车 16 台,泵车 3 辆,分别是 37M、45M 和 52M,拖泵 2 台,铲车 2 辆,备件充足齐备,同时实行自动化办公,确保混凝土及时供应,服务到位。

巢湖市宏基商品混凝土有限责任公司

公司已完成和正提供混凝土工程一览

1	裕溪路跨巢湖大桥	C25 水下/C30	80000m³
2	金湖大道公跨铁立交桥	C15-C50	4000m³
3	信泰国际花园 1-3# 楼人防	C35S8	20000m³
4	无为 CBD 购物中心	C40-C35S6	18000m³
5	无为新百小区	C35S6	12000m³
6	巢湖交警支队指挥控制中心人防	C35-C35S6	3000m³
7	威力水泥 2500T/D 生产线	C30-C30S8	6000m³
8	无为凌风山庄	C15-C35S6	10000m³
9	巢二路谢疃桥、漕河桥、师庄桥、清溪桥等	C15-C50	4000m³
10	巢湖远洲大酒店底板	C35S6	3000m³
11	新巢湖宾馆桩基	C40 水下	3000m³
12	巢湖碧桂园工程酒店	C15-C30S6	35000m³
13	华亚景城人防	C30S6	6000m³
14	巢湖裕溪路东桥	C25-C50	50000m³

(三)巢湖市恒业环保材料有限公司

巢湖市恒业环保材料有限公司成立于 2011 年 1 月,主营水泥生产企业辅助和环保材料的加工生产销售,主要产品有改性磷石膏、脱硫石膏、硅质材料、铁质材料、氢氧化钙粉、氧化钙粉、碳酸钙粉以及一系列建材和环保产品。

公司占地面积 50 亩，配套拥有硅质材料和铁质材料加工生产线。最新式氢氧化钙生产线一条,氧化钙和高钙粉磨生产线一条,高钙石破碎加工生产线一条，还有改性磷石膏生产线等一系列工业生

巢湖市恒业环保材料有限公司

产设备。年加工破碎铁质材料和硅质材料各 20 万吨，改性磷石膏 20 万吨；年产氢氧化钙 8 万吨，氧化钙粉和高钙粉各 10 万吨，拥有成品库房 9258 平方米，厂房 5836 平方米，露天堆场 15000 平方米。粉状物料储存罐储存量 1500 吨，具备全天候 24 小时持续生产能力以及具有在长期阴雨雪等自然条件下货品的储存和保供能力。

为保证质量，厂区配设了整套手工检测产品质量的设备，并聘请有关专业技术人员进行产品检测化验，产品经严格检测合格后予以出厂。公司本着诚信经营、质量第一的原则，保质保量地满足客户的需求。

巢湖市恒业环保材料有限公司生产车间

（四）巢湖市东昇商品混凝土有限公司

巢湖市东昇商品混凝土有限公司

巢湖市东昇商品混凝土有限公司创建于 2008 年 7 月 23 日，总投资 2200 万元人民币，于 2008 年 7 月底正式投产。已建成年产 60 万立方米商品混凝土生产线 2 条，日供应量 2000 立方米。现有三一牌 HZS120 水泥混凝土搅拌站 2 套，罐车 21 辆，三一牌 46 米泵车 2 台，三一牌 37 米泵车 1 台，三一牌 52 米泵车 2 台，三一牌拖泵 2 台。公司占地面积 80 亩。拥有各类专业技术人员 60 余人，拥有配套齐全、功能完整检（试）验室。公司遵循“管理持续改进，服务顾客满意，质量行业先进”的方针，生产出优质的产品，提供满意的

巢湖市东昇商品混凝土有限公司厂区

服务。秉持“优质、高效、诚信、务实”的企业精神，高起点、高品质地把巢湖市东昇商品混凝土有限公司建成具有强大市场竞争力和一流商品混凝土产品的企业。

(五)巢湖巢润新型建材有限公司

巢湖巢润新型建材有限公司

巢湖巢润新型建材有限公司生产区

巢湖巢润新型建材有限公司位于巢湖市银屏镇工业集中区内，总占地面积 90 亩，年产 80 万吨矿渣超细粉生产线。总投资 1.1 亿元，同时建成一座年吞吐量 40 万吨的自备专用码头；码头总投资 450 万元，岸线长 65 米。

公司矿渣超细粉项目

属国家鼓励类资源综合利用项目，变废为宝。生产的原材料水渣全部来源于炼钢厂的工业废渣。公司设备先进，采用 HRM2800S 辊式立磨系统生产，产出的矿渣超细粉用密封的散装罐车运输，销往周边的水泥粉磨站和混凝土搅拌站作添加材料，其主要作用是增加水泥、混凝土的后期强度和稳定性，产品市场前景广阔。

（六）巢湖市亿利达建材科技有限责任公司

巢湖市亿利达建材科技有限责任公司

巢湖市亿利达建材科技有限责任公司是 2008 年 10 月份成立的全新股份制企业，位于巢湖市银屏镇工业集中区，占地 100 亩，紧邻裕溪河，距巢（湖）芜（湖）公路 1 公里、巢湖市中心 14 公里，水陆交通便捷。

公司具有矿渣超细粉粉磨行业设计、研发、应用的多年实践经验，生产、管理、经营能力强。公司建立了矿渣超细粉加工中心，共规划 4 条生产线，年生产矿渣超细粉 80 万吨。项目总投资 1.16 亿元，一期、二期工程 2010 年上半年已投产，三期工程共有 2 条生产线于

巢湖市亿利达公司矿粉车间

2012 年 8 月份投产。配套建设 230 米岸线，自备货物船用码头 3 座，同时码头道路、运输设施齐全。在国家大力倡导节能减排、建设资源节约型和环境友好型社会的大形势下，矿渣超细粉正是利用工业废渣生产的一种绿色环保型建材产品，于 2011 年通过巢湖市环保局的环评验收，产品合格，符合国家的产业政策。

(七)安徽盛巢环保资源产业利用有限公司

安徽盛巢环保资源产业利用有限公司于 2020 年 5 月 18 日在巢湖市成立，注册资本 1000 万元，是一家利用冶金固体废弃物综合利用和二次资源生产企业。

安徽盛巢环保资源产业利用有限公司

公司与江苏沙钢集团、马钢集团长期合作，引进新技术、新工艺。2020年5月在巢湖市银屏镇工业集中区投资建设年产30万吨新型固体添加材料(资源节约综合利用)项目。

项目占地面积30亩，总投资2亿元，主要有建设生产车间、办公及生活区、成品堆放仓库等。新增破碎机生产线2条、钢渣磨粉机生产线2条、棒磨机1台。项目建成投产后可实现年销售收入14000万元，利税5000万元以上。产出产品主要为固体添加材料，产品销售以周边几大水泥厂家为主，主要供给水泥厂等建材行业生产原材料的矿粉，替代传统工艺中水泥搅拌的石子。

2023年3月，公司正式投产。建设钢渣回收再利用项目，既满足当地生产遗留物的回收要求，也是国情国策的需要，也有利于缓解当地社会就业压力，具有很好的社会效益。

(八)合肥龙泉管业科技有限公司

合肥龙泉管业科技有限公司是山东龙泉管道工程股份有限公司(简称龙泉股份)的全资子公司。主营业务包括预应力钢筒混凝土

合肥龙泉管业科技有限公司

管(PCCP)、顶进施工法用钢筋混凝土排水管(DRCP)、综合管廊、混凝土预制构件等。产品广泛用于国家大型水利工程建设、跨流域调水工程建设、市政工程等。“走正道,负责任,心中有别人”是企业文化核心思想,“以人为本,无为而治”是公司的管理理念,“用户第一,信誉至上”是龙泉股份的企业宗旨。

龙泉管业科技有限公司生产车间

(九)安徽德昆新材料科技有限公司

安徽德昆新材料科技有限公司成立于2017年9月14日，注册资本1680万元，是一家专注于生产硅酸盐玻陶原料的新型科技公司,公司落户在银屏镇工业集中区,成为研发生产新型硅酸盐玻陶原料的专业制造商,拥有国内一流水准的研发中心和QC中心、决心在

安徽德昆新材料科技有限公司生产车间

产品品质和产品先进性上占据鳌头。

安徽德昆新材料科技有限公司

新建10条先进节能环保型硅酸盐玻陶原料生产线，节能达到在目前同行业基础上的20%，所有的排放均将达到或超过国家标准，项目分二期实施：一期项目设计年产量5万吨，建设6条先进节能环保型硅酸盐玻陶原料生产线，同时新建厂房，车间、仓库、办公楼，宿舍楼及道路，绿化等配套设施。一期项目计划总投资1.27亿元，其中固定资产投资0.93亿元，占地45亩。第一、二条生产线于2020年8月试产，日产可达120吨；第三、四两条生产线于2020年12月点火试产；第五、六两条生产线正在厂房建设，项目投产后，年产值约2.5亿元，实现税收1200万元，可解决130人就业，具有良好的社会效益和经济效益，也可带动本地区产业结构的调整，二期待取得能耗指标后再新上4条先进节能环保型硅酸盐玻陶原料生产线。

公司与景德镇陶瓷大学、武汉理工大学等高校的材料学院联合研发，不断为玻陶行业提供节能、绿色新型材料，并结合与投资人多年的行业经验和已有的营销网络平台，将产品销售国内外各大产区，包括东南亚、南亚、中东、中亚、非洲和东欧地区，德昆公司将实现"让世界的玻陶工厂都使用中国制造的优质玻陶材料"的宏大理想。

(十)安徽巢湖吉润节能环保科技有限公司

安徽巢湖吉润节能环保科技有限公司成立于2017年,地处安徽中部,合肥东翼,濒临长江,环抱五大淡水湖之一的巢湖,企业坐落于巢湖银屏镇工业集中区,离货运铁路巢湖西站13公里,紧邻裕溪河,距离巢湖港集装箱码头10公里,散货码头100米,属于港区配套企业,地理位置优越,陆运、铁路、水运包括集装箱都非常便利。

工厂占地面积20余亩,建有单层高26米的钢结构厂房,实现原材料、生产、成品发运等所有环节的全封闭环境，符合最严的环保要求。公司拥有7条各类生产线，主要生产氢氧化钙、碳酸钙粉、氧化钙粉、白云石粉和精制沙，以及各种规格的改性重

安徽巢湖吉润节能环保科技有限公司车间

安徽巢湖吉润节能环保科技有限公司

钙粉,产品广泛应用于环保脱硫、水处理、工业填料、橡胶、油漆、涂料、油墨、塑料、防火天花板、建筑、管道、造纸、地板砖、饲料等工业产品,年产量可达 30 万吨,是合肥地区规模最大的碳酸钙粉体专业生产厂家,目前拥有各类技术人员 30 余名,年创产值约 2 亿元。公司成立以来,秉承"创新进取、品质追求"的企业精神,以"诚信为本、质量优先"为经营理念,以"服务至上、客户至上"为宗旨。

(十一)合肥鑫盛新材料有限公司

合肥鑫盛新材料有限公司主要是对白云石、石灰石矿山下脚料进行深加工。生产一种规格:8–120 目白云石、石灰石粉剂(作为普通玻璃、光伏玻璃、显示器玻璃生产原料),在生产过程中对白云石、石灰石粉剂进行除铁,降低原料三氧化二铁的含量,达到光伏玻璃、显示屏玻璃生产标准要求。

截至 2023 年底,银屏镇规上企业 25 家,包括建筑业和批发零售业,其中工业规上企业 13 家。

合肥鑫盛新材料有限公司

第十一章　农业发展

一、特色种植和养殖

银屏镇已建成果蔬及中药材基地3000余亩，建成综合果蔬基地500余亩，中药材基地400余亩。涉及经营大户5家，蔬菜种植户50余家。成功对接巢湖学院的蔬菜供应基地，为广大菜农和村集体带来稳定的经济收入，为果蔬种植户开展入户技术指导和绿色种植等宣传，指导开展规范化、标准化生产，严格遵守农产品质量操作规程。

锥山特色养殖水域

特色养殖的河蚌

芙蓉茶叶产业园

新增绿色养殖标准化改造面积500余亩。改造废弃河沟养殖水面400亩，有序推进稻虾、稻渔养殖模式。杜绝毁坏耕地的种养模式，推广稻田平养模式。银屏镇近5000亩的稻虾养殖为群众带来400余万元的收入。加快长三角绿色农产品生产加工供应基地建设。境内建成的安徽广兴粮油贸易有限公司年加工粮食1000万吨，合肥市德缘食品加工有限公司年加工销售小龙虾等水产品5000余吨，销售收入达2000余万元。安徽双喜园禽业有限公司以加工禽产品和电商销售为主，年销售收入1800万元。继续推进已建成1000亩芙蓉茶叶产业园和岱山600亩果蔬种植产业园等蔬菜基地规范化生产。芙蓉茶叶产业园种植面积3000多亩，荣获安徽省“无公害农产品”品牌称号。三胜村集体经济合作社成功对接巢湖学院的食用蔬菜供应基地。爱国村牡丹产业园新增约200亩茶叶园，开展林下养殖肉鸡达10万只以上，产业结构不断优化。

二、岱山村大棚蔬菜

岱山村各类果蔬种植面积2000余亩。其中设施大棚蔬菜200余亩，水生蔬菜1000余亩，其他陆地蔬菜500余亩。全村蔬菜销售量3000余吨，销售总额约1500万元。其中，巢湖市春明果蔬种植合作社流转农民承包土地共750亩，其中设施蔬果园区用地约230亩，现

夏秋季节的大棚蔬菜

冬春季节的大棚蔬菜

有大棚106个,开展果蔬连作,主要经营圣女果、西瓜(美都)、黄瓜、豆角、辣椒、番茄、辣椒、莲藕、黄瓜、丝瓜、韭菜等蔬果产品,销往巢湖各市场、合肥周谷堆市场及周边大小超市等。以绿色食品生产、认证为目标,积极推行瓜菜标准化生产技术规程,使用遮阳网、防虫网、杀虫灯等物理、生物防治技术,增施有机肥,减少化肥、农药使用量,落实农产品质量安全市场准入、信用制度,上市蔬菜产品质量优良。合作社在发展生产经营创收的同时也带动了周边村庄农民就业致富,为周边农民就业创收每年达50万元。

三、耕种技术升级

新中国成立后,银屏人特别重视农业技术的推广和应用。组织技术培训,现场观摩、技术咨询、以会代训等,在水稻种植栽培、良种提纯复壮、农药化肥使用等方

三胜村稻虾混养基地

面，科技人员利用印发材料、广播、宣传栏、微信平台、宣传车等形式普及农业科技知识。如春季的油菜小麦等作物田间管理，农作物优良品种推广、农作物绿色生产、栽培技术、农作物病虫害防治等各种绿色生产技术。

20世纪60年代，银屏推广耐肥、抗倒、抗寒、高产双季稻品种，扩大午季植物种植面积，推广湿润育秧、合理密植和病虫害土洋结合的综合防治技术；70年代普及推广三熟制、薄膜育秧，小苗带土移栽，良种选育，病虫害防治技术。80年代普及推广高产杂交水稻、油菜、玉米等。推广旱育秧、病、虫、草综合防治技术，大棚蔬菜栽培技术，茶叶采制加工新技术，油菜优控、施硼技术。90年代推广高产、稳产、优质新品种，水稻旱育稀植、抛秧直播技术，同时加强对油菜育苗移植，复合肥、硼肥、生物菌肥的合理使用，推广高效、低毒、低残留农药应用。

2001年，银屏镇农网信息服务站建立，面向"三农"提供各种农业信息服务，定期发布农业信息指导农业生产。农业技术队伍不断壮大，一大批种粮能手成片承包水稻棉花种植，农业向规模化、现代化方向发展。2020年全镇有家庭农场、合作社140多家，农业龙头企业8家，农业生产基本实现规模化生产。农业服务组织也得到长足的发展，以耕种收一体化的农业机械全面推广，耕田机、播种机，植保无人机、收割机正步入正常化，农业机械化已基本实现。

四、农作物品种改进

20世纪50年代，银屏主要采取传统农户自家选育品种，在田间采取去杂或选大穗方法留种，室内推行风、筛、泥浆、盐水沉淀等方法选育纯种。60年代推广双季稻品种改良，早稻向矮杆、耐肥、抗倒伏方向发展;“双晚”向耐寒高产方向发展,并由籼型向粳型转变。70年代,引种方向适应茬口安排,实现早、中、迟品种配套,如早熟品种二九南一号、矮南早一号,既高产又早熟抗倒伏,延续到80年代。中熟品种有圭陆矮8号,原丰早;迟熟品种广陆矮4号、先锋1号等。中稻推广中杆高产品种,如南京11号、桂潮2号等。“双晚”推广早熟抗逆性强的品种,如早熟农垦58号、双丰4号、秋收1号等。80年代至今,农作物良种繁育与推广以高产、稳产优质为重点,注重品种更新换代。

20世纪70年代后期至80年代初,银屏境内大面积种植中稻桂潮2号,后因感染白叶枯病被淘汰,取而代之有扬稻2号(即910)、中籼665,随后又被抗病性强的高产杂交品种汕优63、协优57等取代。早稻浙辐802因熟期迟、米质差,在银屏种植近8年后被淘汰。“双晚”当选晚2号、鄂宜105等品种,自70年代后期在境内种植,80年代末,因品种退化被更新。当前,全镇水稻生产向稻渔(稻虾)综合种养方向发展,全镇稻虾种养面积近5000亩。镇内成立一家种子公司——巢湖市明天种业科技有限公司,从事种子生产、加工和销售,其徽两优五香丝苗和智两优黄占丝苗已通过国家审定;选育的巢优2号、明粳20Y-53已进入安徽省续试,取得种子专利16项,公司年销售收入2000余万元。

新品种葡萄园

20世纪80年代前,玉米主要为当地大黄

皮——皖单1号等,1987年以后引进推广杂交品种丹玉6号、丹玉13号、掖单4号、农大108、鲁单19号、豫玉22号、济单7号。

油菜在1986年前以当地品种花籽、乌籽为主,后引进甘兰型品种——油早一号、庐1275-1、中油821。1997年以后,杂交品种均为甘兰型,先后引进皖油9号、华杂4号和皖油14号。秦油2号为最早引进种植。2023年前使用的品种包括沣油737、华油杂62、庆油8号、秦优1618等。

麦类种植面积大约5000亩,早期代表品种有青稍、红稍、三月熟、宁麦3号、郑引1号、扬麦3号、白麦30号等。2023年前,主要品种为郑麦、扬麦、宁麦类品种。

棉花引进的品种有岱字棉15号、沪棉204号、鲁棉1号、泗棉3号、美国保铃棉等。

第十二章　文化旅游

一、红色文化传承

在新四军第七师最艰苦的隐蔽发展时期，抗日根据地的民主政府仍十分关注教育工作。1941 年 9 月,巢四区民主政府在张家山下村的张氏祠堂创办了根据地第一所小学张家山小学。校长张运升,学校设五个班,分初小班和高小复式班,共有学生 170 余人,生源为部队和机关干部子女及附近农家子弟。为适应战时环境,学校专门开设军体课,七师派军事干部来校担任专职军事教员。

新中国成立后,银屏人民传承红色基因,始终围绕党的路线、方针、政策开展各种健康有益、积极向上的文化艺术活动,在社会发展的各个阶段均取得了喜人成绩。

现如今，银屏镇综合文化站占地面积 300 平方米，两层砖混结构,建筑面积 486 平方米,总投资 70 万元。站内设有多功能室、图书阅览室、文化科技培训室、文化活动室、器材室、办公室等功能室,各种制度健全,管理规范。室外为镇文化体育活动广场,面积 1600 平方米,总投资 30 万元,开辟娱乐健身、文艺演出等综合性文体活动区域,为全镇人民提供了一个科技文化学习、健身娱乐的综合休闲活动基地。

举办各类讲座、培训,普及科学文化知识。每月定期、不定期举办养殖、种植、法律、舞蹈等培训讲座，平均每年举办各类培训、讲座 20

多期,受训人数 1500 余人。

各村建立妇女健身舞蹈队。共有 12 支舞蹈队伍,组织妇女开展健身活动,丰富妇女文化生活,并多次代表银屏镇参加市广场舞、健身舞比赛;连续举办了三届“山水银屏舞起来”全镇广场舞大赛。

利用春节、端午节、中秋节等传统节日组织群众举办乡村春晚、包粽子比赛、猜灯谜等一系列的传统节目,开展了各种庆典、文化娱乐和体育健身活动,丰富群众业余文化生活。

开展群众性阅读活动,为群众提供图书报刊借阅、报刊阅读等服务,定期举办“我的书屋我的梦”读书演讲比赛,连续举办了 6 期。2023 年,银屏图书馆有图书 3000 余册,报刊 15 种,哲学、经济、政治、农业等十余类,可同时容纳 20 人阅览图书刊物。

经常开展“三下乡”活动、演出和志愿者服务活动,倡导文明、健康的新风尚。

积极组织参加上级部门的各类文化活动比赛,取得一些成绩,发现一批文艺骨干,提高了全镇的业余文艺队伍整体水平。

挖掘钓鱼台的传说、吕婆店的传说等非物质文化遗产的传承和保护。认真做好国家级文物单位银山智人遗址的保护,聘请专人负责看护,每周巡视两次。镇文化站对全镇其他 9 个文保单位每月巡查一次,确保文物的安全。

二、银山智人等历史文化保护

银山智人遗址位于安徽省合肥市巢湖市南 7.5 公里的银屏镇岱山村银山。遗址所在的银山是形似馒头的孤立小山丘,地处岱山山脉与裕溪河圩区平原交接的地带,气候四季分明,山地平缓,植被覆盖较好。北面约 200 米为金山。南侧沿路有一小河,为裕溪河支流,自西向东流向，水流缓慢，水体洁净，开阔处为水塘湿地，遗址周边皆是农田。

1982年4月、1983年10月和1986年11月，先后进行了3次发掘。洞穴堆积分为4层，人类化石发现于第二层。在银山西侧一洞穴堆积中发现一块不完整的人类枕骨、一块附连3枚牙齿的左上颌骨及3枚零星牙齿。

银山智人遗址

根据化石形态特征，应属于早期智人。另有十多种动物化石。银山早期智人化石及哺乳动物化石的发现是安徽省继和县猿人化石发现之后，古人类和旧石器时代考古的又一重大发现，也是长江下游地区唯一一处早期智人化石地点，对研究中国人类起源和环境演化都有重要意义。1984年，银山智人遗址被列为省级重点文物保护单位。2013年5月被核定为第七批全国重点文物保护单位。

三、新时代的地方民歌

巢湖民歌是安徽省巢湖市地方传统音乐，国家级非物质文化遗产之一。伴随着巢湖悠久的历史，巢湖民歌经历了由简到繁、由单一到多样的演变过程。巢湖民歌以号子、山歌、小调三大门类为主，其他如舞歌、风俗歌、儿歌以及属于亚民歌范畴的生活音调，为数不多，也有流传。

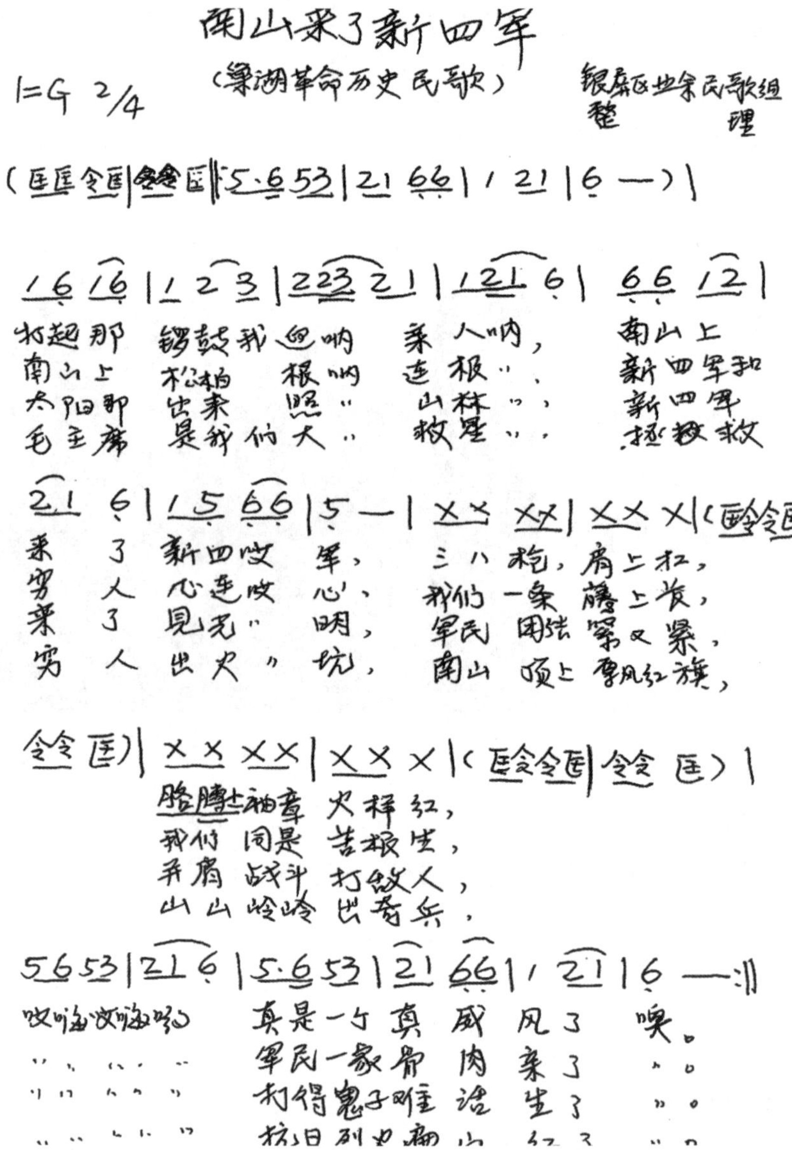

银屏秧歌为巢湖民歌重要组成部分，其最早是农民在田间地头上插秧时所哼唱的歌谣，人们在农作时，为了缓解疲劳，便开始在田间地头唱起来。第一个起头开始唱的人往往被叫作“打歌头”。此时的人们十分有默契，第一个人演唱完后，不会让场子冷起来，第二个人便接着演唱，往往是三到五人为一组，多者可能也有十人之多。其中，《绿浪滚滚迎面来》《秧歌越唱心越甜》《一支秧歌一趟秧》都是银屏秧歌的代表作。

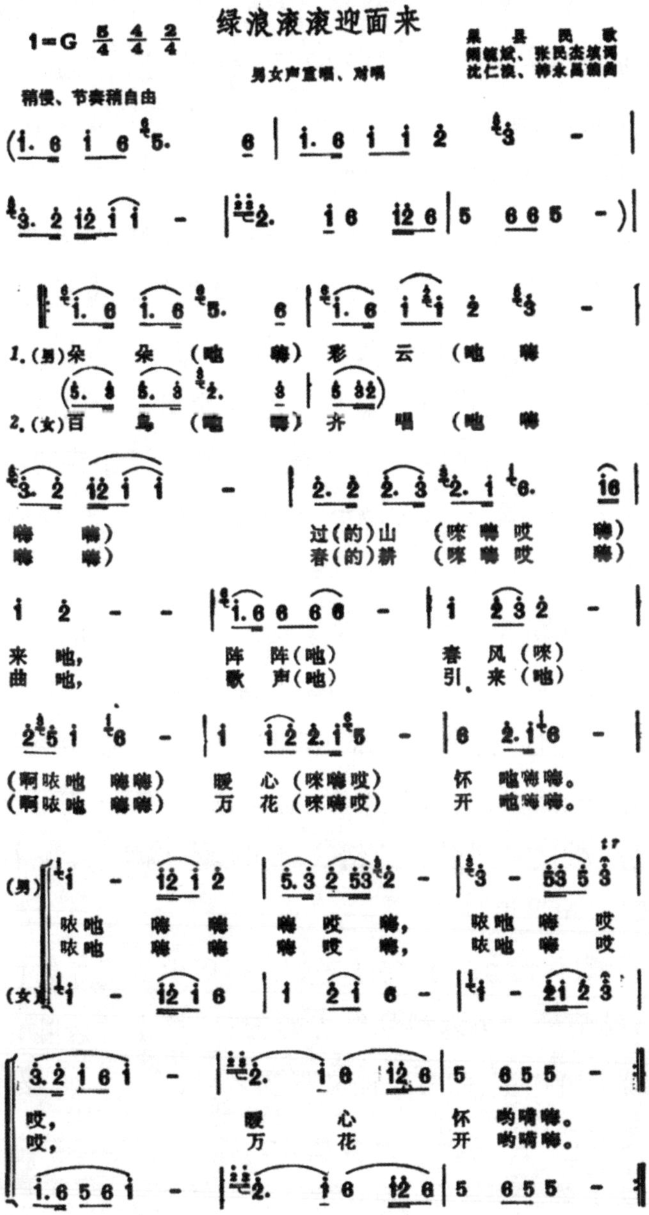

四、红色文旅研学线路

(一)参观新四军东进抗日第一枪纪念馆(约 20 分钟)

新四军东进抗日第一枪纪念馆，位于银屏镇三胜村党群服务中心。展馆位于银屏镇三胜村村部,馆外建有英雄人物主题铸铜雕塑,室内布展通过声光电、图片、视频等手段将蒋家河口战斗背景、经过、影响一一呈现。2021 年 10 月,纪念馆被列为“中共巢湖市委党校现场教学基地”,逐渐成为新一轮“网红打卡点”。

(二)观看党教纪录片《新四军抗日第一仗》(约 16 分钟)

在三胜村党群服务中心会议室免费观看党员教育电视纪录片《新四军抗日第一仗》(又名《见字如面,一封来自 1938 年的信》),纪录片获得第十五届安徽省党员教育电视片观摩评比活动一等奖、最佳摄影奖,第十六届全国党员教育电视片观摩评比活动三等奖。

(三)参观东斗党支部活动中心,体验“品芙蓉山茶、听红色故事”(约 30 分钟)

地点位于银屏镇三胜村东斗党支部活动中心(游客接待中心)全景会议室,邀请新四军后人,给参观者讲述发生在银屏革命老区的红色历史故事,同时品尝来自银屏山芙蓉村扶贫产业园高品质手工茶,赠送“敢打第一枪、勇当吹号人”纪念章,感受历史文化气息,赓续红色历史血脉,激发爱国爱党热情。可提供会场服务,配有发言席、电脑、投影仪、音响等设备。

红色书吧(休闲茶室)内有红色书籍、历史传记等数百部图书。同时提供“岱岫晴云”“芙蓉叠翠”“虎岭云香”等多种茶叶,可在此处品银屏山区特色野山茶,欣赏美丽湖景和乡村风光,偷得浮生半日闲。

(四)文创产品及土特产代寄服务

位于东斗党支部活动中心(游客接待中心),陈列了三胜村特色文创产品和农副产品，包括纪念瓷缸杯，第一枪帆布袋、笔记本、雨伞等，手工布鞋、茶叶、土鸡蛋、麻油等，呈现党建引领促发展、乡村振兴产业兴的良好态势，现场提供免费邮寄服务。

（五）参观蒋家河口战斗遗址广场（20分钟）

广场位于裕溪河沿岸、银屏镇三胜村东斗自然村和岱山村双喜自然村交界处，面积700多平方米，新的广场气势大方、外观庄严。著名的蒋家河口战斗发生在此处。现为巢湖市爱国主义教育基地和巢湖市重点文物保护单位。安徽省红色旅游“抗战烽火”之线已将其列为线路之中。可在此处开展敬献花篮、重温入党誓词等活动。

2018年5月，老战士、小学生和部队代表在原纪念碑现场

（六）参观银屏革命老区展示馆（约20分钟）

2021年，重新修建的蒋家河口战斗遗址纪念碑

展示馆位于三胜村东斗自然村，坐落于蒋家河口战斗遗址广场南侧，馆内面积共有200多平方米，借助于现代化的声光电技术，以银屏老区的革命历史为背景，重点讲述了“五个一”红色历史，即：巢南革命第一地、东进抗日第一枪（突出背后的故事，与新四军东进抗日第一枪纪念馆内容不同）、改造巢南第一

刀、皖中抗战第一校、渡江作战第一船。

(七)岱山村春明果蔬生态示范园采摘、垂钓

示范园位于岱山村扶贫产业园,采摘园总占地面积为650亩,有钢架结构大棚115个,建筑占地137亩,莲藕基地195亩,鱼塘5亩,稻虾共作基地150亩,新型采摘园163亩。全年供应采摘、垂钓、住宿、餐饮集旅游休闲观光为一体的现代生态农业示范园。采摘园上半年有奶油草莓、圣女果、精品西瓜、各种桃类、水果黄瓜等新型水果供采摘,还有新鲜的小龙虾;下半年有特色蔬菜及水产等无公害绿色产品供应。垂钓鱼塘全年内有鲫鱼、鳊鱼、草鱼等。可提供种菜、插秧等农耕体验。

(八)特色农家菜餐饮服务

银屏镇特色土菜馆,菜品多样,食材多来源本地农家,有招牌菜"乌鸡汤",养生补气,广受好评。

五、银屏旅游业

(一)红色热土、山水银屏

在美丽的巢湖东南岸银屏山脉和裕溪河畔一带广袤的地区,站在银屏高山之巅放眼四周眺望,这里是丘陵起伏的群山夹带着一望无垠的田畴,以及星罗棋布的村庄与港湾密布的大小河流。烟波浩渺的巢湖是她蓝色的背景,四通八达新建的乡村水泥公路纵横交错地连接在一起,构成了一幅美丽城乡一体化的彩色画卷。

裕溪河畔,两岸有支流纵横的网状河渠,岸边绿树成荫,圩区的亚父、银屏工业园内有几十家国营、民营企业纷纷落户投产。跨越裕溪河上新建的桥梁裕溪河特大桥,贯通了巢湖市的南外环(316环巢湖滨湖大道),2016年已经通车;合福高铁好像一条白色长龙,穿

越了银屏镇锥山村“三国古战场的濡须口”。

在濡须口两侧分布着三国古战场遗址，它们是濡须坞、偃月城、东兴堤、散马滩、点将台等遗迹，濡须坞上建有一座明代古塔——文峰挺塔，2017年，巢湖市人民政府对其进行了修缮，让它恢复了明朝时期的原貌。《三国演义》里“草船借箭”的故事就发生在银屏西关“濡须口”这里。

蜿蜒奔流的裕溪河，自古以来就是连接巢湖与长江重要水域的一条黄金水道，古代乃是兵家必争之地、如今更似一条长龙横贯于银屏镇境内。世世代代被裕溪河两岸几十万人民亲切地称为母亲河。蒋家河口对岸还坐落着安徽省内陆河最大的港口巢湖市城东码头，万吨巨轮经常从合肥、巢湖装载着集装箱货物从这里运往全国各地和海上丝绸之路。在天空俯瞰巢湖东南岸边的大地，呈现出裕溪河两岸的圩田、烟囱、吊车、厂房和星罗棋布的村庄，夏季它像是连接大河分布的支流与群山的彩色地毯。美丽的巢城“环滁皆山也”！而银屏镇是巢城的东南门户一道天然屏障。

裕溪河特大桥

春秋、战国时期，银屏镇一带疆域既是“三国古战场的濡须口”，也是吴头楚尾的“南楚边陲”。银屏山脉的霸王山、鸡尾燕、石壁山、狮子山、芙蓉岭、南方山、望湖山等皆是吴、楚两国的疆界。这块神奇的土地历史悠久、文化底蕴深厚。“银山智人遗址”、望城岗古代石器群标志着银屏是华夏人类的发源地之一。商周文化遗址、三国古战场遗址、太平天国古战场遗址等,显示这里自古就是军事要塞。这些著称于世的历史文化气息在银屏都能容易地找到它的遗迹和缩影,还可以听到它们诸多美妙的传说故事。

而今,可以对接全国的“三国文化”“项羽文化”的历史研究,也逐渐地被民间文化爱好者和专家们推上了媒体和电视屏幕,并引起巢湖地方政府的高度重视。省内外报纸、刊物也曾多次刊载了专家们的相关论文,让省内外旅游爱好者和创客们进一步了解到秀美的银屏。

银屏镇境内民间传说故事和历史文化遗迹可算是不胜枚举。千年古镇吕婆店、浮丘钓鱼台、望夫山左劲草、岱山东岳庙、大秀山南圣宫、白牡山天池庵等民间故事在巢湖一带妇孺皆知、家喻户晓。南龟山的文笔峰、秀芙金家桥的晋代古城遗址、东龟山的文峰挺塔、七宝山顶的烟霞亭、锥山村濡须口的明教寺、秀芙白塔铺的大千寺等都是有典籍可查的历史文化遗址。爱国纪家墩在明朝万历年代还出了一个纪皇后(清《康熙巢县志》有载)。这些资源为巢湖市创建历史文化名城提供了有力的文化支撑。

银屏不仅历史文化底蕴深厚,自然景色也是风光无限。古代巢县十景,银屏就有“岱岫晴云”“芙蓉叠翠”“浮丘钓台”列入其中。过去民谣所说“巢县五牛、三龟”,其处所多数在银屏。现今的蒋家河口战斗遗址东进抗日第一枪纪念馆、银屏革命老区展示馆、秀芙张山的古树群等,更是备受中外游客们的青睐。

银屏山地区是新四军第七师的诞生地,也是全国十九块抗日根据地之一,是皖中抗日根据地的中心地带,为此,抗战文化成为银屏山革命老区的一大特色文化。新四军首战蒋家河口、望城岗攻坚战役等著名战斗以及陈家山口第一个党支部的建立，钓鱼台码头(抗战时期，南方城市进步青年进入新四军第七师的重要港口)等在地方党史上有记载。作家杨杰的小说《银屏碧波》《黎明前夜》介绍的就是银屏山地区的抗战革命故事；巢湖抗战回忆录《烽火岁月》，也有许多早期参加革命的先辈撰写的回忆文章，里面记载的大部分抗战故事都曾发生在银屏山地区，银屏的抗战文化可歌可泣。

如今的银屏山革命老区，拥有“项羽文化”“三国文化”和“抗战文化”三大文化名片。其次，银屏山脉一带地形山峦起伏，丛林之中绿树掩映，生态文化也成为一个独特的文化品牌。闻名于世的“巢湖奇石”就在银屏山地区，目前这些奇石已在全国诸多的大、中城市的公园里“安家落户”。吕婆屏峰村的环湖大道旁，已建成大型“奇石公园”，这里目前是合肥地区最大的“奇石”市场。地理位置神秘而奇妙的银屏镇不仅历史文化璀璨、自然生态优雅，而且交通便捷，有着得天独厚的自然资源和历史人文资源。随着“美丽乡村”建设的推行，“城乡一体化”建设的步伐也正在加快，不远的将来，银屏镇将会融入“环巢湖全域大旅游圈”，银屏镇的明天山更绿、天更蓝、水更清、人更美。

(二)银屏旅游著名景点

岱岫晴云。巢南诸山里面，独大秀一峰昂耸居中，最为秀丽。每当好雨初霁，云束山腰，螺髻苍翠，变幻万状，俨然董北苑、米南宫丹青一幅。宋代杨杰有诗云：“水带平湖千里远，山横大秀一峰高。”

岱山寺位于大秀山顶，原名南圣宫，又称大秀庵，明末清初称天华宫，始建于明万历四十八年(1620年)。岱山寺山势平缓，峰耸林茂。从寺右侧望去，张、王二山犹如儿女绕膝，雾罩云飘，其乐融融。左府大秀谷底，泉潭深幽，碧波粼莹，鸟语虫鸣，松涛稀稀。山顶上大秀晨钟暮鼓，山下四秀木鱼声声遥相呼应，与幽谷同诵，与天宇共鸣，一派

银屏山景区

梵呗、飞天的佛国境界。寺前的龙潭泉水被信众视为圣水,每每到来,无不桶盛杯装带回让家人饮之,以求消灾免难。

浮丘钓台。台横踞东流,背山临水,石岸峻峋,贾帆渔舸,往来不绝。可供游人携尊趺坐。

浮丘公园

芙蓉翠霭。芙蓉岭,邑旧志名浮浓,郡志又云名附农。二名俱不雅,今定以芙蓉名之为确。此岭回冈曲磴,密树丛篁,每当雨霁烟开,翠色如泼。名人歌咏甚多,近无为州守颜公、邑侯于公,俱有诗为之志胜景。

芙蓉岭下的新农村

陈家山口。位于芙蓉岭脚下，曾是中共和（县）含（山）巢（县）无（为）中心县委机关驻地。1940 年 5 月至 6 月间，中共津浦路西省委决定撤销和含中心县委，成立和含巢无中心县委，林岩任书记。7 月，中心县委的领导班子从津浦路西出发，随胡德荣的手枪队返回巢无山区。林岩等先落脚巢含边境朱圣圩，后在中共党员李德友的引导下，来到陈家山口村，县委机关秘设于此。

县委落脚后，首先建立巢南区委。张世荣、江宏涛先后任区委书记。鉴于照明山战斗失利后新四军一度撤出银屏山区、巢南大刀会组织有所反复的严峻形势，巢南区委决定在大刀会中发展贫苦农民入党，建立基层党组织，以破除帮会势力的束缚。经过数月艰苦细致的工作，山区群众逐渐向党组织靠拢，大刀会的影响大为削弱，党组织也从山里发展到山外。

为确保中心县委的安全和对外开展工作，县委军事部长江文和刘云带领的铁流游击队，活动于巢南和无为石涧两个区，抗击日军骚扰，消灭山区的土匪武装，维护山区的安全。此间，游击队在山区从80余人发展到200余人，建立了通往巢北、含山、无为的多条对外交通线。与此同时，巢南区乡的民兵武装和区乡政权大都建立，也培养出大批干部。中心县委在巢南山区开创的这一良好局面，为后来新四军第七师创建皖中抗日根据地，并进而成为根据地的中心区，打下了坚实的基础。

和含巢无中心县委旧址

后来，日军进驻陈家山口时，发现大屋为游击指挥点，纵火烧毁了大屋的主客房，只留得厢房躲过了一场火灾。战火纷飞的年代已远去，曾经的革命据点如今也只有部分残迹，仿佛在无声地诉说当年日本侵略者纵火烧毁的悲壮历史。

奇石公园。巢湖南岸的银屏镇望城岗汤王村，在通往银屏山仙人洞景区的旅游路和208省道汤王至吕婆店的道路两边数公里，陈列着造型各异、风姿绰约、妩媚奇巧的“巢湖石”，被媒体和旅游爱好者们称为“银屏奇石街”，美名远扬。而今，这里已经成为合肥市乃至安徽省一处特色旅游景点。

过去，小司自然村还是远近闻名的花卉盆景村。早在清朝、民国时期，这里就有人制作“石山、盆景”，并销售到外地城市作为谋生之路。

20世纪70年代，银屏大司、黄金科村就有人把“巢湖石”打入城市的园林市场，并为“巢湖石”获得了名声，也为巢湖打造出一道金色的奇石品牌。其实,屏峰村内的“巢湖石”早就被历代行家视为珍品。早在明清时期,出自银屏山上的“巢湖石”,就已经点缀了许多华夏园林,也承载了吕婆村在国内外的声誉。上海豫园里中外游客欣赏的奇特巨石,还是唐朝皇家从银屏山区转运过去的。现今,北京颐和园的“青芝岫”、苏州狮子林的“嬉狮石”等众多城市古建筑园林均系银屏山、岱岫山、牛角山、凌家山等地开采的“巢湖石”堆砌而成。美丽的“巢湖石”早已在海内外及异国他乡展示出神韵风姿。

2010年,在原居巢区委、区政府的大力支持下。银屏奇石市场落户于吕婆大司自然村,市场占地100余亩。建成后,不仅能解决大批人员就业,还能带动运输、餐饮等行业的发展,同时还彻底改变原先的“马桶式”经营为今后的园林园区式经营,吸引了大批外来资金和外地奇石品种,为吕婆村的繁荣和发展带来新的机遇。

奇石公园一角

银山智人遗址。银山智人遗址位于安徽省巢湖市南7.5公里的银屏镇银山村,银山海拔只有25米,山顶阳光充足,环境适合人居住。

在山头向阳的一面有两个山洞，一个在山底，一个在半山腰。两个洞口几乎都堆满了黄土。从外表看，这两个山洞很不起眼，细细察看，在洞口周边，散布着一些带有动物化石的石头，动物骨架痕迹清晰。

白牡山天池寺。相传地藏菩萨金乔觉从新罗而来，一路寻觅修身的场所，路过白牡山时见此山形若荷花，与佛门莲花相似，便按下云头驻足查勘，这一查不要紧，他的前足踏入土中，遂形成一处池塘，取名天池，现在已成天池寺僧众的饮用水源。天池寺名也由此得来。池水清澈，甘甜可口，周边草丰林茂，引来牡丹仙子的垂青，一株白牡丹爱上这里，便在这池边生根发芽，渐渐枝繁叶茂，花香怡人，引来方圆十里的人们围观，白牡山因此得名。金乔觉的后足踩在岩石上，至今留下一方大脚印。后人遂在山顶建立天池寺，供奉地藏菩萨。

白牡山天池寺

文峰挺塔。文峰挺塔，俗称“龟山椎子”，又称濡须塔。龟山塔建设于明代初期，传说刘伯温路经此地发现有龙脉之气，怕危及明朝江山，于是编一借口，在龟山上建塔为锥，以镇龙脉。龟山塔为六角七层砖木石建筑结构，高约三十五米。塔内呈圆柱状，从一层上二层须脚撑两侧墙壁方能登上，二层以上为砖拱形分段式楼梯，每个石木楼梯窄小，仅能容纳一人盘旋至顶。塔面灰墙上隐约可见镶嵌不少砖雕与刻花。塔近傍曾有濡须寺，已毁弃。明崇祯年间，上两层倒塌，至清道

锥山上的文峰挺塔

光年间重修七层。1958年、1963年、1987年又三次遭雷击，上两层被击塌过半，成危塔。2017年，龟山塔得以重建，恢复了遭雷击倒塌的上三层建筑，对余下四层建筑进行了维修。如今的龟山塔巍然屹立在裕溪河畔。

原始瀑布群。石壁子瀑布，高约30米、宽约10米。瀑布下方是一个二三十平方米的深潭。潭水清澈见底，水质清冽透明、凉爽。鹰子窝瀑布，位于芙蓉村的西北面，临近时溪水哗哗流淌的声音不时传入耳中。这里地势险峻，飞瀑从几十米高的山巅倾泻直下，飞溅出似玉如银的水珠，颇为壮观，其景色令人叹为观止。吴山瀑布，位于芙蓉村最南面，与无为市石涧镇交界。沿通往吴山村的一条村道前行不远，站在路边便能看到流淌中的瀑布。

张山石壁子瀑布

张山古村落。古村、古泉、古树、古宅、古道，这里隐藏的风景与人文可以让你的脚步慢下来。有道是，立冬未寒秋未尽，山色水景更怡人。位于银屏镇腹地的张山路是一条串联起古村、古泉、古树与古道的地方。山谷之间南有芙蓉岭、铜铃山，北有岱山、黄姑岭，山地风貌有变化。从季家墩到芙蓉村再到陈家山口老屋前，这里在全面抗战时期，活动着新四军七师部队。陈家山口大屋成为巢湖南岸的地下交通点和指挥部。过下杨村到张山的古村、古泉，三角槭、乌桕、枫香等五棵上百岁龄古树环抱古泉，古树成为张山路最亮点的地方。张山古村落，翔实记录着张氏先人移居到此。建于明嘉靖年间的张氏宗祠成为张山人最早留下的记忆。溪水穿村而过，侧畔，石屋鳞瓦，亭前叶落，刻画着古村的风景。岱山山麓四周环有碧秀庵、乐秀庵、怀秀庵、云秀庵，古来有说“大秀虽小，脚踏四秀”。登蜈

古泉

古宅

古桥

现代张山村

蚣地，来乐秀庵，看360多岁龄的古银杏。靳山水库，波光倒影，清秀有韵。张山路的终点靳山古村，一条山道弯弯隐藏的村落，坐落山谷，四周被群山环抱，村中多古泉、古树，山腰修竹一片。随着靳山山区公路西进延伸，与银屏山下大岭村牵手。张山路与大岭路连通，已成为银屏环山旅游道路的一部分。

第十三章　教育卫生

一、教育的创新和发展

学前教育。1998 年银屏镇中心幼儿园成立，2019 年钓鱼幼儿园成立，2007 年境内第一家民办幼儿园成立。截至 2023 年底，全镇公办幼儿园两所，幼儿 80 余人。全部公办教职工 8 人。

位于银屏中心小学的少年宫

银屏中心幼儿园课间活动

小学教育。1980 年，中共中央、国务院发表了《关于普及小学教育若干问题的决定》，银屏区重点抓了普及小学教育。当时，银屏区有小学 65 所，在校生 8000 多人，适龄儿童入学率达 90%。1986 年 4 月 1 日《义务教育法》颁布后，政府加大资金投入，小学办学条件不断改善。1992 年撤区并乡后，银屏镇共有小学 21 所 125 个班，在校生 3161 人，适龄儿童入学率达 99.3%，小学教职工 189 人。

由于人口出生率渐低，儿童入学向城镇集中，银屏镇逐步对小学布局进行适当调整。截至 2023 年底，全镇仅有小学 4 所，24 个班，在校生 381 人。

银屏镇中心小学是一所花园式小学，1999 年获“合肥市电气化示范学校”称号；2017 年获“合肥市首批新优质学校”称号；2017 年、2018 年、2019 年连续三年获巢湖市优秀学校荣誉；先后被授予巢湖市“示范小学”“爱国主义教育示范学校”“优秀学校”“合肥市语言文字规范化学校”“合肥市百姓身边好学校”“合肥市特色学校”等荣誉称号。

银屏镇中心小学

中学教育。1992 年，撤区并乡后，仅剩一所完中、两所初中。2017 年原秀芙、钓鱼初中并入银屏中学，招收全镇范围内初中学生，高中随即停办。

银屏中学前身是巢县银屏初中，后几经变革、几易校名，1980 年定名为银屏中学；1983 年 8 月，为发展职业教育被原巢湖行署教育局批准为“巢县农业技术学校”；1986 年又被改为巢湖市高级职业中

银屏中学全貌

银屏中学举办读书比赛

学;1987 年巢湖行署教育局又将校名改为巢湖市乡镇企业职业学校;1993 年,学校又恢复综合高中班招生。2006 年 12 月,学校被原居巢区人民政府确定为居巢区职业教育中心。2013 年后,随着城镇化建设进程不断加快,学校招生人数逐年递减。2017 年 8 月,巢湖市人民政府决定暂停银屏中学高中招生,合并钓鱼、秀芙初中组成新的农村寄宿制巢湖市银屏中学(初中建制),2023 年底全校 6 个班,在校学生 216 人,教职员工 31 人。

老年教育。1997 年银屏镇老年学校成立,是巢湖市兴办较早的乡镇老年学校。银屏老年学校开设卫生保健、科技知识、文化知识、书法、绘画、音乐、戏曲等课程,组织太极拳、广场舞、腰鼓等文体队伍,

老年大学舞蹈队

老年学校组织升旗仪式

老年学校开展安全教育

部分老年学员在收看教育片

常年活动。2023 年全镇 9 个村全部开学，在册学员 1603 人，占老年人数 20%，实现了“老有所养、老有所学、老有所乐”。组建了讲师团定期授课，各村老年学校都配备了 2 至 3 名教师。老年学校成绩斐然，多次受到省、合肥市、巢湖市老龄委表彰，荣获合肥市示范老年学校 1 所，巢湖市规范老年学校 4 所。

二、医疗卫生工作

（一）医疗机构

银屏镇中心卫生院始建于 1956 年，原名巢县银屏区卫生院，院址设在区公所后山脚下。1994 年迁至吕婆街道（巢无公路旁），占地面积 2668 平方米；逐步建成门诊大楼、住院楼和职工宿舍，占地 800 平方米；医疗业务用房约 500 平方米。后期，卫生院进一步改扩建，现占地面积 4468 平方米；医疗用房 2517.54 平方米，设内科、外科、妇产科、预防保健科、检验科、医学影像科和中医科，安装有 DR、全自动生化仪、彩超、十二导心电图、五分类血球仪等医疗设备，基本满足了农村基本医疗保障需求。一个集医疗、预防保健于一体的基层医疗服务机构日趋完善。

2023 年底，全院医、护工作人员 41 人，其中副主任医（技）师 2

银屏镇中心卫生院

人，主治医师（主管护师）15 人，年接诊量 13342 人次，医疗咨询服务 15000 余人次，建立居民健康档案 30443 人份，0–6 岁儿童预防接种 2487 针次、0–6 岁儿童健康管理 1634 人，65 岁以上老人管理 5832 人，高血压管理 4476 人，糖尿病管理 1339 人，卫生协管巡查 186 次，全年农合报补 9831 人，报补金额 314583.61 元，医疗救助、民政优抚、大病保险等报补金额 12513.37 元。

银屏镇中心卫生院下辖 8 个村卫生室和 1 个分室。2009 年 10 月全部投入使用，村室现有村医 22 人，主要承担辖区内基本医疗和基本公共卫生服务。

（二）卫生防疫工作

饮水卫生：乡村群众过去长期饮用河水或塘水，这些水易受污染，人饮此水，易生疾病。1981 年后，改水、改厕、改圈工作全面展开，建大口深井、手压井、河流沙虑井等。银屏镇内绝大部分村民饮用到清洁卫生的水。1991 年，银屏镇自来水厂建立，饮用清洁自来水的居民大幅增加。现巢湖自来水厂与银屏镇水厂并网，饮水卫生更有保障。预防接种：1984 年开始推行计划免疫，逐步实现普及儿童免疫目标。到 2023 年，全镇卡介苗、糖丸、百白破、麻疹和乙肝“五苗”接种率达 90%以上，达到国家疾病预防控制目标。疫病防治：在党和政府的关心下，银屏镇建立健全医疗卫生网，扩充各级卫生防疫队伍，对人民健康危害较大的疟疾、丝虫病、钩虫病、蛔虫病、血吸虫病、头癣、地甲病、结核病、乙肝、肿瘤等坚持反复斗争、持之以恒、科学防治，基本控制了常见传染病和地方病的传播。妇幼保健：1992 年，银屏镇成立计划生育服务站，广大育龄妇女定期到计生服务站妇检，切实保护孕龄劳动妇女的身心健康。

改革开放以来，全镇对儿童健康定期体检，有 5400 多名儿童统一驱虫，同时重点抓好 14 岁以下“独生子女”健康普查工作。

迎难而上，打好疫情防控“阻击战”。始终坚持“人民至上、生命至上”的理念，银屏镇全体机关干部下沉到镇内 118 个卡点，坚持吃住在一线，对居家隔离的 245 户 405 人建立包保责任制，每天探访、测量体温、织密扎牢疫情防控网。严格执行“外防输入、内防扩散”的要求，设置小岭拐疫情防控检查站，实行 24 小时专人值守，共检查 7862 辆车和 15014 人，劝返 653 辆车和 1695 人。由于工作扎实，受到上级通报表彰。

第十四章　交通建设

一、古道、国道、省道、县道建设

古道。银屏古道有三条，一是巢(县)庐(江)大道，从巢县城经望城岗、茶亭、高林、槐林到庐江县。此道是班马走递紧急公文的驿道。驿制起源很早，清光绪《巢县志》记载：邑非通衢，历朝不设驿站，仅置班马走递紧急公文。二是巢(县)无(为)大道，从巢城经吕婆店、东岳庙、笤箕山、金家桥、越芙蓉岭、打鼓、石涧埠到无为。巢无人赶集贸易往来，必经此道。车水马龙，肩挑手提，日走夜行，甚是繁华。三是巢严通道，自吕婆店街头穿过皇姑岭，走张山石壁到打鼓翻山越岭至无为严桥。至今仍见古石凳、古台阶和纳凉歇脚的古树。

古道

国道。G346 国道东西横跨银屏镇岱山、吕婆境内。东起岱山裕溪河特大桥，西至屏峰小司村，全长 3.8 公里，是连接巢湖至庐江干线的一部分。

国道

省道。S218 南北穿境而过。起点巢湖水泥厂，经过吕婆村汤王，终于芙蓉村小岭拐十五碑，全长 10.6 公里。1949 年春，为迎接人民解放军挥戈南下，渡江作战，解放区群众抢修了巢县至无为段路基、路面，保证了谭震林、许世友十万大军顺利通过。巢县解放后，这条道路经过多次改建，裁弯取直，拓宽改造，削岗降坡，路面改建，至 2002 年

省道

达到国家二级公路标准。省道银屏段基本建成绿色长廊。

县道。钓秀公路是连接钓鱼和秀芙的主干道，全长 5.17 公里。原为钓秀河河埂，1971 年建砂石路基，2012 年建成标准公路。2020 年，此段道路遭受百年不遇的洪水，全线损毁严重，借助于钓秀河水利整治项目，对钓秀路全线进行了加固、拔高及拓宽。2020 年底，巢湖市农村公路进行提质改造工程，钓秀公路也利用新建成的钓秀河大堤进行改造，完成了提质改造。

县道

二、村村通工程

为加快旅游开发，促进经济发展，方便群众运输，2000 年后，银屏镇加大资金投入，大力改造乡村公路，提高路面标准，在巢湖市率先实施村村通工程。截至 2020 年，全镇完成 13 条道路及配套设施建设以及 8 条老路加宽工程，对全镇已建的 148 公里乡村道路实施养护。全力推进刘湾渡改桥等 8 座农村危桥新建加固项目建设，完成 4 路城市公交车站建设。沿 S218 道路、钓秀路延伸至锥山村，新增安装太阳能路灯 405 盏，让整个道路沿线全面亮起来，同时在道路两旁栽

村道

植行道树。2021 年开通城乡公交车 H112 张洼线、H113 张山线、H113A 申山线。

三、裕溪河的畅通

2017 年，国家重点工程裕溪河治理项目，银屏镇需征收房屋近 90000 平方米，涉及 480 余户。镇村干部迎难而上，动员全体党员包户宣传，讲政策、做工作。六个月时间，全部征收了划定区域内的房屋，让出了 15.4 公里的堤防加固区，未发生一起纠纷或上访。同时还完成了 507 亩土地复垦任务，并通过合肥市验收。顺利完成土桥泵站重建项目、水毁重建、堤防加固工程项目。

裕溪河

第十五章　平安银屏建设

一、狠抓双提升宣传工作

开展各种形式双提升、反邪教等日常宣传工作。在“迎新春、送春联”志愿活动、学雷锋纪念日、消费者权益保护日、国家安全教育日、反邪教宣传月、《民法典》宣传月、“江淮普法行巢湖行”、《宪法》宣传周期间,银屏镇司法所、派出所、信访办、市场所等部门在文化站、农贸市场、企业等处搭设宣传台,开展反电诈、反邪教、扫黑除恶、打击传销、反恐、铁路护路、禁毒、生态环保等宣传工作,接受各类群众咨询累计达1500余人次,发放宣传品300多件。同时,通过各村广播或移动宣传车积极开展宣传工作。

二、落实网格化服务管理

银屏镇设立了四级网格。一级网格由镇党委书记、镇长担任网格长;二级网格按照条块结合的原则,由镇分管负责人、综合执法大队及各村书记担任网格指导员；三级网格由村分片干部担任专职网格员;四级网格由各村充分发挥村民组长、村民代表、党员、“五老”、护林员、计生信息员、保洁员等一切热心社会事业的群众,由这些人员担任兼职网格员，协助包片干部发现自然村内各类社会事务问题并及时上报。

三、强化治安防控体系建设

积极开展治安巡逻和群防群治工作。由银屏镇综合执法中队开展此项工作,目前共有队员 9 人,分为三小队,每队各包片 3 个行政村,每队白天、夜晚各巡查两次,星期日巡查按队进行轮流。

大抓可防性案件压降。一是坚持“白天见警察、晚上见警灯”行动。公安派出所最大限度把警力摆在社会面,切实加强对人员聚集的重点区域、重点部位、重点路段的巡逻活动。二是坚持开展“亮警灯”“见警徽”行动。派出所、司法所、交警中队在公务活动中都坚持“亮警灯”“见警徽”行动,深入各自然村巡逻、入户走访,每名干警每月走访不少于 30 户。三是加强技防投入。根据《巢湖市“雪亮护巢”视频监控系统建设工作实施方案》要求,为进一步扩大银屏镇视频监控点位的覆盖密度,完善立体化、信息化社会治安防控体系。

四、防范“电诈”工作

建立健全防范治理电信网络诈骗长效工作机制。开展“国家反诈中心”APP 推广注册集中攻坚行动,掀起新一轮反诈宣传防范声势热潮,2022 年共张贴宣传海报 500 余份, 已下载注册国家反诈中心 APP 8000 次。

开展打击整治养老诈骗专项活动。2022 年,印制宣传单页 1000 份,悬挂横幅 20 多条,搭设宣传台 2 次,联合市普法办、市法院等集中到芙蓉村宣传 1 次,镇综合办联合司法所、派出所集中宣传 30 余次,入户宣传 1000 余次,进双喜圆、龙吉顺等企业开展宣传 5 次。

五、管控涉稳风险工作

2022 年,经摸排及上级部门反馈,银屏镇三级以上肇事肇祸等

举办创平安银屏活动

严重精神障碍患者共 49 人(另 2 人,经市专班协调分别迁出至亚父街道和天河街道)。现长期住院的有 7 人,个案管理小组按季度进行走访,人员情况都较为平稳,未发生一起严重精神障碍患者的涉稳案件。司法所对辖区 69 名安置帮教对象、9 名矫正对象进行日常管理,加强走访教育,无托管、漏管情况发生。

六、多元化解矛盾纠纷,及时化解日常矛盾隐患

坚持定期排查与经常性矛盾纠纷排查调处相结合,加强组织协调,大力推进综治、信访、司法“三位一体”的访调对接工作,增强矛盾纠纷的化解调解能力。截至 2022 年底,共排查调处各类矛盾 139 起,没有因调处不当发生民转刑案件,从源头上预防了矛盾纠纷的发生。

七、"四员一律"进村

积极配合开展"四员一律"进村工作。2022年，办理申请法律援助案件37件。巢湖市检察院联合银屏镇司法所、综治办到辖区9个村开展双提升、打击整治养老诈骗等宣传活动，并开展法律明白人、法治带头人培训等活动。

八、强化扫黑除恶工作

加强线索排查，开展分析研判，严肃违纪处理。银屏镇将全镇173个村民组划分为168个小网格，每个网格安排1名镇干部、1名村干部、1名村民组长进行包保，重点从10个方面逐村逐户进行排查，摸排调查有无"村霸"等黑恶势力。

九、危险品安全管理

针对农村存在的煤气、液化气等危险品安全隐患，组织专业人员开展了全面排查，强化安全宣传教育，提升了村民安全意识，有效杜绝了安全事故的发生。

十、提升村级医疗救助能力

加强村级医疗卫生站的建设，引进先进医疗设备和技术人员，提高了村民就医便利程度和治疗效果。

第十六章 环境整治

一、蒋家河流域综合治理

银屏镇境内蒋家河位于裕溪河右岸，属于裕溪河流域重要组成部分。主河道长2.8公里，流域面积14.37平方公里，保护岱山联圩面积1.04万亩，涉及三胜、吕婆和岱山3个村委会。蒋家河流域的治理是巢湖市西南片区进行生态修复的重要任务之一，也是确保“一江清水向东流”的重要举措。总投资11125.04万元。目的是削减流域内污染物入河量，修复流域水生态环境，整体改善流域水环境，实现水量优化配置、水资源科学利用。主要建设内容为：(1)农业面源治理。整治生态沟渠41条、34.11公里，清淤沟渠30条、14公里；建设自然湿地约20亩，治理生态塘21口、总面积约6万平方米，修复涵管12处；对流域内低洼易涝区约423亩耕地实施种植结构调整。(2)生态河道构建。对3条、总长5.1公里的主排涝沟进行生态河道治理。(3)布设三胜、南陡门、北河湾、大陡门、白鹭一站、张圩等6处水质监测站。

净化湿地。针对流域河道水质空间波动特征及污染物迁移路径，在蒋家河河道内建设面源净化湿地，拦截、沉淀、吸收河道来水携带的营养盐等污染物，减小水质波动，恢复河道自然形态。蒋家河湿地占地面积33亩，蒋家河湿地的建设能够为银屏镇提供良好的环境基础，促进区域经济发展，实现人与自然和谐共生的要求。

生态塘改造。针对圩区坑塘面临的塘体淤积、生态蓄水量和自净能力未能得到充分发挥等问题。工程提高了坑塘污染净化能力和生态扩容，达到净化农田退水水质及存蓄灌溉用水的目的，初步实现末端强化及小范围内水资源循环利用的功能。工程内容包括塘体清淤、岸坡生态化改造及汇水排水配套设施完善。

坑水系连通。疏通淤积涵闸、涵管等，连接现有水系，提高农田退水水资源利用效率，同时减少内源污染，改善水环境和水生态体系。促进河道生物系统的多样性，保护、营造固有物种的栖息环境，使河道生态系统最大限度地接近原始生态河道。构建了河床生态修复、岸坡生态修复、动植物净化系统三位一体，最大限度地利用生态系统自身的水质净化蒋家河及其南北支，是蒋家河流域主要的农田退水末端承接水体，其治理对圩内污染源治理，构建蓄水空间、生态廊道空间、水质净化空间有着重要作用。

根据河道基本环境特征，对不同岸坡形式的沟渠配置植物净化系统。机排水位至常水位以下 0.1 米至 0.5 米区域种植水湿生植物；常水位 0.5 米以下至坡脚外延 2 米内种植沉水植物；砌块压顶植草砖内种植水湿生草本害虫诱引植物；机排水位以上种植低矮草坪草。在水体中放养一定数量的滤食性、杂食性和肉食性鱼类以及底栖动物，以完善人工生态系统食物链和食物网的结构，进而提高生态系统的稳定性和水体自净能力。挑选广氧性的本土底栖动物和土著鱼类。河道中投放的螺作为刮食动物，可以清除植物表面的附着性藻类，蚌可以滤食水体中的藻类。

通过对蒋家河及其左、右岸支流生态河道、生态沟渠、生态坑塘、水系连通等工程建设，有效提升了岱山联圩水旱灾害防御能力，增加流域内蓄水量约 44.54 万立方米，削减化学需氧量 21.97 吨/年、氨氮

4.43 吨/年、总磷 0.45 吨/年，河流水质得到明显改善，基本能够实现管理目标要求。工程实施后，项目区河道生态修复率达 95%以上，坑塘、沟渠清淤处理率达 90%以上，农田灌溉水有效利用系数达 0.55 以上，农业种植模式由单一水稻转变为湿地有机农业，为生态多样性的恢复提供环境条件，有利于形成更加稳定的生态系统，有效促进流域水环境持续改善。

蒋家河治理前后

二、农村垃圾全域治理

2011 年，银屏镇开始五措并举推进整治农村垃圾全域治理。建班子，镇和村都相应成立组织机构，形成立体式、网络化，互相配合、协同推进的组织领导体系。订计划，出台综合整治实施方案、考核和奖惩办法，并要求各村拿出切实可行的整治工作计划。加强考核，将考核结果纳入年度村级干部目标考核，并作为评先评优的重要条件。明职责，分解细化目标任务，明确分工，责任到人，镇主要领导亲自抓、负总责，各村一把手具体抓。重投入，全年镇财政投入资金 300 余万元，新建垃圾房 101 座，新增垃圾桶 206 个，新建垃圾中转堆放点 9 个。出动机械 89 台套，对 208 省道、县道以及河塘进行全面清理，共清理垃圾203吨,集镇新增路灯30盏,实现了街道亮化。同时对村采取以奖代补的形式,给予奖励。造氛围,通过召开镇村干部会、村民代表会,运用标语、宣传栏等多种形式和渠道,广泛宣传发动,营造出浓厚的整治氛围。

垃圾全域治理主要在七个方面推进工作不遗余力。思想认识高,镇党委、政府主要负责人高度重视农村环境整治工作,结合当前新农村和其他农村工作,高标准、高起点制定整治规划,不搞形式,更不敷衍了事,真正把农村环境整治工程做成群众满意的德政工程。长效机制全,分别制定了农环办工作职责、保洁员工作职责、村为主工作职责、每月考核奖惩制度、每月通报督查整改情况制度等,通过建立健全各项管理制度,形成长效机制。宣传力度大,加强宣传,凝聚民心。整治初,镇村召开多次会议,向党员和群众代表宣传农环整治是一项合民心、顺民意的工程,并印发1万份“致群众的一封信”,张贴宣传标语,形成全镇上下齐心协力、广泛参与、人人支持、相互监督的浓厚整治氛围。明确职责,又相互配合。确定村界线,道路与村庄界限,各部门职责明确,同时又能相互配合,如交通管理部门、厂矿管理部门等。监督指导强,按照市农环办督查要求和业务指导,以文件形式下发到各村,指导各村农环整治工作。协调调度勤,镇坚持每月一调度,根据镇农环办对各村周一调度情况,对村主要负责人进行约谈,帮助其总结经验,查摆不足,找准方法。经费保障实,除市农环整治奖补外,镇按照1:1配套资金,每月根据考核情况拨付给各村,对垃圾房、垃圾车、垃圾桶及机械投入据实保障,确保资金投入到位,2011年至2016年,垃圾收集转运处置是摸索进程阶段,原先产生的垃圾乱丢在房前屋后或投放在村庄已建的垃圾池中, 发展到村民自觉将垃圾分类投放至集中投放点;原先转运的垃圾堆放到市万山填埋场,发展到运输至中材焚烧发电无害化集中处置；原先人力清扫保洁道路，发展到道路扫路车机扫；原先垃圾人力上农用车运输，发展到挂桶压缩封闭式垃圾车转运。

锥山关傅上村垃圾分类投放点

2016 年 11 月，实施全域垃圾治理市场化，保洁范围包括集镇、9 个行政村 190 个村民组及道路等，全域治理年保洁经费 226 万元，由广东省深圳市龙吉顺实业发展有限公司承接 3 年。

2020 年 7 月至 2023 年 7 月，由福建省漳州市凯盛环境工程有限公司承接，年保洁经费 770 万元。保洁区域市政道路有巢湖南路、亚父路、S316 及集镇道路共 58.4 万平方米；国道 G346 长度 3.2 公里、省道 218 长度 10.6 公里，县道及农村道路 128 条 179.2 公里；实施垃圾分类试点的 29 个自然村垃圾分类清运处置等。

2023 年 8 月，由龙之源（安徽）生态环境有限公司履约，年保洁经费 447 万元。

三、和美乡村建设

银屏镇美好乡村建设围绕“设施配套、村容整洁、生态优良、特色鲜明”四个方面，强调美好乡村建设“五整治、三提升、一保护”重点工作，即“整治生活垃圾、整治生活污水、整治村庄道路、整治乱堆乱放、整治河道沟塘，提升设施配套、提升饮水安全、提升农房风貌，保护历史文化”。

美丽乡村(一)

美好乡村建设本着宜居、宜业、宜游的原则，按照“生态宜居村庄美、兴业富民生活美、文明和谐乡风美”的要求，不打折扣地完成垃圾治理、饮水安全巩固提升、卫生改厕、房前屋后环境整治、道路畅通、村庄绿化等共10多项重点项目建设，并制定长效管护机制。各中心村结合自身实际情况，突出特色和文化底蕴，彰显田园风光。各中心村加强美好乡村后期管护工作，着力解决好垃圾乱扔乱放、车辆乱停乱放、杂物乱摆乱占、杆线乱拉乱挂等问题。

美丽乡村(二)

美丽乡村(三)

以党建引领美好乡村建设，大力加强农村精神文明建设与各村的产业、经济发展相融合，与党员群众的文化生活相结合，真正将美丽乡村打造成群众的幸福家园。

在美好乡村建设工作中，大力宣传教育，激“热情”。组织志愿者挨家挨户宣传美丽乡村建设相关政策，着力提升群众对美丽乡村建设的认识，化解矛盾，赢得支持，激发全民积极参与美丽乡村建设的热情。着力改善环境，强“整治”。2013 年至 2019 年共投资近 4000 万元在农村垃圾治理、污水处理、厕所改造、坑塘改造、断壁残垣拆除等方面下功夫、做文章，努力打造生态绿色美丽宜居乡村。强力整合资源，抓“特色”。以农村精神文明建设为抓手，广泛发动群众积极参加新时代文明实践活动，丰富村民精神文化生活。突出特色为先，在环境设计、建筑设计、资源利用和保护等方面创新理念，爱国村利用深厚文化底蕴优势，顺势建设村史馆，使其成为基层组织建设的一道特色风景线。聚力完善细节，重“提升”。在环境整治工作中特别注重对环境细节的改造，将环境卫生整治、道路硬化、房屋改造、墙体美化、文化休闲设施建设、污水处理、房前屋后绿化美化等工作有机结合，并着力打造荷花塘游步道，常态化保护提升两岸生态环境，将其打造成为老百姓家门口的休闲娱乐“后花园”。

“树绕村庄、水满陂塘。倚东风、豪兴徜徉。小园几许，收尽春光。有桃花红，李花白，菜花黄。远远围墙，隐隐茅堂。飏青旗、流水桥傍。偶然乘兴，步过东冈。正莺儿啼，燕儿舞，蝶儿忙。”现如今，银屏镇环境美、人文兴、生活好，成为老百姓心中真正宜居的“美丽乡村”。

美好乡村建设是银屏镇乡村振兴战略实施的一个缩影。在推动乡村振兴战略实施进程中，银屏镇将继续加快和美乡村建设，全面挖掘各村村情民风、乡土文化等，打造特色品牌，发展乡村旅游，按照“经济强镇、生态美镇、文化名镇、科创新镇”的发展定位，迈出新步伐、开创新局面。

美丽乡村(四)

第十七章　生态保护

一、关停矿山的修复

2021 年以来，银屏镇以长江经济带问题整改及环保督查“回头看”为重要抓手，以“生态美镇”“巢南山水画廊”的发展定位，持续整治历史遗留的生态环境问题，编制了银屏镇矿山修复监管方案。坚持问题导向，定期召开矿山生态修复工作调度会，研讨矿山生态修复项目进展及存在问题，并对未来工作进行安排部署。

废弃矿山生态修复项目(三期)。于 2021 年 1 月 22 日开标，所有点位开工建设，累计完成产值 1477.7 万元。GK–0004 陈家山口矿进行施工修路，清理危岩；GK–0007 纯华、泽兵矿进行机械翻渣、边坡整治；GK–0014 华金康矿、实施爆破施工，边坡整治，银兴矿已完成专家验收；GK–0038 芝麻滩矿、GK–0040 高斌矿已完成合肥市级验收。

废弃矿山生态修复项目 (四期)。镇域非风景名胜区金锋矿、五联、爱国矿等 7 个废弃矿山进行第一次设计方案对接，方案正在修订完善中。国旺矿、竹园矿、老箕山矿等 3 个矿山在生态修复同时保留建设用地，确保停车场建设能够实施。

土桥矿。2021 年 10 月份完成修复内容，12 月份完成验收工作。

老虎洞矿。施工单位完成了修复示范片区建设，同步完成中央环保督查信访局县级验收销号。

威力岱山矿。已完工，累计产值 664.64 万元。矿区内 CK1、CK2、

CK3 区域植被养护中；CK2 区域进行了排水沟砌筑，回填表土、高次团粒喷播等工作。

二、林业发展

银屏多山，林木资源丰富。据 2018 年统计，全镇山场面积 64190 亩，森林蓄积量 77905 立方米，森林覆盖率达到 38.27%，林种结构以防护林（国家和省级公益林面积 36229 亩）为主，其次为用材林、经济林、薪炭林。2002 年至 2004 年，全镇退耕还林面积 2439 亩，同时栽植行道树 21 公里。从 2012 年实施千万亩森林增长工程以来，林业面积进一步扩大，从 2012 年至 2020 年共新增造林 8815 亩，实施中央森林抚育 5500 亩，省级森林抚育 4000 亩，退化林修复 1400 亩，封山育林 5600 亩，创建森林村庄 8 个，镇级林场 1 个，林场面积 2977.5 亩，2022 年创建森林城镇 1 个。

银屏境内树木种类繁多。清嘉庆年间《巢县志》记载，银屏区域树种主要有榆、槐、柳、松、椿、梓、柏、樟、桑、檀、乌桕、枫香、苦楝、乌桕和黄莲木等；另外还有毛竹、水竹和桂竹。新中国成立后，除继续培育发展本土树种外，相继引进一批新树种。现有树种主要有杉木、马尾松、外松、意杨、青檀、榉树、枫香、侧柏、龙柏、白榆、梓树、水杉、中槐、刺槐、梧桐、泡桐、苦楝、香椿、河柳、麻栎、石榴、樟树、桂花、山楂、海棠、樱花、银杏、桃、杏、梨、梅、柿、板栗、茅栗、油桐、油茶、法梧、山槐、广玉兰、冬青、女贞、毛竹、元竹、苦竹、枣树、漆树和栾树等。

钓鱼林场。坐落在钓鱼村境内，1958 年正式成立林场，隶属于原巢县林业局。场内设作业区和后勤组。林场实际面积 2977.5 亩，其中林地 2977.5 亩。自建场后，国家先后投资 20 多万元，用于林业生产费用。1983 年林场改属银屏镇管理，现有护林员 4 人，其他职工 2 名，固定资产 60 多万元。

第十八章　民生保障

根据国家颁发的《革命烈士家属、革命军人家属优待暂行条例》《革命残疾军人优抚暂行条例》及民政部门规定的优抚对象和范围，银屏镇民政机构对革命烈士精神进行弘扬，对其家属予以抚恤；对革命残疾军人予以优待抚恤；对现役军人家属予以优待。每逢重大节日，领导以片分工给他(她)们送年画、慰问信、补助金和其他物品，帮助他们解决各种实际困难。

2016—2020年银屏镇优抚情况评定到户统计表

单位：元

年份	烈属		复退军人		残疾军人	
	户数	款数	户数	款数	户数	款数
2016	10	91935	237	880920	14	283687
2017	10	110660	248	950004	14	305157
2018	10	111472.5	251	995535	13	290550
2019	11	135490	258	1253930	13	324338
2020	10	117216	645	1244555	13	335281

救灾救济。银屏人民历来拥有敬老扶幼、救孤济贫的优良风尚。新中国成立后，政府认真落实城乡社会救助，对农村中的孤寡、病残

和丧失劳动能力的五保户、困难户,定期定量发放救济。2016年至2020年,全镇共有低保户579户1026人,在保证人均收入不低于646元的前提下,给予救济,每年发放金额4万至5万元。

银屏镇五保户供养发放统计表

单位:元

年份	项目 五保户供养
2016	878534
2017	871200
2018	1691582
2019	1927001
2020	2328691

对特困户、特困企业,政府也给予大力支持。开展扶贫工作,办厂解决当地贫困户劳动力就业。上级部门还拨款扩大革命老区张山茶叶生产。

对农村孤寡老人,银屏镇2019年投资200多万元扩建了银屏敬老院,添置了必要的生活设备,配备了专人护理。入院老人有23人,使他(她)们老有所养、老有所靠。2020年为全镇70岁以上403位低收入老人发放救济金24.18万元(每人每年600元)。

银屏镇敬老院食堂

医疗、养老保险。截至2023年底,全镇参加城乡居民医疗保险参保率100%;参加城乡居民基本养老保险14888人,参保率100%,到龄发放人员6931人,发放率100%，每人每年领取养老金1800元至5220元。

钓秀路。银屏镇钓秀路是巢湖市2021年农村公路提质改造工程之一，也是巢湖市重大民生工程之一，位于巢湖市银屏镇境内钓秀河沿岸，利用新建成钓秀河大堤进行改造，起点位于银屏镇白牡山芦塘村附近(K0+000)接现状二级公路，终点位于钓鱼村太公桥北侧桥头(K5+170)，道路主要经过芦塘新村、爱国村、钓鱼村，其中受益对象822户3007人，受益人口满意度≥95%。道路全长约5.17公里，路基宽度:8米，路面6.5米。项目主要内容为路基、路面、涵洞、安全设施等。合同工期:75日历天，工程合同总价:5674万元。项目于2021年9月开工，2021年12月竣工。项目的建成，进一步促进了银屏镇边远地区农副产品的流通，增强外来投资的吸引力，对加快新农村建设和促进城乡统筹发展起到推动作用，成为全镇经济发展的“大动脉”。同时，项目的建成促进了全镇精神文明建设，显著提升村容村貌，方便群众交通出行，让人民群众有更多实实在在的获得感和幸福感。

银屏镇街道一角(牡丹苑小区全景)

牡丹苑安置小区。巢湖市银屏镇牡丹苑安置小区工程位于银屏镇集镇区域内，老 S208 路东北侧、新 S218 路西南侧、府北路北侧。屏山北路将地块分为两个地块，总用地面积为 5.89 万平方米、总建筑面积 11.37 万平方米，合同造价 2.94 亿元，于 2020 年 10 月 28 日开工，2023 年 12 月，项目主体工程全部完成，开展竣工验收。配套工程（供水、供电、供气）基本完工。

小区共 12 栋住宅楼，5 种户型，可容纳 668 户住客，5 栋商业楼，2 个地下车库提供停车位 774 个，其中九层小高层 1 栋，十一层高层 7 栋，十八层 4 栋。房型比例如下：

户型	面积（㎡）	套数（套）	占比（%）
A 户型	77.78	44	6.59
B 户型	101.97	127	19.01
C 户型	118.08	211	31.59
D 户型	119.98	142	21.26
E 户型	139.07	144	21.55
合　计		668	

银屏镇成立专班，主动对接设计、建设、施工、监理等单位，积极协调建设、交通、市政、供电、水务等部门，督促施工方合理安排工期，定期检查其施工进度、工程质量、安全生产等工作，积极做好相关服务，协调解决施工过程中出现“用水、用电、用地、用人、用钱”等问题，顶格保障银屏镇“第一民生工程”顺利完工。

牡丹苑安置小区计划以集体土地拆迁方式安置 345 户 1361 人，以国有土地拆迁方式（拆一还一）安置 47 户、7565.34 平方米，主要涉

银屏镇牡丹苑小区

及2018年以来7个项目的被征收户，分别为银屏镇35千伏钓鱼输变电建设项目(岱山村)、银屏镇2019年土地整治项目(钓鱼村)、银屏镇2020年土地整治项目(钓鱼村)、银屏镇集镇安置点项目(吕婆村)、银屏镇箕山工业园区德昆项目(箕山村)、银屏镇纪家墩土地整治项目(爱国村)和合肥鼓山220KV变电站110KV送出工程(吕婆村、岱山村)。

截至2023年底,银屏镇累计实施“一事一议”项目283项,完成投资4.5亿元。

第十九章　乡村振兴工作

一、脱贫工作情况

2014年,银屏镇共识别贫困户人口796户1447人。经过多次动态调整及自然增减，截至2023年12月，全镇共有脱贫监测户612户,1116人。其中,2014年脱贫159户208人,2015年脱贫103户187人,2016年脱贫338户691人,2017年脱贫3户5人,2018年脱贫4户12人,2019年脱贫2户6人，消除风险边缘户21户59人。人均收入由2014年的3000余元增长到2023年12月的80000余元,生活水平得到极大提高。

帮扶人入户

二、脱贫攻坚工作

2014年以来,银屏镇扶贫工作在镇村干部、党员、社会组织的共同努力下,取得了明显成效。2019年全镇实现全面脱贫,共计脱贫609户,1109人,实现贫困人口全部脱贫。

乡村产业有了新发展，全镇自2016年以后一共实施扶贫项目35个，争取扶贫资金共计8000余万元，每年增收180余万元，带动300余人就业，修建30余公里扶贫道路。同时以引导贫困户发展特色产业为抓手，科学谋划、认真实施特色种养业，不断提升项目产业档次，实施收益和资金支持效果。

脱贫户教育、医疗、住房、饮水安全有了新保障。在教育保障上，健全学生资助制度，全面落实学生资助政策，实现各级各类学校入读的建档立卡学生资助全覆盖，确保无一名学生因贫失学。在医疗保障上，严格落实“351”“180”政策，全面推行一站式即时结算全覆盖，贫困人口家庭医生签约服务，实现健康脱贫政策全覆盖，有效缓解了因贫困看病难问题。在住房保障上，联合巢湖市住建局对全镇贫困户房屋进行鉴定，出具房屋安全鉴定书。镇村干部每年组织多次大排查，对全镇脱贫户房屋进行摸排，发现破损房屋立刻组织修缮，确保贫困户住房安全。在饮水安全方面，以扶贫项目为抓手，第三方水质检测为指标，不断加大饮水安全建设，2019年、2020年争取多个饮水安全项目，总投资近700万元，对全镇贫困户饮水进行一次大提升，既保证了贫困户用水量也保证了水质的达标，全镇饮水安全全部达标。

通过电商扶贫、技能培训，贫困户增收有了新方式，积极引导贫困户参与电商扶贫，帮助贫困户就业增收。积极开展技能培训，让贫困户有了一技之长，不断让贫困户产生主人翁意识，不断自我造血，持续增收，脱贫致富。

网格化包保责任制，脱贫攻坚有了新动力，全镇坚决落实镇村干部脱贫攻坚主体责任，重点对“两不愁三保障”及饮水安全、贫困户识别退出情况、政策落实情况，进村入户进行大排查，围绕“发现问题、研究问题、整改问题”工作主线，积极暴露问题、面对问题、研究整改问题，全面提升改造成效，助力脱贫攻坚顺利完成。

积极抓作风，干群关系有了新风向。镇主要负责人认真落实精准脱贫工作责任，大力推行一线工作法，对重点工作及时安排部署，重点政策带头研究解读，进村入户解决实际困难，自上而下全力打好脱贫攻坚战，用一颗真心去面对去解决群众生产生活上遇到的问题。

自2018年以来，银屏镇党委、政府通过精准定位、科学谋划、加强市场对接、扩大销售渠道，确立了以茶叶产业为引领的特色农业产业发展工作思路，以打造“万亩茶叶高效农业示范园区”为目标，依托本地茶叶种植资源，通过特色农业种植项目的经济效应，实现贫困人口脱贫致富，全力构建以茶叶产业为引领的特色优势产业。

积极争取资金，壮大产业规模。重视茶叶产业发展，增加茶叶品种，2018年，芙蓉村获批120亩茶叶园，投资140万元进行茶叶种植，每年直接收益达到8.4万元，同时带动务工30余人。2019年获批500亩茶叶园，投资350万元，每年直接收益达到21万元，带动务工50余人。2019年茶叶烘干车间项目，投资120万元，每年直接收益达7万元。2020年再次获批500亩茶叶园及附属道路建设，投资650万元，每年收益达到20万元，务工岗位得到进一步增加。2018年以来，依据本地优质土质及气候条件，进行市场调研，在原来的本地茶品种的基础上增加龙井、白茶、乌牛早等多个市场热销品种。

创新合作模式，保证持续收益。采取多方合作模式，形成规模化，采取“合作社+基地+农户”模式推进茶叶产业，现有茶叶面积6000亩，其中可采摘茶青面积近4000亩，拥有茶农1000余户（其中贫困户近50户），通过规模化生产的带动，银屏镇的茶叶加工作坊户由2017年的10户增加到现在的50余户，并增设茶叶烘干车间一座，日均可生产干茶千斤，人均收入得到持续提高。

搭建交易平台，扩展销售渠道。为解决茶叶销路，达到群众增产又增收的目的。通过招投标分别将500亩、180亩茶叶交由专业合作社经营管理，并邀请市农村局茶叶方面专家进行指导。2020年，又引进巢湖市益仁社会工作服务中心承租茶叶烘干车间，进一步扩充优质企业的入驻。同时协助企业开展直播、网络等销售方式，增加销售渠道。企业在扩大销售的情况下，积极对芙蓉村及周边村茶农自己生产的茶叶也进行全面收购，不仅增加了企业营业额，也解决了原先茶农茶叶销售难的问题，进一步提高茶农生产种植茶叶的积极性，达到脱贫致富的目的。

通过近年茶叶产业的发展，2023年普通绿茶产量20万斤，均价每斤300元；乌牛早产量在3000斤左右。

继续落实“四个不摘”要求，继续建立健全易返贫致贫人口快速发现和响应机制，完善防范返贫致贫保障机制，分层分类及时纳入监测范围，及时落实帮扶措施。维护胜利果实，深入衔接乡村振兴，带领群众实现共同富裕。

三、开展乡村振兴

狠抓问题整改。完善整改台账，深化部门协作。强调各部门加强联动，共同配合开展乡村振兴工作。

防返贫动态监测。2023年反馈医保预警5次，涉及全镇265人次；反馈残联预警2次，涉及全镇33人；反馈低保预警2次，涉及全镇38人，经村包片干部核实，户上签字，均没有返贫致贫风险。全镇张贴安徽防止返贫监测对象申报小程序二维码 259 张，共 3 人申报，经村级上户核实后，依据政策标准予以网上驳回。认真组织开展集中排查工作，全镇共摸排农户数 7725 户 28311 人，2023 年识别 2 户突发严重困难户，回退 2 户边缘易致贫户；316 户整户无劳力，24 户家庭困难的分户独居老人，713 户九类人群，15 户重点关注对象，均已按照市里相关部署建立台账进行监管。

落实“两不愁三保障”及各项帮扶工作。精准制定 2023 年一户一策，全镇 571 户脱贫户（不含脱贫不享受政策户）共制定措施 4570 条，户均 8 条，26 户监测户共制定措施 216 条，户均 8.3 条，同时针对每户致贫原因确保至少制定一条相对应的措施。全镇脱贫人口 426 人完成返岗工作，其中省外务工 58 人，省内县外务工 40 人，县内务工 328 人，村级公益性岗位 74 个，并定期核查务工信息，确保账实相符。

钓鱼村农副产品推销会

衔接资金项目建设及后期管护。经积极努力协调,2019年吕婆村产业扶贫基地项目于5月31日出具审计报告,三胜扶贫厂房附属工程顺利竣工。2020年爱国扶贫厂二审完成。镇级已建立扶贫资产管理及处置登记台账,强化扶贫资产管护,按照“谁受益、谁管护”原则,明确管护责任主体和具体责任人,防止扶贫资产出现闲置、浪费等现象。

第二十章 文明创建

一、好人好事

周胜仙,2018 年诚实守信类“合肥好人”。银屏镇吕婆村人,巢湖市第八届、第九届人大代表,巢润建材公司总经理。周胜仙出生在土生土长的农民家庭,从小家境并不富裕,经过多年的努力,终于取得一定的成就。但富裕后的周胜仙始终保持着艰苦朴素的作风,他深知赚钱不容易,对自己从来舍不得多花一分钱,而当家乡父老乡亲需要帮助时,他总是第一个慷慨解囊,伸出援手。“搞好家庭和睦,搞好身边人关系,不忘家乡父老乡亲”,这是周胜仙经常说的三句话。他是这么说的也是这么做的,捐资 57 万元,为家乡修路 1.2 公里;出资 3 万元,为家乡老人新建房屋;捐资 10 万元,维修银屏镇敬老院院内食堂;等等。周胜仙的善举让家乡的父老乡亲切身感受到温暖。

王平,2022 年二季度“合肥好人”。银屏镇资规所副所长,综合执法大队大队长。2020 年疫情期间,他带领镇机关干部在银屏镇小岭拐卡口驻守 82 天,平均每天甄别约 1000 辆车,约 2400 人次。对运输企业车辆严格落实闭环管理措施, 对过境货车闭环管理送至高速口 23 次。组织岗前培训 16 次,认真落实“双检”政策,及时疏导交通;处置突发情况 3 起,灵活解决卡口矛盾 30 余起,为过往群众排忧解难。先后获得 2021 年度合肥市优秀共产党员,合肥市“五一劳动奖章”,合肥市特别贡献个人。

唐元胜,银屏好人。银屏镇钓鱼村人,退休医生。他为村民的身体健康做出了突出贡献。退休前,作为一名村医,他常年不辞辛苦地奔波于村里的每个角落,坚持为行动不便的村民上门医诊。一心一意在工作岗位上默默奉献、任劳任怨,用一颗纯朴真挚的心,守护全村百姓的安康,深受群众的赞誉,被推选为联盟村党支部书记。上任后,团结班子、带领群众一心为村谋发展,白天忙村务,有时晚间接到村民的急诊求助,他二话不说背起药箱赶过去……一直到 2002 年与钓鱼村合并。退休后,他在自己家庭条件并不宽裕的情况下,年复一年、日复一日义务为留守老人检查身体,从不计较报酬。他常挂在嘴边的话是:“孩子们在外面都不容易,不能因为老人而让他们分心。”正是这样一句朴实的言语和他无私的行为感动了村里群众。朴实无华的他在钓鱼这块沃土里坚持信守承诺,尽自己最大的努力默默地奉献着。

二、道德模范

为进一步培育和践行社会主义核心价值观, 大力加强农村精神文明建设,积极发挥“星级文明户”榜样先锋作用 ,2022 年银屏镇 18 户家庭被授予巢湖市“星级文明户”荣誉称号。他们是:三胜村阮村窦德祥(男,群众)家庭、三胜村中村王丽丽(女,中共党员)家庭、吕婆村周胜俊(男,群众)家庭、吕婆村马德群(男,群众)家庭、岱山村孙家琪(男,群众)家庭、箕山村林玉俊(男,群众)家庭、箕山村周先军(男,群众)家庭、白牡山村张孝虎(男,中共党员)家庭、白牡山村黄莉敏(女,中共党员)家庭、芙蓉村杨海斌(男,群众)家庭、钓鱼村司家广(男,中共党员)家庭、钓鱼村刘法旺(男,中共党员)家庭、锥山村关傅村傅守亮(男,群众)家庭、锥山村关冯村冯振华(男,中共党员)家庭、最美道德好青年刘亮。

另外，银屏镇2018年先进典型，他们是："最美家庭"张寿扣家庭(钓鱼村)、"最美家庭成员"张进梅(女，钓鱼村)、"最美女性"张进芳(钓鱼村)、"好公公"朱炳柱(爱国村)、"好婆婆"张从兰(女，爱国村)、"好媳妇"李宝丽(女，爱国村)。

银屏镇2019年先进典型，他们是："最美家庭"王莉家庭(女，现任银屏镇爱国村扶贫专干)、"最美家庭"张千国家庭(箕山村)、"最美家庭"徐宣新家庭(吕婆村)、"好公公"张友安(爱国村张墩村)、"好婆婆"韩月英(女，爱国村)、"好媳妇"王玲(女，爱国村)、最美女干警王凤侠(砀山县人，中共党员，本科文化，2011年8月参加工作，现任银屏派出所户籍民警)。

2020年巢湖市脱贫攻坚最美女性：童仙梅(吕婆村)。

2020年巢湖市脱贫攻坚最美家庭：周泽军(吕婆村)。

三、新时代文明实践工作

银屏镇依托"七有"标准，建强建好新时代文明实践(所、站、点)；按照新时代文明实践6项实践内容开展工作，大力弘扬共筑美好生活梦想的时代新风。2019年被评为"合肥市新时代文明实践所"。

(一) 要素健全有广度

基本设施条件标准化配置到位。将镇文广站打造升级，现建有活动室、展示厅、宣传墙，总面积共计120平方米。设置统一标识，整体规划，文化广场有多处"凝聚群众、引导群众、以文化人、成风化俗"等文明实践宣传标语，氛围浓厚。新时代文明实践所配备1名专职新时代文明实践指导员，配备办公设备。镇新时代文明实践所共组建"金话筒理论宣讲""蒲公英关爱老人儿童""啄木鸟环境保护""新时代移风易俗"等6支志愿服务队，涵盖6项新时代文明实践内容，每支志愿服务队员20人。制定《银屏镇新时代文明实践所建设工作方案》，成立以镇党委书记为新时代文明实践所所长的工作领导小组，明确责任部门，相关制度全部上墙。将新时代文明实践工作经费纳入年度宣传工作预算，确保足额到位、专款专用、公开透明。

供需对接功能信息化覆盖到位。做好群众意见收集本登记工作，采纳群众合理意见。每月制定活动计划，明确活动时间、工作内容、地点场所、负责单位、负责人员和保障措施。与巢湖市卫生健康委结对共建，常态化开展志愿服务工作，2022年8月，“健康银屏”志愿服务项目在2022年第二季度合肥市学雷锋志愿服务“四个10”优秀典型推荐评选中，被推选为“合肥市最佳志愿服务项目”。2022年12月“七色童年爱心托班”巢湖市新时代文明实践志愿服务项目大赛中，荣获“二等奖”。2022年银屏镇共注册志愿者75名，每月对文明实践志愿者的服务情况进行及时、完整、准确记录。

项目孵化功能标准化运作到位。2022年，镇新时代文明实践所孵化“银屏镇流动扶贫大讲堂”“银屏创客家青年创业志愿服务”“健康银屏·卫计志愿行志愿服务”等3项精品志愿服务项目，其他理论宣讲、教育服务、文化服务、科技与科普服务等项目共计8项，均常态化持续开展。2022年2月，银屏镇被省委讲师团授予“安徽省理论宣讲示范基地”。

（二）结构优化有深度

大力推行社会化共建。加强统筹协调，整合资源，融合宣传文化、医疗卫生、教育科技、消防环保“一盘棋”，优势互补，共建共享，常态化开展各类志愿服务活动。与北汽绅宝、长安汽车、威力水泥等多家企业连续5年开展志愿服务活动合作。

着力推进组织化再造。积极开展新时代文明实践培训，2023年以来，共组织各类新时代文明实践培训8次，辖区志愿服务者全部参加。着力培养镇新时代文明实践志愿服务队"青春筑梦营"，充分发挥核心团队的示范引领作用。积极到兄弟镇街学习新时代文明实践所建设经验，提升能力，凝聚力量。2019年12月，"青春筑梦营"被评为"巢湖市终身学习品牌项目"。

(三)制度创新有力度

规范化管理。建立新时代文明实践所、站、点三级网络。截至2022年底，全镇共建立1个新时代文明实践所、9个新时代文明实践站、10个新时代文明实践示范点，均按照要求常态化开展新时代文明实践工作。

内涵化发展。深入推进移风易俗是新时代文明实践内容的重要一环。银屏镇新时代文明实践所以移风易俗为切入点，倡树文明和谐新风，传递社会正能量。各村成立红白理事会，倡导丧事简办、喜事新办，要求不滥发请柬，不吃"流水席"，不搞"闹洞房"，不搞"撒纸钱"，不放烟花鞭炮，不搞豪华车队，办事不铺张，把省下来的钱花在更有意义的地方，全镇9个村共850名党员和3500名群众签下承诺书。随着移风易俗工作的推进，银屏镇涌现出一批优秀的乡贤。钓鱼村陈文生、王贤跃等人，每年过节期间，都会向敬老院、贫困户捐助物资，支持村委会开展公益志愿活动，文明实践，蔚然成风。

品牌化塑造。银屏镇将新时代文明实践工作同脱贫攻坚、美丽乡村建设、农村环境整治等各项重点工作有机结合，助推乡村振兴。辖区9个村每月均定时在新时代文明实践站举办流动扶贫大课堂，及时宣讲宣传党的政策及扶贫相关知识；钓鱼村、白牡山村芦塘新村、箕山村香家潭村等省、市美丽乡村均成立美丽乡村后期管护志愿服务队，合理分工合作，开展志愿服务活动，为美丽乡村后期管护工作助力添彩;芙蓉村新时代文明实践站凝聚党员、志愿者,尤其是新乡贤投入农村人居环境整治、经济建设等工作当中,发挥党员先锋模范作用。芙蓉村建成130亩茶叶扶贫产业园,引导新乡贤承包,带动扶贫户,并利用芙蓉古村落得天独厚的自然环境、革命老区的历史背景,让旅游与产业相结合,文化与文明并驾齐驱。放大文明效应,将生态和人文资源相融合,走出一条农民增收致富的好路子。

雄关漫道真如铁,而今迈步从头越。银屏镇用心打造新时代文明实践所,丰富活动内容,通过制定“菜单”,群众“点单”,精心策划实践内容,打通基层宣传思想文化工作到达群众的“最后一公里”。

第二十一章　防汛救灾

银屏镇位于裕溪河右岸，耕地面积约3.8万亩，其中基本农田约3.2万亩。拥有连接裕溪河的圩堤总长约60公里，其中裕溪河主河道长度约20公里、入裕溪河8条主要支流长度约40公里。万亩以上圩口1个、五千亩以上圩口1个、千亩以上圩口3个；小二型水库3座。排灌电站25座，排灌机械50台套，总动力5901千瓦；涵闸30余座。2020年7月至8月遭遇特大洪涝灾害。

一、受灾情况

全镇受灾农作物总面积838.76公顷，其中绝收面积835.8公顷。造成直接经济损失4113.8万元（其中农业直接经济损失3774.5万元），家庭经济损失50.3万元。

全镇9个行政村133个自然村，有40个自然村1284户房屋存在不同程度的进水。累计损坏倒塌房屋1455平方米（岱山村灰堆咀村民组倒塌12户30间450平方米，损坏1户院墙30米；钓鱼村押当王村民组倒塌11户42间810平方米，损坏3户7间130平方米；钓鱼村下塘村民组倒塌1户3间65平方米）。

畜牧业受灾厂户数11个，因灾死亡畜禽数7930只，合计直接经济损失约37.97万元（岱山村养殖鸡死亡1150只、鹅死亡80只；钓鱼村养殖鸡死亡6200只；芙蓉村养殖鸡死亡60只；爱国村家禽死亡

100只)。

全镇渔业受灾面积1830亩，产量损失275.364吨，经济损失1029.524万元。

岱山村春明果蔬种植专业合作社,占地650亩,投资1300万。果蔬受灾137.5亩,水稻受灾200亩,黄桃园100亩树苗死亡绝收,大棚122个进水,150亩农作物受灾。直接经济损失55万元。

田间道路损毁6100米,灌排沟渠损毁19700米,桥涵闸损毁20处,泵站20处,直接经济损失997.7万元,恢复(建设)经济需求1330.7万元。

基础设施经济损失合计13542.785万元。交通运输:受损公路长度26.41公里,其中阻断公路长度5.2公里;交通基础设施经济损失8483.65万元。通信:受损通信线路长度0.5公里;通信基础设施经济损失10.48万元。电力:受损电力线路长度10.6公里;受损输变电设备数量13台;电力基础设施经济损失63万元。水利:损坏机电井4眼;损坏机电泵站7座;受损灌溉设施10处;受损堤防长度4公里;受损护岸数量15处;受损水闸数量6处;受损塘坝数量8处;其他15处;水利基础设施经济损失4800万元。市政:市政基础设施经济损失186.655万元。

教育方面,受损学校数量6个;公共教育服务经济损失20.78万元。

全镇农村生活设施损失186.655万元。道路:香家潭村水泥路损坏700米,损失金额10.5万元;岱山新村水泥路损坏80米,损失金额0.88万元;关傅村水泥路损坏2275米,损失金额25.025万元。健身器材:大司村损坏7件,损失金额2.1万元。公厕:大司村损毁1座,损失金额3.5万元。

路灯:全镇损毁路灯185盏,损失金额55.5万元。其中岱山新村损毁60盏、大司村20盏、香家潭村20盏、芦塘新村40盏、申山村10盏、募基墩村5盏、钓鱼村30盏。宣传栏:全镇损毁宣传栏200平方米,损失金额2.4万元。其中岱山新村90平方米、大司村40平方米、香家潭村50平方米、钓鱼村20平方米。污水管道:全镇损毁污水管道2840米,损失金额28.4万元。其中岱山新村200米、大司村50米、香家潭村50米、募基墩村200米、钓鱼村1280米、关傅村1060米。雨水管道:全镇损毁雨水管道810米,损失金额8.1万元。其中大司村100米、香家潭村70米、钓鱼村640米。检查井:全镇损毁检查井70个,损失金额7万元,其中大司村10个、募基墩村10个、关傅村50个。驳坡:申山村损毁驳坡60立方米,损失金额3.25万元。污水处理设施:钓鱼村损毁一座,损失金额40万元。

二、干群万众一心,奋力拼搏,战胜汛魔

迅速转移安置受灾群众。前后共转移群众3900余人,其中:以投

银屏中学临时救灾安置点

防汛抢险现场

亲靠友方式转移群众3500余人、集中安置群众257户406人(其中贫困户47户65人,特困供养户3户3人)。安置人员43户63人(其中贫困户12户17人、住院1户1人)。银屏镇有4个地质灾害隐患点,分别是芙蓉村靳山点、白牡山村大千寺点、钓鱼村钓鱼街道点、锥山村关傅点。2020年7月24日起,对4个地质灾害点可能影响到的住户进行全部转移,共转移18户45人。

加固堤坝。累计抛石7323米,其中:吕婆村100米、三胜村570米、岱山村2930米、箕山村1200米、白牡山村950米、爱国村670米、钓鱼村888米、锥山村15米。累计加筑子埂26公里。累计调度土方6万方、石方16.1万方,木桩3550多根,编织袋25万多条,花雨布6.85万米,投入机械设备80台套、抢险船只20舟次、投入资金接近2740万元。出动抢险人员25400多人次,参与巡堤查险的干部群众1800多人(其中镇村干部215人、党员680人)。

拆除危房。累计拆除河堤背水坡房屋54户、面积约2721.36平方米(其中:黄周联圩跃进圩段埂脚处养殖看护棚19户41间、面积1115平方米;黄周联圩岱山段房屋10户14间、面积约280平方米;钓鱼村影响道路抢修房屋1户3间、面积74平方米;岱山村乌龙宕段18户48间、面积682.36平方米，岱山村2户6间150平方米；箕山高小圩和电站房屋4户17间、面积420平方米）。

汛情稳定后，迅速组织恢复生产。道路方面，拆除裕溪河子埂、钓秀河子埂约7600米。钓鱼村：调用2台挖掘机和620台次农用车对钓合路进行渣石填充，已抢修长900米、宽6米，使用石料5067方。2020年8月8日，抢通土桥村内道路760米，下塘村内道路120米，使用石料267方。岱山村：调用2台挖掘机和40台次货车对岱山码头路进行渣石填充，已抢修长200米、宽5米，使用石料1000方。

生活生产方面。焊接自来水管道1100米；对受损的水稻进行叶面清洗、追施肥料和病虫害防治，已完成12000亩。

排涝方面。百土联圩已安装8台水泵，将根据水位适时开展堵口复堤和排涝工作。

堵口复堤方面。堵口复堤2处，分别是白牡山村柳丝圩山河埂堵口复堤约20米，钓鱼村下塘村堵口复堤约480立方米；清洗钓鱼村押当王村路面700米。

第二十二章 镇情村貌

银屏镇中心区域俯瞰图

一、镇情概况

银屏镇地处巢湖市南郊，与市区隔河相望。镇域面积 88 平方公里，耕地总面积 3.9 万亩（其中永久基本农田 3.2 万亩），林地总面积 6.4 万亩，水域总面积 1 万亩。三线（指生态红线、风景名胜区红线、巢湖流域水环境保护区红线）面积约 50 平方公里，约占镇域面积的 57%。

银屏镇辖 9 个行政村，总人口

3.8万人。镇党委下辖6个村党委、3个村党总支，50个党支部，现有党员1278名。黄金水道裕溪河在境内有20公里岸线，省道巢无路、国道G346穿境而过。辖区文旅资源丰富，拥有浮丘钓台、芙蓉叠翠、岱岫晴云等“古巢十景”中的三景。此外，银山智人遗址、蒋家河口战斗遗址、锥山古塔、张山古村落、吕婆店传说等承载着银屏镇悠久的历史文化。支柱产业为水泥建材行业。近年来积极谋划产业转型升级，文旅、电商、食品深加工等新型产业初见成效。“十三五”期间成果丰硕，在巢湖市委、市政府和镇党委的坚强领导下，紧紧围绕既定的发展战略和制定的工作目标，以发展社会经济为主线，以打赢脱贫攻坚战、落实民生政策统揽农村工作全局，努力完成上级交办的各项任务，全镇呈现经济发展、社会进步、人民安居乐业、社会和谐稳定的良好态势。

2022年经济状况。规上工业产值完成27.83亿元；财政收入完成5409万元；限上零售额完成776万元，同比增长22.5%；全社会固定

干净整洁、古色古香的镇街主要干道

资产投资完成 6.08 亿元,同比增长 11.2%。其中:工业投资完成 2.4 亿元;工业技改投资完成 0.84 亿元;招商引资完成 6.3 亿元,同比增长 26%。与 2015 年经济指标状况比较:规上工业产值 2015 年完成 19.02 亿元,2022 年相较 2015 年同期增长 46.3%,完成总量在全市各乡镇中位次大幅提高;财政收入 2015 年完成 3641 万元,2020 年相较 2015 年同期增长 48.6%,于全市各乡镇中任务完成额排名位次有所上升;限上零售额,2015 年全镇没有一家限上零售企业入库,2022 年取得突破,新入库企业一家;全社会固定资产投资 2015 年完成 12.57 亿元,2018 年开始投资上报制度改革;招商引资 2015 年完成 7 亿元,2022 年完成 15 亿元,同比增长 114.5%。

二、村貌概述

银屏镇历经 1998 年和 2006 年两次区划调整,现有 9 个村民委员会,它们是三胜、吕婆、岱山、箕山、白牡山、芙蓉、爱国、钓鱼、锥山。三胜村委会。在新中国成立初期村名"三胜乡",由"抗美援朝""土地改革""三反五反"运动取得胜利得名"三胜"。后由三胜乡改为三胜行政村,由三胜行政村改为三胜大队管理委员会,1966 年至 1976 年,三胜大队管理委员会改为三胜大队革命委员会,1977 年至 1985 年 5 月,三胜大队革命委员会重新改为三胜大队管理委员会。1986 年以来,三胜大队管理委员会改为三胜村村民委员会。

三胜村位于巢湖市南郊,水陆交通便捷,面积 4.94 平方公里,耕地面积(水田)3701 亩,山岗林地面积 191 亩,水域面积 315 亩,人口 3863 人,住户 1152 户,下辖 15 个村民小组和 1 个规划小区。农业主要种植"一油一稻"和瓜果蔬菜。2020 年生产杂交油菜籽 538 吨,优质杂交稻 1978 吨。水产养殖面积 350 亩,其中养鱼面积 144 亩,产

三胜村

量112吨；养蟹面积206亩，产量18吨，蔬菜瓜果面积120亩。工业有金鹏水泥有限公司、老万砖厂、南岸污水厂、三胜村标准化1号、2号厂房等企业，村级固定资产总值1640万元。村集体经济收入81.59万元，村民人均收入2.7万元。

从1999年至2020年，三胜村先后获得国家级、省级、合肥市级、巢湖市级等荣誉约15个。

吕婆村位于巢湖市东南部，距市区五公里，为银屏镇政府所在地。南依银屏山，北邻裕溪河，巢无公路（省道208线）穿村而过，水陆交通便利，区域优势明显。全村有34个自然村和1个规划小区，2020年底常住户1617户、人口6660人，占地面积约8.5平方公里，可耕地面积（水田）4170亩，山岗林地面积8945亩，水域面积495亩。由原吕婆、黄冲、大秀、屏峰、葛庄五村合并而成。村矿产资源丰富，以石灰石为主的建材石储量巨大；风景奇石、太湖石漫山遍野，奇特的造型是园林建设的必备材料，畅销沪苏浙等地。畜牧业发展迅猛，较大

吕婆村

的养殖场6个,中小型养殖场10多个,品种有蛋鸡、生猪等。村西南是著名的银屏山风景区，依托旅游资源，在屏峰村大司建成了集餐饮、住宿、旅游为一体的旅游度假村,古巢十景之一的岱岫晴云在其境内,2010年占地100多亩的银屏奇石市场建成,为村级经济繁荣发展锦上添花。2020年底,村集体经济收入57万元,民众生产总值13055万元,粮食总产量132.6万公斤,村级固定资产1450万元,村民人均收入2.2万元。

从2015年至2020年,吕婆村先后荣获镇“三线三边”二等奖、镇“森林防火”二等奖、镇“征兵”先进单位、镇“人居环境”先进集体、镇“防汛抗洪”先进集体等荣誉近10个。

岱山村位于镇政府东南2公里,1998年由原双喜、山高、银山、沿河四村合并而成。村南紧临黄金水道裕溪河,村西背靠皖江第一峰岱山,208省道穿村而过。村占地面积约6平方公里,其中农田3400

岱山村

亩,林地 1233 亩,公益林 1309 亩,养殖水面 217 亩。

2020 年底,有村民小组 19 个,常住户 986 户,人口 3300 多人,村级经济 62 万元,人均收入 5280 元。2020 年 11 月被评为第六届全国文明村镇。

箕山村坐落在银屏镇中部。1998 年由原箕山、高小圩两村合并而成,地理位置优越,村东有裕溪河,村西紧依岱山脚下,省道巢无公路穿境而过,水陆交通运输便利。海昌、威力两大水泥厂的深水码头就建在村裕溪河沿岸。巢无公路、威力大道、威海路与海昌廊道纵横交错,形成银屏镇工业集中区较大规模的村级交通网。村内矿产资源丰富,石灰生产历史悠久。共辖 17 个自然村,19 个村民小组。区域面积 6.5 平方公里,山林面积 1681.6 亩。耕地面积 2677 亩,建设用地 393 亩,交通用地 323 亩,水域面积 500 亩。村风文明,民风纯朴。2020 年

箕山村

底总人口 3711 人。

从 2008 年至 2020 年，箕山村先后获得全国第二批新农村建设先进村民委员会二等奖、巢湖市关心下一代委员会先进集体、巢湖市标准化建设示范村、安徽省森林村庄、巢湖市防汛抗洪先进集体等荣誉约 15 个。

白牡山村位于银屏镇中部，由原白牡与芦塘两村合并而成，因境内有白牡山而得名。共辖 21 个村民小组，3800 多人，耕地面积 2358 亩，省道(208) 和钓秀路穿村而过。境内山峦起伏，风景优美，矿产资源丰富，省重点工程项目海昌水泥厂坐落境内。芦塘新村被列为省级首批新农村建设示范村，村容整洁，民风纯朴。村民收入主要来源于手工业(指瓦工、木工、漆工等)、经果林、运输业及外出务工、经商等。2019 年被合肥市授予“民主管理示范村”。

白牡山村

芙蓉村坐落在银屏西南面，由原张山、芙蓉村合并而来。地处美丽的巢湖东南岸，银屏大秀山西南面和芙蓉岭、石鼻山、狮子山一带的山谷间，属山区丘陵地带，处于古巢十景的“岱岫晴云”与“芙蓉叠翠”美景之间，被称为人间奇景“芙蓉谷”。辖区面积约8.8公顷，下辖10个村民小组，1276户，人口5031人，耕地面积3024.5亩，山场面积12477亩。巢无公路穿境而过，村内路网密集，交通便捷。山场2万多亩，茶园1000多亩，盛产银屏山茶。拥有大量矿山石材资源尚未开发。村内张山古村落保持原生态，环境优美，是居住、开发度假休闲旅游的好地方。前仓天然水井常年流淌不息，水温保持在20摄氏度左右，微量元素丰富，是江淮地区屈指可数的好水源。村内陈家山口是红色银屏的代表，抗战时期是和含巢无中心县委所在地，也是中共巢南第一个党支部诞生之地，红色基因浓厚。古巢十景之一的芙蓉叠翠

芙蓉村

在其境内。2021 年,芙蓉村被合肥市文明委授予“第五届合肥市文明村镇”称号。

爱国村位于银屏镇东南面黄州圩畔卧象山旁。东面与钓鱼村相邻,南面和无为县潘家大山交界、西面与白牡山村毗邻,西北面隔芙蓉河与箕山村为邻。1998 年由原杨庵村与爱国(包括磨旗墩、纪家墩、清泰寺)合并为爱国村,2006 年由原爱国村和长风村合并为爱国行政村。占地面积 7.28 公顷,2020 年底常住户数 886 户,人口 3390 人,村民组 18 个,流动人口 852 人。耕地面积 4275 亩,山场面积 1338 亩,水资源面积 472 亩,种植、养殖合作社 6 个。种植收入 470 万元,养殖收入 270 万元。

爱国行政村地理位置十分优越,钓秀公路、钓秀河、芙蓉河环穿而过,交通便捷。村内治安稳定,群众安居乐业。社会各项事务管理井然有序,经济发展条件良好。境内山峦起伏,风景秀美,矿产资源丰富，省重点工程项目海昌水泥厂坐落在境内。全部自然村已完成以“三大革命”为环境整治建设任务，2018年募基墩自然村申报省级“美丽乡村”建设，建成后村容整洁。95%的自然村已完成水泥道路硬化建设，方便了村民的出行，推动了农村经济发展。100%的村民组解决了饮用水困难，喝上了安全卫生的自来水。村民收入主要来源于手工业、交通运输和外出务工、经商等。至2020年，爱国村先后被授予“安徽省美丽乡村示范村”“第五届合肥市文明村镇”等荣誉称号。

爱国村

钓鱼村位于银屏镇东南部，古巢十景之一的浮丘钓台在其境内。2006年由原钓鱼、土桥、联盟、东张四村合并而成。占地面积8.8平方公里，共5300多人，有27个村民小组。农户确权耕地5030亩，分为大黄周圩、小黄周圩、白土联圩三个圩口，主要种植水稻、棉花、油菜，大户集中连片承包达25%；新增复垦土地面积1140亩。2019年9月被授予第一批“安徽省美丽乡村示范村”，2020年被授予“第五届合

钓鱼村

肥市文明村镇”称号。

锥山村位于巢湖市东南,南和无为黄龙接壤,东与含山东关隔河相望,紧挨裕溪河,合福高铁、北沿江高速公路穿村而过。2006 年由锥

锥山村

山、关冯两村合并而成，共有村民小组 10 个，2022 年常住人口 2018 人，人均收入 14200 元。古巢素有“五牛、三龟、十大景”之说，锥山村背依“三龟”之一的东龟山。明朝初年，山上建七级砖塔，旧称“文峰挺塔”，俗称“龟山锥子”，又称濡须塔。龟山雄立在连湖通江的裕溪河中，地势险要，古为兵家必争之地，自西周起，在此发生大小战事多起。曹操在此扎营与孙权隔河对峙，此为三国古战场之一。2020 年获“安徽省美丽乡村示范村”“第五届合肥市文明村镇”称号。

后 记

作为安徽省新四军历史研究会“昔日根据地 今日新农村”系列丛书之一,《巢湖市银屏篇》在省、合肥市和巢湖市相关领导的关心支持下,在合肥市新四军历史研究会、巢湖市委党史和地方志研究室及巢湖市银屏镇党委、政府的联合统筹下,在合肥市新四军历史研究会常务副会长兼秘书长邓伟、巢湖市委党史和地方志研究室副主任翟邦军、银屏镇宣传委员江川的具体负责下,经过3年时间的辛勤工作,终于在中华人民共和国成立75周年正式完稿,历程很不容易、意义很不平凡。

《巢湖市银屏篇》分上下两篇。上篇主要描写昔日发生在银屏山区域暨巢南大地,中国共产党领导的新四军、游击队和军队、地方党组织与日伪顽作斗争的艰辛过程。下篇主要叙述银屏镇的今日面貌,涵盖了银屏镇的历史、地理、乡村发展各个方面,全方位介绍了银屏的历史沿革、基本面貌和经济社会发展成就,系统全面地反映银屏镇的变化历程,重点突出了新时代的银屏镇各行各业更大更多更好的发展变化,而这些发展变化充分证明了中国共产党领导的伟大、光荣、正确。

本书上下两篇是相互贯通的,表明在党的坚强领导下,我们一路勇往直前、一路艰辛探索、一路踔厉奋发、一路硕果累累。从往昔到今朝,革命先烈先辈和广大人民群众不抛弃、不放弃,为我们今日的辉煌成绩奠定了坚实的基础，我们今天的美好生活是人民群众创造的、是无数革命先烈先辈打造的。因此，新时代的我们需要倍加珍惜、倍加维护、倍加努力。

《巢湖市银屏篇》经过各方商定和调度会协调，明确了人员分工和责任落实，具体由巢湖市委党史和地方志研究室副主任翟邦军牵头负责和统稿定稿，做到有条不紊地推进。纵观整个编写过程，虽然困难很多，但是同志们始终都带着真挚的感情在工作。为了此书的圆满成功，同志们共同努力、克服困难，从资料收集、初稿编写、反复修改、专家审核等，最终形成22章、约26万字、近200幅图片的定稿，再申请正式公开出版印刷。在此，特别感谢安徽省委党史研究院组织专家对书稿进行了审读。省委党史研究院原副院长施昌旺和第七研究室主任徐京认真审读了书稿并提出了宝贵的修改意见，确保了该书导向等正确。

书中写到的银屏镇位于巢湖南岸银屏山脉，自然风光优美，历史文化底蕴深厚。银屏人民具有光荣的革命传统，在全民族抗日战争和夺取新民主主义革命伟大胜利斗争中作出了巨大贡献，特别是新四军在蒋家河口打响了东进抗日第一枪，意义深远、影响巨大。新中国成立后，银屏人民依靠集体的智慧和力量改天换地，尤其是在党的十八大以来，银屏的镇域建设加快，面貌日新月异，一个生产发展、生活富裕、乡风文明的新农村日益呈现。

在习近平新时代中国特色社会主义思想指导下，银屏镇认真贯彻落实中共巢湖市委、巢湖市人民政府的发展战略，紧紧围绕建设“经济强镇、生态美镇、文化名镇、科创新镇”的目标定位，不断开创经济快速发展、民生持续改善、社会和谐稳定的良好局面。科学调整全镇国土空间总体规划，认真定位全镇产业发展方向，重点发力创意农业、人文旅游及新兴制造业。实施“筑巢引凤工程”，通过招商引资，规范入园企业投资量，推动园区产业全面升级。结合“银屏牡丹”、革命老区等人文优势，立足银屏镇山多水广的地域特色，谋划以采摘、观光、特色餐饮为主体的人文旅游和体验式农业发展格局，有序推进城郊农业、观光农业、品牌农业发展。创建“绿色建材特色小镇”，构建“红色老区、山水银屏、美丽、文明、和谐”的新农村。

最后，向所有关心和支持本书的单位和人员表示感谢。由于资料收集不够全面、深入，编写还存在不妥之处，真诚希望广大读者批评指正。

编者

2024 年 6 月